兰州大学“双一流”建设资金人文社科类图书出版经费资助

高考评价体系的建构

基于科学性与公平性的视角

李雄鹰◎著

科学出版社
北京

内 容 简 介

本书以新高考改革为背景，以高考评价体系建构为内容，从科学性与公平性的视角研究了高考评价体系建构的历史、高考评价体系建构中科学性与公平性的体现、国外大学考试招生中的科学性与公平性、高考评价科学性与公平性的理论基础，以及高考评价体系建构中科学性与公平性的推进内容与路径。

本书可供高考研究者、考试研究者、命题工作者、考试研究方向的研究生、高中教师、考试研究机构人员阅读使用。

图书在版编目（CIP）数据

高考评价体系的建构：基于科学性与公平性的视角 / 李雄鹰著. —北京：科学出版社，2021.9

ISBN 978-7-03-069932-9

Ⅰ. ①高… Ⅱ. ①李… Ⅲ. ①高考-教育评估-研究-中国 Ⅳ. ①G632.474

中国版本图书馆 CIP 数据核字（2021）第 194451 号

责任编辑：朱丽娜 黄雪雯 / 责任校对：王晓茜
责任印制：李 彤 / 封面设计：润一文化

科 学 出 版 社 出版
北京东黄城根北街 16 号
邮政编码：100717
http://www.sciencep.com

北京建宏印刷有限公司 印刷
科学出版社发行 各地新华书店经销
*
2021 年 9 月第 一 版 开本：720×1000 1/16
2021 年 9 月第一次印刷 印张：14
字数：236 000

定价：88.00 元

（如有印装质量问题，我社负责调换）

前　言

PREFACE

高考作为一项大规模、高风险及高利害的选拔性考试，具有文化功能、行政功能、经济功能、评价功能、测量功能、选拔功能、督导功能等多项功能，在国家建设与社会发展中扮演着重要角色，发挥着重大作用。长期以来，高考将其测量与选拔功能几乎发挥至极致，而相对忽略了其评价功能的存在。在国家建设人才强国的战略部署、社会经济发展对高素质创新人才需求增加、高中新课改、促进学生个性化发展、高校评价和选拔人才的多样化要求以及高考制度自身的完善等多个因素的共同作用下，发挥高考的评价功能、推进高考评价改革成为新命题。高校考试招生不断适应国家经济建设、社会发展以及人民群众的需求，兼顾公平与效率，坚持公平、公正、公开，不断改革创新，始终与时代要求保持同步，选拔了数以千百万计的优秀学生，帮助一批批青年才俊实现了个人梦想，也推进了教育发展和社会公平。

一、高考与高考评价改革

2014 年，《国务院关于深化考试招生制度改革的实施意见》中提出，到 2020 年基本建立中国特色现代教育考试招生制度，形成分类考试、综合评价、多元录取的考试招生模式。可见综合评价已成为高考改革的发展趋势和重点内容。如果招生对学生的评价仅限于对学科知识和技能的考查，无法摆脱“唯分数论”“一考定终身”的枷锁，那么无论是从形式上还是从内容上，都违反了对科学与公平的追求。因此，综合评价改革本质上体现的是重视高考的评价功能而非筛选功能，力求以公平、公正、全面、多元化的标准选拔人才。

高考是连接基础教育和高等教育的纽带。基础教育的改革与发展，一方面与高考改革相适应；另一方面又反作用于高考改革，成为其改革的动力。随着基础教育新课程改革的实施及高校人才选拔和人才个性化、多元化成长的新要求的提出，新高考应运而生。新高考改革的重中之重是建立高考综合评价体系，推进综合评价，以实现科学、公平地选拔人才。新高考改革背景下的综合评价，不仅重视考生的成绩，而且重视考生的日常表现，尤其重视对考生综合素质的评价。综合素质评价是综合评价改革的核心，其评价内容包括学生的思想道德和公民素养、学术水平和课程实践、身体和心理健康水平、创新能力和实践能力、艺术特长等，是对一个全面发展的学生各个方面的调查和记录分析。综合素质评价融合了多个评价模型，即基于高考成绩，通过加权计算方法，对许多指标进行合理、有效的集成，最后获得学生的综合评价指标，再根据高校的综合指数选择合适的人才。

将学业水平测试和综合素质评价纳入高考评价指标体系的积极意义在于，有利于从多个角度评价考生，丰富评价内容，提高评价结果的科学性；有利于建立高中、高考、大学三者之间的一体化联动机制；有利于人才选拔与培养的一体化；有利于素质教育的全面推进。学业水平测试和综合素质评价是现实的指标，采用它们可以降低改革的成本，比从零开始建立指标更现实、可靠。但如何协调这两个评价指标之间的关系是值得思考的问题，因为学业水平测试和综合素质评价的科学性和公正性受到了较大质疑。学业水平测试的前身——会考的成绩曾被作为高考录取的依据，但由于会考成绩的区分度过低，不能有效区分不同学业水平的学生而被取消。

现在有必要将难以被量化的综合素质评价作为一个评价指标纳入高考评价体系中，但人们仍然担心其结果能否被使用，与此相关的是人们对其公平性特别是对难以被量化的综合质量评价持质疑态度。人们担心考试会受到权力、金钱、地位等社会因素的干扰，从而损害弱势考生的利益，影响考试的公平性。

二、高考评价改革的科学性与公平性

综合评价是高考改革的趋势，但也面临重重考验，需要研究和解决一系列改革难题。提高科学性、维护公平性是高考长期面临的挑战，考试招生实践一再证明，要将科学性和公平性放在全社会和长周期的角度来进行衡量，要有利于高校选拔人才，要有利于激发青年学生的创新思维和创造活力，要有利于形成尊重人才成长规律的培养导向，要有利于培养德智体美劳全面发展的社会主义建设者和接班人。[①]考试评价是一项专业性比较强的社会实践活动，是由考生发展的多维度、内隐性和评价本身的重要性、复杂性所共同决定的，需要评价主体掌握先进的评价理念和丰富的评价手段，以便能够相对准确地把握考生的发展状况，从而对考生做出科学、客观、公正的评价。[②]高考的科学性表现为在制度建设、报考要求、考试内容、考试形式、考试评价等方面遵循考试规律，遵循学生身心发展规律，对学生德智体美劳多方面的知识与能力做出准确评价。

公平性也是高考绕不开的话题，必须将维护公平贯穿考试改革始终，必须尽一切可能保障高考的公平、公正。但我国幅员辽阔，各地社会经济、文化、教育等的发展差异较大，各地学生在素质和能力上也存在较大差异，由此生发的公平问题便是如何在报考资格限定、评价目标确立、评价体系建构、考试命题、考试内容与形式选择、考试结果的应用等环节中既考虑科学性与卓越性，充分发挥考试的选拔与甄别功能，又关照学生素质和能力发展存在差异的现实，做到公平、公正。教育发展的城乡差异、不同地区的发展差异、学生个体发展的差异、高校人才选拔的理念与方式方法的差异成为影响高考功能发挥及考试公平的主要因素。高考中的另一个公平问题来自权钱等对考试评价过程的干扰和破坏，部分人企图以此获取优质教育资源，严重影响了考试公平。如果不能建构一套科学、公平的高考评价体系，如果缺乏对考试招生过程的有效监管，高考的制度效应就会受到严重影响和破坏，甚至会影响到人们对整个基础教育和高等教育的形象认知。

因此，高考必须坚持公平性原则，主要体现在改革政策的制定、考试评价改革的内容和考试评价的实施过程中。首先是改革政策制定的公平性。高考政策的制定应充分考虑全国各地教育发展差异较大的事实，照顾教育发展欠发达地区和教育资源薄弱地区的学校、考生及家长的利益，通过宏观政策倾斜加快以上地区的教育发展，确保考生考试机会均等，促进教育公平和考试公平。[③]其次是考试评价改革内容的公平性。高考评价涉及评价目标研制、评价体系构建、考试内容与形式优化、分数报告制度改革等多项内容，社会对考试公平性的诉

① 铁铮. 自主招生：选才的科学性与公平性. 北京教育（高教），2019（2）：6.

② 肖磊. 学生评价应处理好的几对关系. 教育发展研究，2019（24）：33-38.

③ 杨东平. 中国教育发展报告（2017）. 北京：社会科学文献出版社，2017：156.

求应在以上内容的改革中进行体现，以确保考试评价内容与形式、评价方法、评价结果对所有考生公平、公正。长期以来，招生考试的评价内容与形式在一定程度上存在有利于教育资源丰富的城市学生而不利于教育资源欠缺的农村学生的倾向，造成了考试公平问题。新的高考评价体系改革除了应保护农村学生的考试利益、促进考试公平之外，还应防止产生因对农村学生的过度保护而形成对城市学生的反向“歧视”和考试不公平的问题，协调不同学生的考试利益，妥当处理考试评价中卓越与公平的关系。最后是高考评价实施过程中的公平性。长期以来，考试公平一直是社会关注高考、诟病高考的焦点议题，但需要明确的是，一些考试公平问题源自高考制度本身设计的局限性，同时也有部分考试公平问题来自考试制度之外的社会因素，如权钱等的介入对考试评价公平性的干扰和破坏。所以，在高考考试评价的整个过程中，要从多个角度防止公平问题的产生，包括优化评价的制度设计、防止社会不良因素的介入，以有效地实现阳光高考，全面提高入学考试评价的公平性。

三、基于公平性与科学性的高考评价研究的意义

科学性与公平性是长期困扰高考评价的两大难题，而要破解这两大难题，就必须加强对高考评价科学性与公平性的深入、系统研究，建构兼顾公平性与科学性的考试评价体系。高考是一种教育考试，其核心目的在于测量、甄别、评价学生的知识和能力，为学生的自我认知、为高校选拔新生、为评价高中的教育教学等提供详细、丰富、全面、科学的依据。

高考评价无论是在理论领域还是在实践领域，都是新命题。鉴于高考在科学选拔人才、促进学生健康发展、维护社会公平等方面还存在较多令人不满意的理论和实践问题，高考评价必然成为高考实践的核心内容和高考研究的焦点话题。

李雄鹰

2021 年 5 月 25 日

目　录

CONTENTS

第一章　高考评价改革的趋势

作为一项影响深远的考试制度，高考一直处于改革与完善中，以适应我国经济、社会、教育发展的要求。高考评价改革是高考改革的重要组成部分，随着高考制度的改革完善，发挥高考的评价功能、构建科学公平的高考评价体系成为高考评价改革的重中之重，同时成为高考评价改革的新趋势。

第一节　高考评价改革的背景与意义

高考是中国影响最为深远的考试制度，是整个教育界甚至全社会关注的重大理论与实践问题。作为一项考试制度，高考具有测量、甄别、选拔、评价等基本功能，但长期以来，高考的测量、甄别、选拔功能得到了比较充分的发挥，而评价功能则处于式微状态，未能充分发挥其作用。1952 年建立普通高等学校招生全国统一考试制度以来，特别是恢复高考制度 40 多年来，高考为国家公平、规范、科学地选拔人才做出了巨大贡献。新时代，中国政府提出了人才强国战略和教育强国战略，高考在这个过程中扮演着十分重要的角色。此外，基础教育新课程改革的深入实施、高校对招生自主权诉求的增加、高考评价实践的初见端倪、考试测评理论技术的不断发展等都成为高考评价实践与研究面临的新形势、新挑战。

2014 年，《国务院关于深化考试招生制度改革的实施意见》提出的总体目标是，“2014 年启动考试招生制度改革试点，2017 年全面推进，到 2020 年基本建立中国特色现代教育考试招生制度，形成分类考试、综合评价、多元录取的考试招生模式，健全促进公平、科学选才、监督有力的体制机制，构建衔接沟通各级各类教育、认可多种学习成果的终身学习‘立交桥’”。教育部考试中心根据我国的基本国情，遵循教育改革和创新的法律与规范，经过三年系统的研究，构建了基于学生德智体美劳全面发展的高考评价体系，该体系将发挥高考在人才培养过程中的“指挥棒”作用，对发展素质教育、促进教育公平、促进教育现代化发挥积极作用。[①]2018 年，习近平在全国教育大会上指出，“要努力构建德智体美劳全面培养的教育体系，形成更高水平的人才培养体系。要把立德树人融入思想道德教育、文化知识教育、社会实践教育各环节，贯穿基础教育、职业教育、高等教育各领域，学科体系、教学体系、教材体系、管理体系要围绕这个目标来设计，教师要围绕这个目标来教，学生要围绕这个目标来学。凡是不利于实现这个目标的做法都要坚决改过来”[②]。2019 年 6 月，《国务院办公厅关于新时代推进普通高中育人方式改革的指导意见》在“深化考试命题改革”部分提出“实施普通高中新课程的省份不再制定考试大纲”。2019 年，《中国高考评价体系》正式发布，高考评价功能的创新，突出了立德树人；高考评价理念的创新，强调了素质立意；高考评价过程的创新，将高中教育与高等教育相结合；高考评价策略的创新，强调了创设情境考查学生的能力；在评价创新发展方面，坚持走中国特色社会主义道路。至此，与高考评价相关的政策文件相对齐全且稳定下来，高考评价也逐步过渡到一个新的阶段。

一、高考评价改革的背景

（一）科教兴国与优先发展教育战略的实施

《国家中长期教育改革和发展规划纲要（2010—2020 年）》指出：“教育是民族振兴、社会进步的基石，是提高国民素质、促进人的全面发展的根本途

① 杨雨奇. 未来高考怎么考？教育部发布中国高考评价体系.（2020-01-08）. http://baijiahao.baidu.com/s?id=1655165106716135763&wfr=spider&for=pc.

② 习近平：坚持中国特色社会主义教育发展道路 培养德智体美劳全面发展的社会主义建设者和接班人.（2018-09-10）. http://www.xinhuanet.com/politics/leaders/2018-09/10/c_1123408400.htm.

径，寄托着亿万家庭对美好生活的期盼。强国必先强教。优先发展教育、提高教育现代化水平，对实现全面建设小康社会奋斗目标、建设富强民主文明和谐的社会主义现代化国家具有决定性意义。”这段表述突出强调了教育优先发展的战略地位，明确了教育与国强民富、社会发展及人的成长的密切关系，传达了国家发展教育的决心和信心。新中国成立以来，中国走出了一条具有中国特色的教育改革发展道路，建成了世界上规模最大的教育体系，保障了亿万人民群众受教育的权利，取得了一系列改革发展成效。随着国家对教育投入的大幅增长，各级教育的办学条件得到显著改善，办学水平不断得到提高，极大地提高了全民族的文化素质，推进了科技创新、文化繁荣，为经济发展、社会进步和民生改善做出了重大贡献。①

当今世界，知识成为增强一国综合国力和国际竞争力的决定性因素，人力资源成为推动经济社会发展的战略性与竞争性资源。21 世纪是中华民族伟大复兴的世纪，是我国全面建成小康社会、加快推进社会主义现代化建设的关键时期。中国社会的未来发展和民族复兴关键靠人才，基础仍在教育。建设创新型国家、增强国家综合实力、提高我国在国际舞台上的核心竞争力的根本也在教育。尤其是在当前，我国经济建设、政治建设、文化建设、社会建设以及生态文明建设全面推进，工业化、信息化、市场化、国际化深入发展，人才、资源和环境压力日益加大，调整经济产业结构、转变社会经济发展方式的要求更加迫切。此时，教育的突出作用与支撑地位更加凸显，优先发展教育的要求更加迫切。因此，必须始终把教育摆在优先发展的战略地位，充分发挥教育在现代化建设中的基础性、先导性和全局性作用。②

在国家实施科教兴国和优先发展教育的战略任务中，高考承载着选拔优秀人才、维护教育公平、促进社会公正等重要责任，不仅是社会、家庭和考生最为关注的教育热点问题，更是整个人才培养体制的枢纽，下连基础教育，上关高等教育，起着牵一发而动全身的作用。因此，在国家全面推动教育优先发展、科学发展，建设教育强国和人力资源强国战略的背景下，高考制度面临着适应建设创新型国家需要、选拔具有创新能力的人才，适应建设人力资源强国需要、

① 《教育规划纲要》工作小组办公室. 教育规划纲要辅导读本. 北京：教育科学出版社，2010：7.

② 赵婀娜，张烁，吴月. 这五年，教育优先更有保障.（2020-10-27）. http://www.gov.cn/xinwen/2020-10/27/content_5554966.htm.

积极引导素质教育发展，适应建设和谐社会需要、促进教育公平的三大任务。高考制度改革既面临挑战，也迎来机遇。

（二）基础教育新课程改革的深入实施

高考是基础教育与高等教育的连接枢纽，基础教育的改革一方面适应着高考改革，另一方面也反作用于高考，成为其改革的动力。2001 年，国家决定启动新一轮（第八次[①]）基础教育课程改革（简称第八次新课改），先后颁布了《国务院关于基础教育改革与发展的决定》《基础教育课程改革纲要（试行）》等一系列政策文件，旨在构建“知识与能力，过程与方法，情感、态度与价值观”三维标准的、符合时代要求的、具有中国特色的基础教育课程新体系。

高中新课改是基础教育课程改革的组成部分，2003 年，教育部颁布了《普通高中课程方案（实验）》，启动了高中新课程改革。高中新课改适应时代发展对教育与人才的新需求，立足应试教育不利于促进学生全面而有个性化发展的实际，借鉴国际课程改革的经验，以推进教育创新，构建有特色、有活力的课程体系，为造就数以亿计的高素质劳动者、数以千万计的专门人才和一大批拔尖创新人才奠定基础，从课程目标、课程结构、课程内容、课程实施与课程评价等角度切入进行改革。

第八次新课改与之前课改的一个共同内容是学生评价、课程评价和考试评价改革。这次课程改革的纲领性文件《国务院关于基础教育改革与发展的决定》第二十五条的标题就是“改革考试评价和招生选拔制度”。其内容主旨是探索更加科学的评价方法，发现和发展学生的潜能，帮助学生树立信心，评价应按照“有助于高等学校选拔人才、有助于中学实施素质教育、有助于扩大高等学

① 新中国成立后，共实施过 8 次基础教育课程改革：第一次是 1949—1952 年，设置了门类齐全的学科课程；第二次是 1953—1957 年，其间国家共颁布过 5 个教学计划，消减了教学时数，首次设置了劳动教育技术课程；第三次是 1958—1965 年，大量缩减学制，精简课程，增加劳动，注重思想教育，进行了多种学制改革试验；第四次是 1966—1976 年，由于“文化大革命”，学校课程与教学受到重创；第五次是 1977—1985 年，统一规定全日制中小学学制为十年（小学五年，中学五年），1980 年出版发行了新中国成立以来全国统编第五套中小学教材；第六次是 1986—1991 年，《义务教育全日制小学、初级中学教学计划（初稿）》公布，增加了基础学科的教学时数，在教学计划中留出课外活动时间；第七次是 1992—2000 年，突出了德育为首、五育并举的全面发展的教育方针，第一次将活动与学科列为两类课程，这次课改在全国掀起了国家课程、地方课程、校本课程、活动课程及研究性学习课程研究的热潮。

校办学自主权”的原则实施，加强对学生能力和素质的考察。同时要求改革高等学校招生考试内容，探索多次机会、双向选择、综合评价的考试、选拔方式，推进高等学校招生考试和选拔制度改革。为了突出考试评价改革的地位作用，2002 年出台的《教育部关于积极推进中小学评价与考试制度改革的通知》指出：“近年来，随着素质教育的全面推进，中小学评价与考试制度的改革得到了社会各界的广泛重视，各地积极的探索，取得了有益的经验。但是，现行中小学评价与考试制度与全面推进素质教育的要求还不相适应，突出反映在强调甄别与选拔功能，忽视改进与激励的功能；注重学习成绩，忽视学生全面发展和个体差异；关注结果而忽视过程，评价方法单一；尚未形成健全的教师、学校评价制度等。”为此，笔者认为，考试评价改革应遵循多元、综合、开放、动态的原则，通过考试评价改革促进学生学习与全面、个性化发展，促进教师的教学改革，提高教学教育质量，促进学校发展。

2007 年，山东、广东等率先实行高中新课改的省份迎来了新课改后的首次高考，这也让新课改与考试评价体系及其与高考的关系成为社会的热点话题，社会舆论再次将矛头指向高考“指挥棒”的负面效应。为协调高考与基础教育的关系，更好地发挥高考对基础教育的引导功能，教育部于 2008 年制定出台了《教育部关于普通高中新课程省份深化高校招生考试改革的指导意见》，来指导新课改后的高考改革。高中新课改与高考的矛盾仍继续显现，新课改与高考的耦合对接还面临着各种考验，可以确认的事实是高考必将随着基础教育新课改而进行改革，新课改与高考之间的联动关系是难以剥离的。

（三）高校招生自主权的践行与诉求

招生权是高校依法享有的办学权利，《中华人民共和国高等教育法》明确规定，“高级中等教育毕业或者具有同等学力的，经考试合格，由实施相应学历教育的高等学校录取，取得专科生或者本科生入学资格”，“高等学校根据社会需求、办学条件和国家核定的办学规模，制定招生方案，自主调节系科招生比例”。由此可见，国家以法律形式赋予了高校比较充分的招生自主权。在计划经济时代，高考由教育行政主管部门全权负责组织实施，适应了时代发展的需要。随着市场经济体制的建立与日趋完善，全国一张卷的大一统高考模式不再符合高校选拔人才、基础教育改革发展和人才个性化成长的需要，高考与国内不同地区教育发展不均衡的矛盾也日益尖锐。2001年，高校自主招生试点被认为是高校依法行使办学和招生自主权的重大转折，改变了长期以来我国高校的招生计划、标准、办法等都由政府统一规定，命题、评卷等都由政府统一组织，高校不能按照自身的培养目标、培养模式选拔和录取学生，以及“千校一面”的高校趋同化发展的局面。这一举措顺应了高等教育普及化、培养创新人才和市场经济发展对人才的新需求，是高考改革的重要突破口和最终走向。①

然而，随着自主招生高校数量的扩大和自主招生年复一年的实施，本应受到高度重视的自主招生制度也引起了社会的广泛关注和讨论。2010年，自主招生联盟的纷纷涌现甚至引起轰动效应，社会对高考的关注度登达巅峰。政府被指赋予高校的招生权限不足，边界模糊，导致高校是在“戴着镣铐跳舞”。高校也被指曲解自主，导致自主性发挥不够充分，形成于计划经济时代的依赖教育行政部门招生的惯性仍然存在，慵懒招生，表现为招生目标不明确，招生特色不突出，自主招生演化成了“优质生源战”，偏离了自主招生政策的初衷等。甚至还有少数高校不珍惜其拥有的招生权限，招生政策缺乏创新，跟着北京大学、清华大学“跑堂”。

至此，关于赋予高校办学自主权的“戏剧性场面”出现，一方面，社会和高校都在持续呼吁应赋予高校包括招生自主权在内的更加充分的办学自主权；而另一方面，当教育行政部门下放5%②的招生权限给高校时，却激发了不小的制度反弹效应，作为放权方的政府部门和作为受权方的高校都成为众矢之的，似乎并未达到预期目标。究其原因，有研究认为，尽管相关法律条款规定招生权属于高校拥有的七项办学权之一，但权限不够充分，加之这一权限是政府授权给高校的，面临随时被收回的风险。但高校无论是作为办学主体还是法人主体，都有自主的内在需求，因此应该依法拥有更加充分的自主招生权。③该研究将矛头指向了政府部门。也有研究认为，高校自主招生权是一种不排除国家

① 李雄鹰. 自主招生改革的社会期待与大学应对. 考试研究，2012（2）：20-26.

② 罗德宏. 教育部规定部分高校自主招生比例不设5%上限.（2008-10-08）. http://news.sohu.com/20081008/n259898684.shtml.

③ 樊本富. 中国高校自主招生研究. 武汉：华中师范大学出版社，2010：29-31.

权力影响的社会自治公权力，目前，一些高校在行使这一权利时，出现了以商品化、私权化和官僚化等为形式的滥用倾向，使招生自主权演变成了“招生自由权”，这是一种公权力私权化的行为，危害教育公平，不可避免地引起整个社会的广泛质疑和诟病，建议政府部门有必要对高校招生自主权问题进行反思、批判与规约。[①]还有研究认为，长期以来，高校已习惯依赖于教育行政主管部门，在招生录取中还只是处于“等待”“接受”的状态，等待省区市招生办送来上线考生名单，然后基本照单接受，而自身的选拔意愿和标准并未体现出来。因此，增强高校的招生能力是高考改革的突破口。高校从不命题、不组织考试到部分命题、组织部分考试，成为“国家级—省级—高校级”三级考试机构体系中的一级，需要较强的招生能力作为支撑。考试招生是专业性极强的教育活动，高校不仅要有主动招生的自主性观念，还要有命题、面试等专业技术人员队伍储备。面对被授予的招生权利，高校需要一个准备与适应的过程。[②]这些研究都将矛头指向了高校。

高考是面向全社会为普通高校选拔人才的大规模考试，高校在高考中的角色与地位必将随着高校内外部环境的变化而变化，高校在高考中的作为必将改观。原因是，高等教育进入普及化发展阶段后，提高高等教育质量，促进高等教育的可持续发展、科学发展和国际化成为主要发展趋势，高校将面临来自多方的竞争与挑战。在国内，提高高等教育质量、培养创新人才是建设人力资源强国和创新型国家对高等教育发展的强烈要求，高考作为高校人才选拔的入口，与人才培养质量休戚相关，必将为各所高校所重视。事实上，各高校对优秀生源的重视与竞争早已体现于自主招生和高考结束后的“状元”争夺战中，高校通过多种改革措施吸引优秀生源，为他们创造进入大学学习的机会。同时，高等教育发展的国际化趋势使得生源竞争也随之国际化。2012 年，悉尼大学发布中国高考的研究报告以及认可高考成绩的举动再次警醒中国高校，生源竞争的国际化趋势已愈演愈烈。[③]虽然这一举动还未触及国内高校的根本招生利益，尚未构成实质性威胁，但如果有更多国家竞相模仿此举，加之国内高考人数的下降，

① 张维平. 高校招生自主权的滥用与规约. 现代教育管理，2009（11）：41-45.

② 李雄鹰. 自主招生改革的难点与突破. 国家教育行政学院学报，2012（5）：56-60.

③ 李振，梁健敏，邝凝丹. 悉尼大学认可中国高考成绩.（2012-02-22）. http://edu.sina.com.cn/a/2012-02-22/1433212594.shtml.

这些举措叠加后产生的效应必然会对国内高校产生实质威胁。由此，如何提高高校的招生能力，创新招生观念，改进考试内容与形式，优化评价手段，科学选拔人才，竞争优秀生源必然逐渐成为高校发展的重点议题而得到重视。这不仅是高校发展与应对竞争的内在诉求，也是社会、家庭和考生之于高校的外在期望。

（四）高考改革对高考研究的倚重与诉求

高考改革与高考研究相伴而生，互为动力，相互促进。在改革实践中，高考领域在不断产生新的问题，需要通过研究寻求解决策略，而高考领域不断产生的新问题也促使高考研究的不断发展深化，二者相辅相成。在中国，高考研究既包括国家层面的研究和地方层面的研究，也包括专业化考试机构的研究和零落散布的研究。国家层面的研究体现为通过聘请高考研究专家咨政于高考改革，地方层面的研究体现为通过省级专业化考试机构、高校招生部门开展高考研究工作。专业化考试机构，如厦门大学考试研究中心、国家教育考试评价研究院等云集了一批专家学者，长期、持续、集中精力地耕耘于考试研究，是国内教育考试研究的核心力量。零落散布的研究的分布则比较广泛，足以体现出中国有着广泛的高考研究群众基础。

其实，早在1977年恢复高考制度后，邓小平在全国教育工作会议上的讲话中就强调，“考试是检查学习情况和教学效果的一种重要方法，如同检验产品质量是保证工厂生产水平的必要制度一样。当然也不能迷信考试，把它当作检查学习效果的唯一方法。要认真研究、试验，改进考试的内容和形式，使它完善起来”[①]。1981年10月25—29日，教育部学生司在山东组织召开高考研究座谈会，总结了恢复高考制度后的成绩，重点研讨了高考方面的科学研究工作。座谈会的参与者达成共识，一致认为高考研究工作具有重要意义，要将理论研究、论文发表与高考实践相结合，指导高考改革的方方面面工作。座谈会还列出了当时应重点研究的三大议题：一是整理历史资料，并进行初步研究，包括中国封建社会的取士制度、民国时期的高校招生制度和新中国成立以来的招生制度；二是研究现实问题，包括德智体的关系，考试分类及各科目计分权重，

① 在全国教育工作会议上的讲话（一九七八年四月二十二日）.（2004-07-23）. http://news.southcn.com/community/shzt/dxp/theory2/200407230554.htm.

如何将高校选拔新生与中学输送毕业生相结合，预选的意义与方法，命题、阅卷评分、志愿填报等；三是研究国外招生考试制度与理论，包括收集和整理美国、日本、苏联、埃及等国的高校招生制度相关资料，研究国外考试理论及制度变化等。[①]2010 年，《国家中长期教育改革和发展规划纲要（2010—2020 年）》中明确指出，深化考试内容和形式改革，着重考查综合素质和能力。以高等学校人才选拔要求和国家课程标准为依据，完善国家考试科目试题库，保证国家考试的科学性、导向性和规范性。探索有的科目一年多次考试的办法，探索实行社会化考试。为此，要完善专业考试机构的功能，提高其服务能力和水平；成立国家教育考试指导委员会，研究制定考试改革方案，指导考试改革试点。[②]由此看来，高考研究服务于高考改革向来是受到高度重视的，而且受重视的力度和强度在不断提升。

从国家层面看，2010 年，国家教育咨询委员会在北京宣告成立，并分为 10 个组展开工作，其中考试招生制度改革组名列其中，多名教育考试研究领域的专家学者受聘为该组的国家级咨询委员。[③]为进一步落实《国家中长期教育改革和发展规划纲要（2010—2020 年）》中有关考试招生改革的内容，有力推动考试招生改革，继成立国家教育咨询委员会之后，国家教育考试指导委员会于 2012 年 7 月 19 日成立，26 位来自教育、科技、经济、法律、管理等领域的专家组成首届委员。国家教育考试指导委员会的职能在于发挥智库的作用，对国家教育考试制度改革进行顶层设计，有效解决教育考试方面的突出问题；积极稳妥地推进教育考试制度的改革创新，研究制定高考改革总体方案；重点改革考试内容和形式，建立健全综合评价体系；指导地方和学校的教育考试改革实践，确保改革的科学、协调、渐进有序进行。以上两个既是国家级又是重量级咨询委员会的成立足以证明国家对专家学者咨政于国家教育改革发展事业的高度重视；考试议题被作为两个咨询委员会的咨政内容也充分显现出国家对当前教育考试改革的关切，对科学解决教育考试难题的重视。

从地方层面看，省级考试机构的建设也正在由考试管理部门朝专业化、科学化的考试研究评价机构方向迈进，机构的研究功能得以凸显。在国内，多数

---

① 杨学为. 高考文献·上（1949—1976）. 北京：高等教育出版社，2003：151-152.

② 《教育规划纲要》工作小组办公室. 教育规划纲要辅导读本. 北京：教育科学出版社，2010：132-133.

③ 刘延东强调 发挥国家教育咨询委员会作用 不断提高科学民主决策水平. 人民教育，2010（24）：11.

省份已将省招办更名为省考试院，机构的职能随之发生变化，规模扩大，业务范围得到拓展，人员尤其是从事教育考试研究的专业化人员在逐步增多，以满足高考深化改革对高考研究的新诉求。从机构设置看，各个省份的考试机构都逐步设立了考试研究、命题研究处（室）。在近年来的人员招聘中，多个省份的考试机构都急需考试研究、教育测量和教育统计方面的专业人才，以强化考试研究的技术力量。考试机构的考试研究意识在逐步增强，能力在逐步提升。随着自主招生以及“国家级—省级—高校级”三级考试机构体系的逐渐清晰，高校也成为一级考试招生实体机构，开始承担命题、考试、面试等曾经不承担的职能。但近年来社会对自主招生高校的招考环节设计以及对笔试、面试题目质量的强烈反映甚至批判，迫使高校开始优化制度设计，提高试题质量，高校考试招生部门的考试研究意识逐步被激发，考试招生能力建设被提上议事日程。

从研究成果层面看，有关高考研究的论文、书籍、课题报告、调查报告等可谓汗牛充栋。截至 2020 年 9 月，以“高考”为主题在中国知网搜索到的论文达 20 万篇之多。有关高考的系统专著也在逐年增多，如刘海峰任主编、华中师范大学出版社出版的“高考改革研究丛书”，廖平胜任主编、华中师范大学出版社出版的“新世纪考试科学丛书”，等等。毋庸置疑，这些研究成果在国家高考改革中发挥了重要作用，尤其是系统性的高考研究成果，为国家高考制度改革和相关政策制定提供了重要理论依据和实证支持。

然而即便如此，随着高考改革的不断深化，高考研究日益被赋予更新和更高的要求。面对高考研究“新闻报道多、理论研究少，一般议论多、深入探讨少，经验总结多、系统全面研究少”[①]的现状，以及国内对高考的研究仍相对薄弱，许多研究方法尤其是量化研究方法还远落后于世界先进水平，仍以经验为依据指导命题工作，教育测量理论与技术介入高考实践中的应用较少，考试质量得不到显著提高的事实[②]，在高考选拔目标、考试内容与形式、高考命题及成绩报告方式成为高考制度改革的核心的时代背景下，如何基于现代教育测量与统计评价理论改造我们的高考，成为当下高考改革的新诉求、高考研究的新内容、高考研究者的新使命。

① 刘海峰. 高校招生考试制度改革研究. 北京：经济科学出版社，2009：3.

② 李金波. 让考试更科学——基于命题视角的研究. 武汉：武汉大学出版社，2012：1.

（五）教育测量与评价理论技术的新发展

高考不仅是一种教育考试，更是为高校选拔人才的教育活动。“无论对脑力劳动者还是体力劳动者，对他们的能力，都需要一个科学的测量或评价，以便于交流或交换，这就是考试。”①考试本质上是对个体掌握人类知识与发展相应能力的状态和水平进行测量的社会活动，教育与心理测量、教育评价以及教育统计是考试活动规律性的主要理论表现形态，考试应以这些理论为基础构建、组织和实施。②

世界上最早的教育与心理测量出现于中国西周时期。据《礼记·学记》记载，西周已经建立了具有相当系统性的教育测量制度，不仅规定了学业考试的时间和步骤，而且规定了考试的内容和标准。到了汉代，考试制度、考试类型以及考试功能都有了很大发展，并开始使用“口试”“策试”“射试”等考试形式，并首开笔试之先河，早于欧洲国家 1800 多年。汉代以后，中国古代的选士制度逐步实现了制度化。实际上，这种选才方式在诸多方面已经接近于当代教育与心理测量的基本模式雏形。虽然中国是教育与心理测量的故乡，但系统的测量理论和技术却产生于工业革命后的西方国家。③在心理测量方面，先后形成了经典测量理论（classical test theory，CTT）、概化理论（generalizability theory，GT）、项目反应理论（item response theory，IRT）和认知诊断理论（cognitive diagnostic theory，CDT）。在教育评价方面，则形成了四代评价理论及模式。第一代（19 世纪中叶到 20 世纪 30 年代）被称为心理测验时期，该时期在考试的定量化、客观化与标准化方面取得了重要的进展，强调以量化的方式测评学生学习。第二代（20 世纪 30—50 年代）被称为目标中心时期，泰勒提出了以教育目标为核心的教育评价原理——泰勒原理，明确提出了“教育评价”的概念，并把教育评价与教育测量区分开来，奠定了教育评价学的理论基础，泰勒也因此被称为“教育评价之父”。第三代（20 世纪 50—60 年代）是标准研制时期，以布卢姆为主的教育家提出了对教育目标进行评价的问题。20 世纪 70 年代以后，教育评价发展到第四个时期——结果认同时期，该时期关注

① 刘海峰，等. 中国考试发展史. 武汉：华中师范大学出版社，2002：3.
② 漆书青. 现代测量理论在考试中的应用. 武汉：华中师范大学出版社，2003：1.
③ 戴海琦. 心理测量学. 北京：高等教育出版社，2010：21-22.

评价过程及对评价结果的认同，强调评价过程应给予个体更多被认可的可能，重视评价对个体发展的建构作用，因此，该时期又被称为个性化评价时期。当前，教育评价已经发展到了第四阶段，评价的多元化、个性化、动态化等成为主要特征。

高考制度建立以来，考试测量相关理论与技术的引入历经了一个发展演变过程。标志性的举措有，1985 年，国家教育委员会首先在广东省进行了英语和数学两科的高考标准化考试，开创了高考改革的新时代。标准化考试具有统一的标准，是基于现代考试理论，借助现代统计方法和电子计算机技术，严格按照科学程序进行命题和实施考试的。标准化考试要求有较高的可靠性、有效性和实用性，以及较高的信度、效度、难度和区分度。标准化考试的优越性体现在它有一套规范的考试程序。高考标准化改革将教育心理测量、教育评价、考试理论与技术引入高考实践，是高考史上的一个里程碑和转折点，迎来了科学高考的大讨论，掀起了科学高考的实践高潮。

继其之后，标准分制度的实施、高考科目与形式改革、命题与阅卷改革（网上阅卷）、标准化考场建设、成绩报告方式改革（“云海工程”）等举措相继实施，高考的标准化和科学化程度逐步提高。教育测量与评价理论的新发展既给予了高考评价改革的动力，也奠定了高考评价改革的理论基础。高考评价科学化、规范化、专业化的改革目标及综合多元、科学合理、公平公正的改革内容也要求必须利用现代测评理论改造高考。

（六）国际学生评价项目的推行与境内外大学入学考试经验交流

高考制度建立演变至今，其国际化水平得到逐步提升，境外高校入学考试制度内容和改革趋势也及时被我国境内学者和教育考试部门察觉，成为境内高考制度改革的参照，而我国境内的高考制度也为国际上绝大多数国家所知晓，高考的汉语拼音“Gaokao”也已成为英语中的专有名词，美国、加拿大、英国、澳大利亚等国家的部分大学招录中国留学生时认可其高考成绩。国际著名心理统计与测量学专家、美国伊利诺伊大学厄巴纳-香槟分校终身教授张华华在 2012 年 9 月 21—24 日于江西师范大学召开的“第十届海峡两岸心理与教育测验学术研讨会暨全国教育与心理统计测量学术年会”上做的报告《美国可以从中国的大规模教育考试中学到什么》中讲到，过去都是中国向美国学习教育考试的做法与经验，现在，美国也开始关注中国的教育考试，并学习中国组织实施大规模教育考试的成功经验。①

由此可见，高考在中西学术交流与教育实践中的桥梁作用已经形成。其实，早在20世纪80年代初，教育考试行政部门就倡导高考研究学者要尽快研究国外招生考试制度与理论，收集整理国外高校招生制度相关资料。②至此，越来越多的研究者开始关注和介绍美国、英国、法国等国家的考试制度。初始阶段涉及较多的有美国的大学入学考试（American College Testing，ACT）、学术能力评估测试（Scholastic Assessment Test，SAT）等，英国的普通教育证书制度（General Certificate of Education，GCE），法国的中学毕业会考制度，以及苏联、日本等国的招生制度。当时由于资料短缺，信息占有量少，对国外考试制度的介绍多停留于一般概述、宏观制度比较层面。随着改革开放的不断深入，中国与国际社会尤其是与西方发达国家的交流频次骤然上升，信息渠道日趋畅通，特别是伴随着计算机网络技术的快速发展，国内学者可以相对容易地获得国外的招生制度资料，且对国外招生制度的了解日益加深。

近年来，国际学生评估项目（Programme for International Student Assessment，PISA）的实施，再次掀起了国内学者介绍国际考试经验、反思国内高考制度和学习国际先进经验的高潮。PISA是1997年由经济合作与发展组织（Organization for Economic Co-operation and Development，OECD）制订的学生能力国际评估计划。该项目主要对接近完成基础教育的15岁学生进行评估，测试学生是否已掌握参与社会所需要的知识与技能。第一次PISA于2000年举办，后来每3年举办一次，以举办年份命名，评估主要分3个领域：阅读素养、数学素养及科学素养。除包括认知测验外，PISA还包括问卷调查，以收集有关社会、文化、经济和教育因素的指标，并将这些指标与学生的成就相联系，从个体学习者、教学、学校及教育体制4个角度进行分析。PISA运用可以使得心理与教育测量达到客观等距的现代教育测量理论，对不同层次学生的多维度能力、态度、动机等进行测量，进而进行国家或地区间横向和跨年度的纵

① 李雄鹰. 高考评价研究. 武汉：华中师范大学出版社，2016：12.

② 杨学为. 高考文献·上（1949—1976）. 北京：高等教育出版社，2003：151-152.

向比较。这是国内普遍依据经典测量理论建立的测评工具所无法实现的。[①]

为发挥考试评价对促进素质教育发展的积极作用，教育部考试中心于2006年10月引进并启动了学生能力国际评价PISA 2006中国试测研究项目，试图通过借鉴国际先进的教育评价理念、理论与技术，来构建符合中国国情的教育考试评价标准、手段、技术和方法体系。[②]2010年末，OECD在多哈宣布，上海参加了以考查义务教育阶段学生学习能力为宗旨的国际学生评估项目测试。在全球65个国家和地区中，上海在阅读、数学和科学三项指标得分均名列第一。[③]这则消息令世界一片哗然，成为许多国际著名媒体的头版头条内容。中国的专家、学者、媒体以及教育行政部门纷纷从不同角度对这一测试结果予以解读。且不说针对上海在PISA 2009夺冠后各方不一的反应，单蕴藏于PISA中的先进教育测量与评价理念、严谨规范的评估程序设计、评估内容的可操作性及结果的跨地区可比性、评估维度与内容选择的普遍性以及评估结果对学生发展的指导性作用就很值得我们反思与借鉴。

二、高考评价研究的意义

高考评价无论是在理论领域还是在实践领域，都是一个新命题。高考评价研究的开展在实践中发挥着不可替代的作用，如有助于全面把握高考评价的总体特征，深入理解高考评价的核心功能；有助于有效地提高高考命题质量，对教师改进教学具有针对性的指导作用；有助于为教育管理和教育研究部门的决策提供科学依据；有助于确立高考评价的指标和内容，以及构建多元化的综合评价体系。

（一）考试评价改革是国际教育考试改革的大势所趋

考试评价是世界各国教育改革发展中所面临的共同的理论与实践问题，同时也是改革发展的趋势。中国虽是考试的故乡，但世界发达国家探索适合于本

① 王蕾. PISA在中国：教育评价新探索. 比较教育研究，2008（2）：7-11.

② 王蕾. PISA对大规模教育质量的评价解读. 考试研究，2009（3）：46-59.

③ 谢湘. PISA测试上海夺冠回答了什么.（2011-03-04）. http://zqb.cyol.com/html/2011-03/04/nw.D110000zgqnb_20110304_5-08.htm?div=-1.

国教育发展水平和文化实际的考试制度的实践，一方面给予了中国高考制度改革以国际视野和动力；另一方面也成为中国高考制度改革的重要参照。进入知识经济时代，世界各国的发展战略由依托自然资源的“硬实力”竞争转向以重视人力资源为核心的“软硬实力”兼顾的战略。为此，各国都极其重视教育的战略制高点作用，加紧谋划本国的教育发展战略，如美国推出了《不让一个孩子落后法案》（No Child Left Behind）、英国推出了《14—19岁教育与技能白皮书》、俄罗斯提出了《2010年前俄罗斯教育现代化构想》、日本提出了《教育振兴基本计划》、韩国则公布了《人力资源开发基本法》等。

综览这些计划抑或战略的内容主旨，均是力图加快本国教育发展步伐，提高学业标准和学生学力，培养高质量人才，增强国际竞争力。为配合这些计划与战略的实施，世界范围内出现了教育考试与评价改革的新趋势。各国都在改革和优化本国的大学入学考试制度，采用多样化评价方式力图更加全面地评价学生的综合素质，更加科学、合理地发挥考试的评价功能，由此，考试的评价功能日益受到重视；各国普遍重视利用现代教育测评理论与技术改造考试，项目反应理论、认知诊断理论、现代教育评价模式被充分应用于考试实践，而依托于现代教育测评理论与技术开发出来的 PISA、国际数学与科学趋势研究（Trends in International Mathematics and Science Study，TIMSS）等国际性学生评价项目在世界范围内的推广，也受到了各国政府的关注。[①]教育考试的国际化改革趋势为中国高考制度改革开阔了视野，注入了活力，提供了参照，成为中国高考制度改革的必然方向。

（二）高考评价研究的实践意义

针对当前高考制度重选拔轻评价、重共性轻个性、重成绩轻能力、重结果轻过程等为社会所诟病的问题，考虑到高考利益相关方对高考改革的新诉求，我国部分省份开始了高考评价改革的新探索。最具代表性的高考评价改革实验项目当属2011年教育部在云南和海南两省启动的“云海工程”。该工程秉持“以考生为本，人尽其才”的理念，以改进传统的高考分数报告办法，尝试建立全

① 韩家勋．教育考试评价制度比较研究．北京：人民教育出版社，2010：4-5.

方位、多层次、发展性、个性化的综合评价体系为改革目标和重点内容，试图将教育评价的新理念、新方法和新技术引入高考改革，完善高考分数报告方式，使高考成绩更具评价意义。新的高考成绩报告单将有助于考生更加了解自己，以合理填报志愿；有助于中学评价教师的教学；有助于高校更全面地了解考生，更科学地录取。①另外，浙江省2009年进入新课改高考后，探索实行了“分类测试、分批选拔、综合评价、全面考核、择优录取”的选拔模式，提出要逐步建立学业水平测试、综合素质评价和统一选拔考试（高考）“三位一体”的多元化招生考试评价体系。上海市构建了以关注学生健康成长为核心价值追求的“绿色指标”体系，包括学生学业水平指数、学生学习动力指数、学生学业负担指数、师生关系指数、教师教学方式指数、校长课程领导力指数、学生社会经济背景对学业成绩的影响指数、学生品德行为指数、身心健康指数和跨年度进步指数等十项指数，实施教学质量综合评价改革试验，从过度注重学科知识成绩转向全面发展的评价，努力形成实施素质教育的导向机制，等等。②

随着《教育部关于普通高中新课程省份深化高校招生考试改革的指导意见》《国家中长期教育改革和发展规划纲要（2010—2020年）》《教育部关于全面提高高等教育质量的若干意见》《教育部2012年工作要点》等多个政策文件对高考综合评价改革的多次反复强调，高考评价改革政策的导向作用必然进一步凸显，高考评价改革也必然会成为各省份高考改革的重点内容。然而，有关高考评价的研究仍较罕见，搜索相关文献便可知关于这一命题的呼吁呐喊者有之，一般评议者有之，但系统研究者却少而又少。高考评价改革实践虽已开启，但仍有较多急需探讨的理论与实践疑难问题。综合中国当下的实际情况，在高考评价成为高考改革热点议题的背景下，如何认识高考的功能，如何实现由考试到评价的转变，基于什么理念建立什么样的高考评价体系，高考综合评价体系究竟应包括哪些内容，基于高中学业水平考试成绩、高考成绩、综合素质评价“三位一体”的综合评价体系如何落实操作等，都是关乎高考评价的理论与实践问题，急需研究予以解决。也就是说，高考评价改革实践急需高考评价理论的支撑。基于研究可改变考试理论落后于实践的状况，研究和分析高考制度环境、

---

① 什么是“云海工程”.（2011-07-05）. http://news.163.com/11/0705/07/786BFEAI00014AED.html.

② 国家教育发展研究中心. 上海构建“绿色指标”评价体系引导学生全面发展.（2012-06-05）. http://www.moe.gov.cn/jyb_xwfb/s5989/s6635/201206/t20120605_139325.html.

制度特征、制度缺陷与制度创新，有助于稳妥推进高考改革，减少改革的盲目性，促进高考制度的完善。[①]高考实践有助于完善高考理论，高考理论反过来有助于指导高考实践。

（三）高考评价研究的理论意义

回顾历史，中国是考试的故乡，有绵延千年的考试历史；反观现实，中国毫无疑问是考试大国，考试于国家、社会和个人都具有非同凡响的影响与意义。但中国并不是考试强国，尤其不是考试研究强国。毋庸置疑，中国古代的考试制度对世界考试制度的形成与发展产生了巨大影响，做出了巨大贡献，但现代考试理论与技术却源自西方，而非中国。现实中，中国的考试制度不断面临新形势，遇到新问题，需要改革、发展和创新，但用于设计考试制度、指导考试实践的理论和技术大都引自西方，中国原创的理论和技术较为缺乏。因此，如何既借鉴西方的先进经验，又立足于中国国情，创建适合于中国的考试理论技术体系就成为考试研究者的神圣使命与时代重任。

高考评价是高考理论领域和实践领域出现的新问题，研究这一问题不仅具有使高考实践有理有据、更加科学的实践意义，也具有推进和深化考试理论研究的理论意义。高考是谁都可点评一二、见仁见智的话题，但高考领域也有不少似是而非的概念、观点和问题需要廓清，这是高考改革顺利进行的社会认知基础和舆论基础。理论研究具有寻根探源、使复杂问题清晰化的作用。[②]每当有新的高考改革内容和政策出现，往往会引起各方关注与议论，如 2010 年四大自主招生联盟产生后，一度引起社会强烈反应。高考评价正是高考改革中的新内容，它的出现也会像其他高考改革一样，牵一发而动全身，制度的科学性、合理性、公平性等自然会成为被拷问的对象。目前，社会对这一问题还相对陌生，但又有迫切知晓详情的期盼。由此，对这一问题的理论研究会及时解开社会对高考评价改革的种种猜想和误解，使一些模糊的概念清晰化，复杂的问题明了化，有拨云见日之功效。另外，高考评价是高考理论研究的核心内容，对这一问题的研究和深化有助于揭示大规模教育考试的客观规律，从微观层面探

① 刘海峰. 研究考试制度推进考试改革. 湖北招生考试，2002（4）：6.
② 刘海峰. 刘海峰演讲录. 武汉：华中师范大学出版社，2012：97.

究考试内部诸要素之间的关系及规律，从宏观层面探究考试与社会、学校等的外部关系及规律，从而为建立更加科学合理和公平公正的高考制度奠定理论基础。

第二节 高考评价改革的历史变迁

统一的高考制度已建制近70年，几经变革，跌宕起伏。“以史为鉴，可以知兴替”，重温高考评价的历史，可以总结经验、吸取教训，为今天的高考评价改革提供借鉴。高考评价改革共分为五个阶段，下面将一一对每个阶段进行梳理和分析。

一、统一高考制度建立前后的高考评价

1949年10月1日，中华人民共和国宣告成立，中华民族迎来发展的新纪元，国家的各项事业在遭受严重破坏与创伤后，开始走上恢复重建的道路。在全力恢复工农业生产和国民经济建设的同时，教育因其重要性，成为国家率先接管和整顿的重点内容。高校招生考试作为一项重要的教育制度，在这一时期历经了单独自主招生、联合招生、统一高考制度建立等重要阶段，高考评价也随之发生变化。

（一）民国时期的高校入学考试制度

民国时期是中国高等教育制度由仿效日本、美国向本土化逐步过渡的时期，是封建主义教育向资本主义教育发展的转折时期，是传统教育走向新教育的过渡时期，是中国教育与西方教育的融合时期。①

1. 考试评价方式的演变

清末的高校招生考试是在政府的宏观管理下进行的，考试科目的设置、命题皆由高校自行把握。中华民国成立后，教育权继续下移，高校获得了极大的

① 熊明安. 中华民国教育史. 重庆：重庆出版社，1990：1-3.

自主权，且国家以立法形式对其自主权予以认可。高校单独自主招生在此背景下产生。高校单独自主招生的形成既是清末引进西方教育模式的自然延续，也是这一时期考试方式适应教育现状的必然选择。当时，全国高校的性质、层次和规模差异显著，中学毕业生数量不足，高校招不到足够的学生，兼之动荡的社会局势等综合因素，使自主招生成为最适切的考试招生方式。[①]

民国初期形成的单独自主招生制度在一定程度上满足了当时各级各类学校培养人才的实际需要，奠定了民国时期高校招生考试的制度基础，但也对高等教育的学科结构、区域发展、教育公平等产生了直接的负面影响。为了克服单独自主招生的种种弊端，南京国民政府从 20 世纪 30 年代初开始，着手对高校招生考试进行管理调控，先后试行了“比例招生”“名额招生”，以调控文科与实科人数。1937 年抗日战争全面爆发后，为适应战时需要，国民政府教育部在当时的中央大学、浙江大学和武汉大学试行“联合招生”。1938 年，教育部设立全国统一招生委员会，负责制定招生简章、规定命题阅卷及录取标准等事宜。1941 年，战事导致交通不便，统一招生的尝试被迫中止。但作为我国 1905 年以来高校招生考试改革的一次重要尝试，统一招生有效地控制了高校科系发展的不平衡状态，在一定程度上维护了高校招生的区域公平，加强了中等教育和高等教育的衔接，提高了高校的新生质量。[②]1941 年开始，高校招生考试进入多元并存时期，主要有单独自主招生、联合招生、委托招生、成绩审查以及免试保送等方式。

2. 考试科目与内容的演变

由于实行自主招生，高校通常自行公布招生章则，自行确定考试科目、组织命题和考试、阅卷、确定录取标准等。鉴于高校招生考试内容与中学教学实际相脱离的情况，国民政府教育部于 1919 年颁布《各专门学校大学校中学校招生办法训令》，明确要求“嗣后各专门学校及大学预科招生，命题概须依照中学毕业程度，勿使太过不及，至于学校衔接有所妨碍”。要求“各高等专门及大学校招考新生，除外国语外，其他各种科学，应以本国文命题”，“生徒答

① 刘海峰，等. 中国考试发展史. 武汉：华中师范大学出版社，2002：227.

② 郑若玲，杨旭东. 高考改革：历史与现实的思考. 厦门大学学报（哲学社会科学版），2003（1）：108-114.

案，应用本国文”[①]。高等专门学校的招生考试除将国文、外文、数学设置为必考科目之外，还会根据本校的专业要求设置相关考试科目。例如，法政专门学校增设历史、地理科目，工业专门学校增设物理、化学与图画科目，医学专门学校加试物理、化学、博物科目。当时，各校招生考试形式与录取方式灵活多样，一般先公布招生章则、招生人数、报考资格、考试科目、时间地点和入学有关事宜，再组织命题考试，确定标准，择优录取。招考次数及考点设置往往随录取情况而定。[②]1938年实行统一考试后，考试科目与内容表现出统一性，国民政府教育部统一规定评分标准、统一命题、统一阅卷，而且考试科目涵盖了中学所学的公民、国文、英文、数学、历史、地理、物理、化学、生物等课程。

总之，民国时期的高校入学考试形式经历了单独招考—计划招考—统一考试—多种考试并存的发展演变，是考试制度适应社会实际、教育发展、人才培养及战时需要的结果。回顾民国时期高校的招考形式，单独招考与统一考试的利弊一目了然：单独招考自主灵活，尽显高校的招生自主权，但也存在缺乏标准而导致的“招生滥”“升学滥”问题，招生质量难以保证；统一考试相对规范一致，效率较高，但因战乱等外部条件而不得不停罢。虽然高校入学考试内容与中学教学内容息息相关，并在考试资格、考试形式、命题难度、录取比例等方面充分考虑了中学教育的实际，但民国时期中学为大学服务、课程设置过分以升学为目的的趋向始终十分突出，在一定程度上造成升学主义的倾向。从今日之高考现状仍能窥见民国时期高校入学考试形式的发展演变及考试内容与中学教育的矛盾关系，回顾民国时期的高校入学考试史，无疑对今天的高考改革具有前车之鉴的效用。

（二）新中国的教育方针政策及过渡时期的高校入学考试

新中国成立之初，全国高等学校性质复杂、形式多样。[③]为了保持教育的连续性，尽快恢复教育教学工作，中央政府提出了“维持现状，立即开学”的

① 教育部公布各专门学校大学校中学校招生办法训令. 教育杂志11卷第3号法令（1919年）.
② 张亚群. 从单独招考到统一招考：民国时期高校招生考试变革的启示. 中国教师，2005（6）：24-26.
③ 蒋超. 中国高考史（创立卷）. 北京：中国言实出版社，2008：337.

方针。1949年，除北京大学、清华大学、南开大学、北平师范大学（现北京师范大学）及北洋大学（现天津大学）等少数几所高校实行非实质性的联合招生外，全国其他高校都实行单独自主招生，自主制定招生计划、招生条件、招生办法等，自行负责命题、阅卷与录取等重要工作。①

1950年，为了解决新生报到率低的问题，以及改变新中国成立之初高等教育的混乱状态，教育部于5月公布了《关于高等学校一九五零年暑期招考新生的规定》②，对招考学校资格、考生报考资格、考试科目、考试的组织管理等进行了规定和说明。1951年继续沿用了1950年的招生考试政策，继续坚持纠乱及联合统一考试的改革方向③，并在前一年的基础上，实行全部或局部高等学校统一或联合招生。受此政策的引导与推动，1951年，招考的统一性明显加强，全国214所高校中149所参加统一招考，占69.6%。④当然统一联合招考中也出现一些问题，如东北、西北等生源较少地区的高校仍然招生不足。但是，统一联合招考的改革倾向与实践为统一高考制度的建立奠定了重要基础。

二、统一高考制度建立阶段的考试评价

1952年，教育部颁发《关于全国高等学校一九五二年暑期招考新生的规定》，统一高考制度至此建立。统一高考制度的建立是一项重大创举，是考试发展史上的里程碑。统一高考制度的建立适应了新中国对大量高级建设人才的需要，是解决高等教育基础薄弱、校际差异大、人才培养水平参差不齐的重要策略，是适应全国基础教育发展及生源分布不均衡、促进教育公平的重大决策。统一高考制度的建立奠定了高校入学考试的基本形式——统一考试，有助于治理高校招考中的混乱状态，提高招考效率，为提高人才培养水平奠定基础。本部分将从国家人才培养需求与高考评价目标、考试评价形式与内容、特点与启示等方面梳理统一高考制度建立阶段的高考评价。

① 《中国教育年鉴》编辑部. 中国教育年鉴（1949—1981）. 北京：中国大百科全书出版社，1984：337.
② 关于高等学校一九五零年暑期招考新生的规定. 江西政报，1950（6）：129-130.
③ 关于一九五一年暑期招考新生的规定及一九五零年招生总结. 人民日报，1951-05-09（3）.
④ 刘海峰. 高校招生考试制度改革研究. 北京：经济科学出版社，2009：24-25.

（一）国家人才培养需求与高考评价目标

新中国成立初期，国民经济处于全面崩溃的境地，各种建设人才的缺乏更是不争的事实，因此人才培养成为当时各项工作的重中之重，国家要求高校招到足额考生，并将干部和各行各业高级人才的培养视作政治任务。因此，高校招生必然要围绕“为国家建设人才服务”“有计划、有步骤地统一招生”展开和实施，这一状况也必然对招考对象确定、考生基本条件、高考内容与形式等发挥引导与影响作用。

这一时期，基于对人才的迫切需求，以及发挥统一招考的优势，国家一方面尽可能“面向农工”，为更广泛的社会阶层创造教育机会，让他们通过接受高等教育为国家建设服务，另一方面也注重招考质量，逐步提高招生要求；一方面不断强调建设人才紧缺的危机感，另一方面尽一切可能让能进入高校的各种人员进入高校接受高等教育，成为国家建设力量。同时，国家也在不断提出招考的质量要求，确立了政治素质、身体健康和考试成绩三个评价标准，总之是博弈于人才培养的数量要求与质量要求之间。

（二）考试评价形式与内容

1952—1965 年是统一高考制度建立与稳定阶段，这一阶段确立了统一考试的形式，除 1958 年采用分省份命题考试之外，其余年份都采用全国统一考试方式。高考评价的核心内容——考试科目却处于频频调整时期，经过了四次大调和多次微调。同时，国家利用统一考试的调控手段加强了对考试命题的协调管理，以适应当时的教育实际和人才选拔要求，提高招考质量。

1. 统一考试评价形式的确立

1952 年，教育部出台《关于全国高等学校一九五二年暑期招考新生的规定》，明确规定：从当年开始，全国高校除个别学校经教育部批准者外，一律以统一考试方式招考新生，这标志着统一高考制度的正式建立。在统一招考制度下，招生名额、报考条件、考试内容、考试命题与阅卷、录取及志愿调配等都由国家统一管理协调。统一高考制度的建立是考试制度适应社会需要及顺应考试规律自身发展的双重因素的结果。统一考试方式在节省人力、物力、财力，保证生源数量，提高生源质量，均衡全国录取差异，方便考生报考及参加考试方面都显现出优势。但也存在对招生政策与计划、命题与组织考试、阅卷及录取统得过死，无法顾及全国各地差异的不足。[①]

2. 考试科目的变革

考试科目在这一阶段经过了四次大调和多次微调，从考全部科目到分为两个科类、三个科类，再到分为两个科类，最终分为了理工类、文史类。一些科目如数学、外语经历了从不考到施考，从不计入总分到计入总分的变革。高校根据当时人才培养的要求，不断调整一些专业的加考科目。以上历史表明，考试科目是高考评价的核心之核心，是将考试组织者的选拔理念、要求、目标等变为现实的重要载体。考试科目变革的历史及影响不仅在当时，也在当下。当时形成的文理分科的科目划分方式和按照高中学习科目设置高考科目的做法至今仍在应用。

这一时期考试科目的调整不仅受到当时社会政治、经济、文化尤其是教育实际情况的限制，也与国家对各方面建设人才的迫切需求相关，还受到苏联按照专业模式培养人才的影响。当然，在数年内对考试科目的频频改动也有其不利的一面，如会打乱中学教学秩序，学生需要不断适应新的科目要求，从而给学生备考带来负担，也给高校教学方案的制订及课程实施带来困难，用一套方案去培养基础知识各异的学生，势必会影响培养质量。

3. 高考命题的变革

命题是实现考试目标的微观内容，也是关键环节。无论采用何种考试方式、实施怎样的科目组合，考试目标的最终实现都必须基于科学、合理的命题。统一高考制度的建立与稳定阶段的高考命题，表现出了几个明显特点：一是命题适应中学教学、高校教学及考生学业基础的需要，命题的变革过程就是这三者的矛盾运动与协调过程；二是命题者已经萌发规范命题的意识，但仍处于经验阶段，表现为题型选择的随机性强，考试内容的科学性、公平性较低，试题的难度、区分度尚且处于较低水平，导致试题难度不够稳定；三是命题理念经历

① 张耀萍. 高考形式与内容改革研究. 武汉：华中师范大学出版社，2008：39.

了考知识还是考能力、考书本还是考实践的探索与争论；四是政治因素对命题的影响逐渐加重。

（三）特点与启示

1949—1965 年是统一高考制度的建立与稳定阶段，这一阶段最大的成就莫过于经过 3 年过渡和 1 年“折腾”（1958 年），最终确立了全国统一高考形式。在这一基础上，以“政治、学业、健康”为内容的高考评价体系得以逐步形成，德智体全面发展的评价目标确立。考生的数量与质量、中学与高校、知识与能力、理论与实践以及全国各地教育发展不均衡等影响高考评价的矛盾已经显现。在不断扩大生源范围、增加招生名额的同时，提高招考质量，对统一高考制度形式的反复讨论与尝试，对高考科目的频频调整与重组，命题兼顾中学、考生、高校及全国各地教育差异等构成了这一时期高考评价及改革的核心内容。

统一高考制度的建立是这一阶段高考评价的显著特征，是考试制度适应新中国建设大业对各行业高级人才迫切需求以及考试自身发展规律共同作用的结果。统一高考制度的确立在高校人才选拔与培养、中学教学、促进教育公平等方面都发挥了重要作用。当然，物之初生，其形必丑。以现在的标准去衡量当时的高考制度，必然其有不足之处，如评价标准体系过于单一、过度重视政治要求、频繁改动高考科目、命题中的“政治挂帅”导向等。若以借鉴与反思的视角分析这一阶段的高考评价，其一，统一高考制度作为一项重要的教育考试制度，在国家建设与社会发展中具有不可或缺的作用，因此，时不时冒出的取消它的言论纯属无稽之谈；其二，高考制度及其改革的复杂性在其产生之初就已显露无遗，涉及面与影响面极其广泛，因此对高考制度的认识要从多个角度切入，对它的改革要通盘考虑，系统设计，稳步推进；其三，高考制度具有一定稳定性，也具有很强的时代性，必然随着时代的发展变化而不断改革创新。

三、“文化大革命”期间的招生评价

“文化大革命”期间，作为高校选拔人才的考试制度，高考招致了漫天的批评与指责。1966 年，《中共中央、国务院关于改革高等学校招生工作的通知》

出台，取消了高考。在统一高考制度建立之初，由于国家对建设人才的迫切需求和招生计划的逐年增加，以及统一高考制度的优越性，不得不避轻就重，坚持统一高考，以完成被视作政治任务的招生工作。但随着人们对高考不满情绪的累积，人们错误地扩大了高考制度的不足并对其加以批判。这段高考被取消的历史，事端之起因与高考制度自身的不足有关，也与当时对高考制度的有限认识和不当使用有关，更与一切以政治和阶级斗争为纲有关。高考制度的不足及其引发的“片追”（片面追求升学率）和“减负”问题被无限扩大，最终在被扣上一顶政治大帽后便被弃用十余年。其间，1966—1969 年高校彻底停招，1970—1976 年则采用推荐入学方式评价学生。这段历史从反面证明了高考制度不可或缺的重要性，也警醒世人无端扩大高考制度负面效应的后果，其所造成的损失令人痛惜，却也难以弥补。在没有高考的日子，推荐成为高校招生的方式。以推荐之法选才固然没错，但是它需要有良好的社会诚信环境和严格的制度作为保障和基础，否则只会得不偿失。事实证明，“文化大革命”期间使用的推荐选才方法严重地破坏了考试公平。另外，当时，政治素质、劳动与实践经验成为选才的至高标准，而忽略了学业水平这一反映人才知识与能力水平的标准，招生对象一再偏向于工农兵青年，高校入学标准一降再降，新生质量明显下降。事实证明，如此做法不仅贻误了个人发展，也是国家的人才损失，其导致的后果难以估量。总之，这段没有高考的历史证明了考试作为一种评价方式的可贵之处，同时也证明了高考虽然不是最好的制度，却也是最实用可行的人才评价与选拔制度。

四、恢复改革阶段的高考评价

1976 年，“文化大革命”结束，中国社会又站在新的历史起点，一切皆回正轨，走上了改革发展的道路，高考的命运也由此改变。1977 年 8 月，邓小平主持召开科学和教育工作座谈会，恢复了“统一考试、择优录取”的统一高考制度，高考制度重回正轨，进入恢复与改革发展新阶段。

（一）调整报考要求与评价标准

1977 年，教育部颁布的《关于一九七七年高等学校招生工作的意见》改变了“文化大革命”中过分重视政治身份的评价标准，规定凡是工人、农民、上山下乡和回乡知识青年、复员军人、干部和应届高中毕业生，年龄在20岁左右、不超过25周岁的均可报考，其中对实践经验比较丰富并钻研有成绩或的确有专长者，年龄可以放宽到30岁，并强调要注意招收1966、1967两届高中毕业生。1977年，教育部颁布的《关于一九七七年高等学校招生工作的意见》提出的报考要求为，考生必须拥护中国共产党，热爱社会主义祖国，努力学习，热爱劳动，遵守纪律的具有高中毕业或者相当于高中毕业文化水平的青年。考虑到“文化大革命”耽误了部分青年上大学的愿望，报考年龄放宽到28岁。1983年，教育部颁布的《一九八三年全日制高等学校招考新生的规定》提出的报考要求为，考生必须拥护中国共产党，爱祖国、爱人民、爱劳动、爱科学、爱社会主义，遵守纪律，服从国家需要，决心为社会主义现代化建设勤奋学习，具有高中毕业文化程度或同等学力，年龄不超过25岁的青年。

1985年以后，报考资格和要求相对稳定，国家规定的不得报考的对象日益减少。1987年，国家教育委员会下发《普通高等学校招生暂行条例》，对报名要求做出了详细规定。总体要求是拥护四项基本原则，热爱祖国，遵纪守法，决心为社会主义现代化建设勤奋学习；高中毕业或具有同等学力；身体健康；未婚，年龄不超过25岁；实践经验丰富的优秀青年，经所在单位推荐，省区市招生委员会批准，年龄可放宽至28岁，婚否不限；有特殊贡献的公民，经所在单位推荐，省区市招生委员会批准，年龄、婚否不限。不得报考的人员有普通高等学校的在校生和毕业生；由国家承认学历的各类成人高等学校的在校生和毕业生；中等专业学校、技工学校的在校生和毕业生；中学在校生；上一年已被高等学校录取而不报到的学生；因触犯刑律而被追诉或正在服刑的。从这一规定可以看出，国家一方面尽可能地为各类可以接受高等教育的人员创造入学机会；另一方面也在避免高等教育入学机会的重复享受和浪费，重视生源质量。

关于评价标准，1977年，国家恢复了“文化大革命”前的“政治、学业、健康”的评价三标准。1981年，在坚持“政治、学业、健康”的评价标准的前提下，为更多地了解考生在高中期间的情况，国家要求从当年起建立高中生档案，如实记录学生全部学业成绩、操行评语、是否为学生干部或三好学生、特长与兴趣、社会实践活动及能力、奖励与处分、健康状况、是否达到国家体育锻炼标准等内容，供高校录取参考。[①]1984 年，《教育部关于高中建立学生档案的暂行规定》要求规范化高中生档案管理，档案内容应包括学年评语表、考试成绩登记表、体检与体育锻炼表、健康检查表、毕业生登记表、高中毕业生家庭情况登记表。其中学年评语表和毕业生鉴定要求由班主任按照《中学生守则》认真填写，以反映学生德育、智育、爱好、特长及体育活动情况，供高校参考。这是高考评价发展历史上的重要举措，表明当时高校在评价学生时，已经注意到参照高中期间的信息，并初步形成了从德智体等多方面评价学生的意识。

（二）高考科目与评价形式的调整

1. 高考科目的调整

1977 年恢复高考后，高考科目按照文理分类，当年文科的考试科目是政治、语文、数学、历史、地理，理科的考试科目是政治、语文、数学、物理、化学。1978 年，高考科目调整为，文科考政治、语文、数学、历史、地理、外语，理科考政治、语文、数学、物理、化学、外语，且规定外语成绩不计入总分，只作为参照。这一阶段的考试科目调整主要是基于文理分类形成了文科 6 门、理科 6 门的科目模式。另外，根据考生外语、数学的学习情况，并结合高校的教学要求，教育部逐步将数学和英语设为考试科目，且考试分数计入总分。

1985 年是高考科目改革的转折点，实行高中毕业会考制度后，上海率先进行了会考后的高考科目改革。1989 年，《国家教委关于印发〈关于试行普通高中毕业会考制度的意见〉》中规定：“上海、浙江试行普通高中毕业会考制度，并在此基础上改革普通高等学校招生考试及录取办法，有利于普通高中全面贯彻教育方针、提高教学质量，有利于普通高等学校选拔优秀新生。”具体来说，高考科目分为必考科目与选考科目，必考科目为语文和数学，选考科目为政治、外语、物理、化学、生物、历史、地理。要求“各高等学校根据其专业特点，提出 1—2 门选考科目建议。国家教委在综合各校建议的基础上，将高考科目编排为若干组，供高等学校暨专业招收新生考试时选用”，“考生根据报考学校的要求，参加指定科目组的考试。报考考试科目不同的学校、专业，须参加相

① 杨学为. 高考文献·上（1949—1976）. 北京：高等教育出版社，2003：139.

应科目组的考试”[①]。

为将水平考试与选拔考试区别开，既有利于中学教学，又有利于高校选拔新生，1990 年，教育部在《关于改革高考科目设置及录取新生办法的意见（试行）》中将高考科目设置分为四组：第一组有政治、语文、历史、外语；第二组有数学、语文、物理、外语；第三组有数学、化学、生物、外语；第四组有数学、语文、地理、外语。各高等学校暨系科、专业可根据高考科目组的设置情况及各自特点，选择一组高考科目作为考生的应试科目。1991 年，国家教育委员会在湖南、海南、云南三省进行了史称“三南方案”的高考科目组改革实验。高考科目依旧为 1990 年规定的“四组四科”方案。但是因为本次试验过于强调学生的个性，而忽视了学生的共性，结果既不利于中学教学，也不利于高校选拔新生，导致学生更加严重的偏科，遭到了学校和考生的反对，试验在第二年便被停止。总结上海方案、“三南方案”的经验教训，1992 年开始，全国全面推行高中毕业会考以及会考后再高考的方案，文理科的考试科目均为“3+2”组合，即文科考语文、数学、外语，外加政治、历史；理科考语文、数学、外语，外加物理、化学。1997 年 10 月，在恢复高考 20 周年前夕，教育部决定高考科目试行“3+X”方案，并于 1999 年在广东省率先实验。这一阶段，高考科目改革的步伐较大，频率较高，总体是迫于社会对“应试教育”及“片追”的指责，为减轻考生负担，考试科目数朝减少的方向变化，科目的组合朝更加自由的方向变化。尽管有的方案实行的时间较长，有的方案因为缺陷较大而昙花一现，但这些改革为高考科目的科学合理化积累了经验，为“3+X”科目设置模式的普遍实施提供了有益的借鉴。

2. 评价形式的调整

在统一高考制度的前提下，这一阶段出现了新的考试评价方式：一个是高考预选制度；另一个是保送生制度。

（1）高考预选制度

预选是在统一高考前提下出现的一种补充性选拔方式。为解决考生多、录取少、竞争激烈、统考工作量大、考试评卷工作难以做细、考场舞弊及抬分现

① 杨学为. 高考文献·下（1977—1999）. 北京：高等教育出版社，2003：422-425.

象等问题，提高高考成绩的准确性，1980 年，全国 7 个省份实行了预选办法。作为一个方向性的改革，预选办法于 1981 年被正式列入高校招生政策。预选方法即由省区市根据当年计划招生人数的 3—5 倍，参照应届毕业生人数和往年录取情况，把预选人数逐级下达给中学，由中学根据高中毕业考试成绩，结合平时成绩，包括对学生德智体的全面考核，择优预选，合格者参加全国统一高考。这一制度一直到 1991 年高中会考制度逐步实施后才被取消。预选在一定程度上保证了高校录取的质量和效率，但由于机制不健全，各省区市做法不一，更重要的是提前结束了部分考生的高考机会，受到社会抵触，逐渐退出了历史舞台。

（2）保送生制度

恢复高考制度以来，一方面，学生的升学压力和学习负担日益加重，高中学校片面追求升学率的现象愈演愈烈，应试教育的弊病日益凸显；另一方面，受社会发展需求调控与就业的影响，高校招生专业逐渐呈现“热门”与“冷门”之分，热门专业的生源相对丰富，而冷门专业的生源则相对匮乏。为了选拔一批德智体全面发展的学生，同时解决报考专业失调问题，1984 年，北京师范大学等“冷门”的行业性院校开始试点招收保送生，希望通过此法既打破统一高考唯成绩入学的垄断方式，又确保高校行业性“冷门”专业的持续发展。1985 年，保送生试点院校扩大到包括北京大学在内的 43 所高校。[①]基于试点高校的成功经验，国家教育委员会于 1985 年下发了《关于做好普通高等学校试招中学保送生工作的通知》，对保送制度做出具体规定和说明。该通知规定的保送条件为：“德智体一贯优秀；德、体较好，智力超常，学习成绩优异，有较强的创造能力；德智体全面发展，学习成绩优秀，志愿献身教育事业，并具备从事教师工作素质的应届高中毕业生，应向师范院校保送”，“保送生人选，由中学决定”，“是否录取，由大学决定”，“大学接受的保送生人数一般应控制在当年学校计划招生总数的 2%以内（师范院校可控制在 5%以内），并列入招生来源计划的机动数中”。1987 年，国家教育委员会又颁布了《普通高等学校招生暂行条例》，对招收保送生的规定为：“为了全面贯彻教育方针和因材施教的原则，弥补考试的不足，由国家教育委员会授权的高等学校可以招收保送生。”

经过四年的试点并取得较好效果后，1988 年 2 月，国家教育委员会又印发

① 叶铁桥. 近 12 年保送生政策两次大调整. 中国青年报，2012-05-28（7）.

了《普通高等学校招收保送生的暂行规定》，正式开始推广保送生制度，并确定北京大学、清华大学等52所高校具有招收保送生的资格。招收保送生的目的在于“完善我国普通高等学校招生制度，更好地为社会主义现代化建设服务”，应“本着相互信任、相互负责、相互尊重的原则，在各省、自治区、直辖市招生委员会的组织下进行”，招收保送工作要“有利于培养和选拔德智体全面发展的优秀学生，有利于更好地全面贯彻教育方针，鼓励和引导学生德智体全面发展”。该规定规定具备下列条件之一者，可作为保送生：德智体美和在劳动教育中表现一贯优秀的高中应届毕业生；德智体全面发展，学习成绩优秀，志愿献身教育事业，并具备从事教师工作素质的高中及中等师范学校的优秀应届毕业生；德智体全面发展，各科成绩优良，并参加国际中学生学科奥林匹克竞赛集训的优秀高中应届毕业生。招收保送生的高校的“招生数量最多不应超过该校当年招生计划总数的3%（师范院校可达10%）”，有权保送的“中学、中等师范学校以及外语学校推荐保送生的比例，由省、自治区、直辖市招生委员会确定。中学原则上不应超过该校当年应届毕业生总数的5%；中等师范学校不应超过2%”。保送生人选由中学决定，是否录取由高校经过一定考察后决定。同时要求各级单位要重视此项工作，严防违规作弊行为，确保保送生质量。

截至20世纪90年代，保送生政策基本稳定，学科特长生的认定范围逐年扩大，招生人数也逐年上升。但保送生政策存在的一些缺陷日益显现，少数学校开始“推良不推优”甚至“推劣不推良”，走后门、拉关系、徇私舞弊、弄虚作假、违法乱纪等现象越来越严重。为此，教育部要求对保送生进行综合能力测试，并提出高中会考成绩的等级要求等，同时要求各中学接受社会监督，公布保送条件和保送名单，规范保送过程，提高保送生质量。

（三）高考命题改革

1977年恢复高考后，当时在全国统一考试的前提下，命题由各省区市负责，目的是了解学生掌握基础知识的状况和分析问题、解决问题的能力。1978年后，全国统一命题由教育部组织高校教师、高中教师、中学教材编写人员和科研人员根据全日制中学教学大纲编制。1980年之前，全国尚无统一的中学教材和教学大纲，每年教育部都会发布高考复习大纲，作为命题范围，也作为考生复习的依据。1980 年之后，高考命题的指导思想明显地转为以高中课本为主，基于大纲、教材，重视学生的基础与能力，努力做到既有利于高校选拔人才，又有利于促进中学教学，题目难易得当。[①]1983 年，教育部对评卷工作做出明确要求，要正确掌握评分标准，做到不宽不严、准确无误，并做好登分及复查工作，确保评卷质量。

这一时期，高考试题的题型也逐步改革。1978—1980 年的高考题型以填空、名词解释、问答题为主，1981 年后出现了判断题、选择题、列举题等新题型，命题者对考生能力测试的意图明显增强。命题者的试题结构意识逐步凸显，既有考查基本知识的题目，也有考查观察、归纳、分析、综合、应用能力的题目。各题目的分值也不再是平均分配，而是根据其难易程度、重要程度分配以不同的分值。这些改革举措有利于更好地测试考生的水平与能力。1991 年，《国家教委关于印发〈高中毕业会考后普通高校招生全国统一考试工作实施方案（试行）〉的通知》中，明确提出会考后的高考在考查学生基础知识的同时，要注重考查其能力。这成为后一段时间高考命题的指导思想，而如何考查学生的能力成为命题的关键和焦点。[②]

从命题方式上，1985 年，教育部发函允许上海在实施高中会考的基础上组织单独命题，探索如何在全市高中会考的基础上试行高考的新模式，开创了恢复高考后单独命题的先河。但是，由于高考的纽带作用，高考命题对中学教学的负面影响再次发生。1979 年 10 月 16 日，《光明日报》刊出恢复高考后首篇关于片面追求升学率的文章，该文章描述了考生和教师准备高考的“大突击”景象，指出用这种办法准备高考既有损于传授基础知识和培养基本技能的“双基”教学，也有损于学生和教师的健康，并发动教育界对此问题进行讨论。高考命题如何适应中学教学的实际这一问题又一次被提出。[③]

（四）高考的标准化改革

随着改革开放的逐步深入，中国的现代化建设迫切需要选拔大批优秀学生

① 蒋超. 中国高考史（改革卷）. 北京：中国言实出版社，2008：50.
② 蒋超. 中国高考史（改革卷）. 北京：中国言实出版社，2008：211.
③ “大突击”景象散记. 光明日报，1979-10-16（5）.

到大学进修，激烈的考试竞争迫切要求高考必须科学、准确、公平地选拔人才。然而，当时的高考却不尽如人意，几乎没有任何理论的指导。但此时恰逢改革开放，国外的考试理论与技术传入中国，揭开了中国考试研究与改革的序幕。标志性事件就是高考标准化改革。

1. 改革历程

高考标准化的实质就是实现从传统考试向现代考试的转变，告别考试的经验时代，依据现代考试理论，借助于现代统计方法和计算机技术，严格按照科学程序组织实施考试，内容包括命题标准化、答案标准化、施测标准化、评分标准化、计分标准化、分数解释标准化和考试管理标准化。在中国，高考的标准化改革滥觞于广东。1985 年，国家教育委员会决定在广东实施高考标准化的改革试验，以数学、英语两科为试点。此后，试点科目和地区不断扩展。

为及时总结高考标准化改革的经验，1988 年 11 月，国家教育委员会考试中心组织了“广东省普通高等学校招生标准化考试试验评估会”，邀请全国著名教育、心理、教育测量、教育统计学专家及部分省级高校招生办公室负责人、高校招生办负责人、中学负责人参会。1989 年 6 月，国家教育委员会颁发了《普通高等学校招生全国统一考试标准化实施规划》，改革导向是“以教育测量学、教育统计学为指导，利用计算机等手段，严格控制考试误差。使考试更科学、更准确地测量考生的知识和能力水平，为高等学校择优录取服务，为改进教学提供信息，为教育决策提供依据”。目标是 1989—1991 年，根据教学大纲确定合理的知识与能力层次要求、试题难度及各种题型的比例，改进命题及试题质量评价方法。选择题实现机器阅卷，改进主观题评分方法，控制阅卷误差。1992—1995 年，建立各学科试题库，建立全国常模，制定转换标准分实施方案，具体步骤是：1989 年公布英语科目的考试说明；1990 年公布化学、物理科目的考试说明；1991 年公布语文、数学科目的考试说明；1992 年制定全国常模及标准分实施方案；1993—1995 年逐步建立各学科的试题库；1995 年，根据标准化考试特点，制定标准化考试管理规定，高考标准化开始在全国实施。1994 年 4 月，国家教育委员会颁发《普通高等学校招生全国统一考试建立标准分数制度实施方案》，宣布高考标准化改革进入第二阶段，主要任务是建立标准分数制度，进一步开发利用考试信息，充分发挥考试既有利于中学教学，又有利于高校选拔新生的作用。此后，便进入高考标准化的深化改革与推广阶段。

2. 改革内容

高考标准化主要从现代考试理论与技术学习应用、命题的标准化、标准分数转换以及在阅卷与考试管理中引入计算机技术等方面着手。

（1）学习教育测量与统计知识

“工欲善其事，必先利其器。”高考标准化改革需要一大批懂得现代考试理论技术的工作人员，因此，第一步便是学习和掌握教育心理学、教育测量、教育统计等有关考试标准化改革的基础理论，并尝试将其应用于实践。同时邀请这方面的专家指导考试实践，对考试数据进行各种统计分析，以为次年命题与考试提供参照依据。这一阶段，国外的教育与心理测量、教育统计、考试的理论与技术及考试制度被大量引入国内，作为标准化考试重要理论基础的布卢姆教育目标分类学及评价理论就是此时被引入国内的，并在国内掀起了考试研究与实践的小高潮。

（2）命题改革

命题是标准化考试改革的关键环节。广东省通过组织命题队伍、研究各个学科考试目标、制定考试大纲、研究试卷结构与题型比例、制定命题双向细目表、编制试题试卷与审定、预测等程序，来确保命题质量，促进科学化命题。为配合标准化命题改革，国家教育委员会考试中心也陆续成立了各个学科的命题委员会，负责组织学科命题，审定考试说明，参与命题及试题审定工作。命制试题的首要任务是制定各学科的考试说明。标准化考试改革之前，我国没有考试说明，只有中学教学大纲，它既是复习大纲，也是命题依据。实践证明，教学大纲只规定了教学目标、教学要求及教学内容等，并未说明考试目标、考试内容及考试要求，不利于促进科学化命题。因此，作为标准化考试改革的重要一环就是制定各个学科的考试说明，这既有利于考生复习，更有利于科学命题。为促进考试标准化改革，国家教育委员会考试中心于 1989 年首先公布了英语科目的考试说明，1991—1995 年又先后公布了其他科目的考试说明，使学生复习与高考命题都有据可依。考试说明根据高校选拔人才的要求，基于教学大纲的知识内容编订而成，不仅明确了考试目标、考试内容及能力要求，而且明确了相应的题型、试卷结构及样题。1989 年起，国家教育委员会每年发布试题质量评价年度报告，改变了过去依据经验进行判断的做法。1993 年起，每年高考结束后，国家教育委员会都会组织试题评价研讨会，总结分析当年命题的得失，作为次年命题的参考。

命题的下一环节便是基于考试说明制定双向细目表。将知识与能力分别作为双向细目表的两个维度来划定考试内容的覆盖范围，是命题的重要环节，因为它既保证了考试的内容效度，明确了知识范围、知识点分布和能力要求，又有效地减少了命题的随意性。双向细目表需要明确列出考试的范围与知识覆盖面、考试目标及对能力的考查层次与维度、每一内容在每一考查能力级别上所占的分值比重，以便于师生明确考试知识范围、重难点及能力级别，以及指导科学命题。命制试题还必须经过预测与修订环节，以检查试题是否符合双向细目表的要求，若预测中某选择题的选项结果是 A（45%）、B（30%）、C（24%）、D（1%），正确选项是 C，则说明 A 选项的诱惑性大于正确选项，而 D 选项的诱惑性又不足，因此必须进行修改；计算每道题目的难度和区分度及整套试卷的信度，检测试题质量；分析预测成绩对考生能力的考查情况，判断是否能达到考试目标。修订后的题目经审定后便可成为正式考题。

（3）标准分转换

标准化考试的另一个重要环节是由原始分数向标准分数转换。1985 年，广东省开始实施标准分制度。1997 年，除广东、海南、河南、陕西四省使用标准分制度，并总结了不少经验外，吉林、北京等七地在进行考试实施、评卷、试题分析与评价三个环节的质量评审工作的同时，也进行了标准分转换的模拟试验工作。另外，黑龙江、河北等八省也单独进行了内部标准分转换的模拟试验工作。但是由于标准分制度打破了长期以来的总分录取习惯，推行起来难度较大，而日渐受阻。至 2001 年，只有海南和广东两省坚持用标准分。2002 年起，教育部也不再支持标准分试点，而是由各省份自定用何种分数，原因有以下几个：第一，大多数省级行政区是估分填报志愿，对于原始得分，考生心中都有估计，每一分对考生的升学、前途都有重要作用，转换后的每一点差异都会对考生产生非常大的影响；第二，我国每年招生录取分数线是按省级招生数定的，部分省份转化标准分后没有形成全国常模，省级之间不能直接比较，给跨省招生的重点大学带来麻烦，遭到了部分招生院校的抵制；第三，有相当一部分人认为既定的原始分数比标准分看得更明白，容易理解；第四，现行总分录取的模式根深蒂固，而在将不同学科的标准分合成总分的统计技术上尚存争议等。[①]以上因素都会影响标准分的可行性与实效性。

（4）考试管理现代化

标准化考试也需要依托考试管理与技术的现代化。在标准化改革中，试题质量与考生成绩的统计分析和评价、选择题的评阅、主观题评分误差的控制、分数统计与合成等，都离不开光电阅读器、计算机、远程通信设备等。以计算机技术为依托，用光电阅读器对选择题进行评分，既提高了评分的准确率（达到 100%），节约了阅卷成本，也为统计分析提供了可能。在用光电阅读器、电脑评卷的基础上，从 1988 年开始，广东省又对报名、发准考证号、考场安排、计分、标准分转换、志愿管理、考生档案调配、考试成绩统计分析等考试管理全过程进行了技术改革试验。[②]

（5）标准化考试研究

在实施标准化高考改革的过程中，国家教育委员会十分重视考试研究工作，尤其重视作为标准化考试关键环节的命题及理论研究工作。为了满足高考内容改革的要求，考试中心组织学科专家对高考的测量目标、学科能力要求进行了分析、界定、探讨，研究了能力考查命题原则、能力考查题型设计与难度关系等关键性问题，将教育测量学理论与我国基础教育的实际相结合，设计出了适合高校选拔新生的方案，并将其逐步应用于高考命题的各个环节，发展了我国考试命题的理论与技术。

首先是对高考测量目标的研究。随着高考标准化改革的深入，我国学者引入美国布卢姆的教育目标分类学及评价理论，在编制考试说明的过程中，基于认知领域中知识与能力要求的基本理论，集中学、高校及考生利益于一体，实现了考试目标的“学科化”。按照考试科目与教学大纲及中学教学目标的相关要求，从教育评价角度确定了各学科的测量目标，使命题者和考生有了共同的评价目标和依据，提高了命题的科学性，在很大程度上避免了学生备考的盲目性。经研究，最终将高考的测量目标确定为学科知识与技能、科学的思想方法、学习能力、科学观四个维度。其次是有关高考考查内容及对考生能力要求的研

① 韩家勋. 中国高考从传统走向现代——“标准化考试”改革与发展. 考试研究，2009（4）：30-41.
② 杨学为. 中国高考史述论. 武汉：湖北人民出版社，2007：328-330.

究。1990年以前，高考命题“以纲为纲，以本为本”，每年只公布考试的知识范围，而没有能力考核方面的要求，给命题和备考带来了极大盲目性和不稳定性。1991年，《国家教委关于印发〈高中毕业会考后普通高校全国统一考试工作实施方案（试行）〉的通知》中明确要求，“会考后的高考，在考查基础知识的同时，注重考查能力”的原则。1992年起，国家教育委员会考试中心组织有关学科专家，在研究制定考试说明的过程中对如何考查能力这一问题分学科地进行了研究，并取得了不少成效，包括实现了高考能力测试要求学科化，在界定不同学科考试内容的前提下，也确定了评价的能力层次要求。例如，语文科目的评价层次是识记、理解、分析综合、应用、鉴赏评价；数学科目的评价层次是逻辑思维、运算、空间想象、分析和解决问题。这些研究对引导全国考试理论研究，化解考试改革实践中的难题，以及为下一步高考标准化的深化改革都具有非常重要的作用。[①]

3. 高考标准化改革的启发

从全国高考标准化考试改革的实践看，其积极意义在于以下三点：第一，适应了我国快速发展的社会经济对大量高水平人才需求的现实，提高了大规模选拔考试的科学性与效率，为更多人提供了考试机会，保证了高考选拔的公平性，使高考促进社会流动的功能逐渐增强；第二，高考标准化改革是改革开放的产物，其间不仅引进了大量国际上先进的考试理论与技术，介绍了一些其他国家的高校入学考试方法体系，更是掀起了国内重视高考研究、深化高考改革的热潮，开启了高考的科学化时代；第三，在高考标准化改革中积累了宝贵的经验，对高考的测量目标、考试内容、能力评价的层级体系、命题、分数转换、分数等值、现代化考试管理等核心问题进行了探讨实践，参与改革的省级考试机构也在命题、分数转换、考试管理等方面积累了经验，为下一步高考改革奠定了良好基础。

高考标准化改革的过程中也暴露出许多值得我们总结和思考的问题。第一，标准化考试需要有强有力的、系统的理论技术作支撑，但我国的教育测评理论引自西方，本土的理论技术基础还比较薄弱，难以满足改革的需求，仍处于对

① 高军峰，姚润田. 新中国高考史. 福州：福建人民出版社，2009：250-255.

国外理论技术的引入与应用状态，导致改革呈现碎片化，缺乏连贯性，因此，加强考试理论技术本土研究迫在眉睫。第二，标准化考试需要人力、物力的支持。在中国，人人都知道高考的重要性，但是对这一考试工具本身的认知、研究与物力投入却严重不足，盲目赋予其更多功能，引发了人们对高考的误解。我国对高考研究的物力投入远不及国外，美国仅俄亥俄州 2002 年 3、6、9 年级州级统考的费用就达 2000 万美元，而我国组织一次全国高考的费用还达不到这一标准。①因此，必须从观念上更加重视对高考的研究开发，投入更多的人力、物力研究高考。第三，高考标准化改革解决不了高考的所有问题，标准化考试具有量尺标准、程序科学、误差有控、信效度高、使用规范的特性，适合于大规模考试，但对个性化的体现不足。标准化考试不是万能的，高校入学考试评价体系的完善还需从多个方面入手，重视考试标准化的同时，加强对面试等非标准化考试方法体系的研发与使用。第四，受制于考试观念、理论与技术人员等现实因素，题库建设等高考标准化的预期内容并未一一实现。

（五）高中会考制度与高考改革

统一高考制度建立以来，高考一直身兼两职：一方面要为高校选拔优秀人才；另一方面要担任评价高中的工具。高考成绩和高考升学率几乎成为评价高中学校、教师和学生的唯一标准，“片追”更加剧了普通高中重智育轻德育、重理论轻实践、重知识轻能力的教育偏向，出现了较为严重的“偏科”教学问题，遭致社会诟病。为此，1983 年颁布的《教育部关于进一步提高普通中学教育质量的几点意见》中提出毕业考试要和升学考试分开进行，有条件的地方可按基本教材命题，试行初、高中毕业会考。当年，浙江省在 8 所重点高中率先举行会考试验，揭开了高中毕业会考制度的序幕。从 1983 年浙江省试点开始，到 1993 年西藏自治区实行了高中毕业会考制度为止，全国 31 个省区市全部实行了高中毕业会考制度。

会考制度推行的初衷是要把高考从两难境地中解脱出来，用会考代替高考作为高中教学及学生学业的评价依据。会考被定位为水平考试和目标参照性考

① 蒋超. 中国高考史（改革卷）. 北京：中国言实出版社，2008：172.

试，而高考被定位为选拔性考试和常模性考试，由此，高考与会考各司其职，发挥不同作用。但鉴于高考是高中与高校的连接枢纽，高考的考试内容必须以高中教学内容为依据，而高考与会考又具有天然联系，因此，从制度设计上，就将会考与高考连在一起了。例如，1985 年，教育部允许上海在高中会考的基础上探索高考新方案；1989 年，在高中会考的基础上，上海改革高考科目设置及录取新生办法，规定实施会考后高考科目分为必考科目（语文、数学）和选考科目（政治、外语、物理、化学、生物、历史、地理）；同时规定在高考录取时参照会考成绩，“在高考总分相近的情况下，应录取会考成绩优秀的考生”①；1992 年，则基于会考将高考科目调整为“3+2”。其间部分省区市还在一定范围将会考成绩与高考录取实行硬挂钩，即会考 9 科等级全为 A 的考生或可被免试录取，或可享受降分优惠。由此，会考制度的出现对高考制度产生了较大影响，不仅将高考从评价高中教学的“囹圄”中解救出来，还引发了高考内容、科目设置、录取的变化，会考也成为高考评价体系的组成部分。

由于高中会考的种种问题，2000 年教育部颁发了《关于普通高中毕业会考制度改革的意见》，把普通高中会考改革的统筹决策权下放到省区市。随即，湖北和西藏取消了高中毕业会考，上海、广东等地将会考管理权下放到县（市、区）或学校。多年的实践经验表明，高中会考制度有效地保证了国家教育方针政策的贯彻执行，规范了中学的办学行为，督促中学按照教学计划开足、开齐国家课程；保障了非高考科目课程内容的正常教学，较好地纠正了学生的偏科现象；为发展学生个性与培养兴趣创造了条件，保证了高中毕业生的基本文化素质；同时，有力地配合了高考改革，对高考的科目设置、考试内容与形式、录取都产生了积极影响。尽管会考具有不可替代的作用，但仍然存在一些亟待解决的问题。第一，会考的定位有待清晰。实践中会考的性质定位不清晰，各省区市对其的认识存在差异。高考与会考的关系不明确，是高考应该建立在会考的基础上，还是会考在一定程度上是高考的配套考试，还有待研究和解决。第二，会考缺乏可操作性的指导文件，考试目标、标准、内容等的确定缺乏依据。同时会考的区分度低，影响了其在高考录取时的参照价值，未能发挥实质性作用。第三，高考通过会考对中学教学仍具有强大渗透力，教学围绕高考

① 杨学为. 高考文献・下（1977—1999）. 北京：高等教育出版社，2003：424-425.

转的惯性依然存在，片面追求升学率的倾向仍无明显改观。第四，一些观点认为学生准备完会考还要准备高考，增加了学习压力，加重了学习负担。

（六）特点与启示

1977 年，恢复后的统一高考制度与中国社会一样，踏上了改革开放的快速列车，进入恢复稳定与改革发展的新阶段。这一阶段的高考评价制度表现出几个特点：第一，废除了“文化大革命”期间以政治身份限制报考资格的做法，逐步扩大报考范围，减少报考限定，为更多青年的深造创造了机遇。同时，重新确定了曾被废除多年的德育、学业、健康的考试评价标准，确立了“全面考核、择优录取”的选拔理念。第二，高考内容，尤其是科目组合历经了一个不断探索、频繁调整的阶段，文科 6 门理科 7 门、上海的“3+1”模式、基于会考的“3+2”模式、“三南方案”等先后出现，一方面表明国家根据新时期的人才需求及高校选拔需求在不断调整高考科目，以便为高校选拔更加优秀的人才；但另一方面也需要思考短期内如此频繁的科目调整，无论对中学教学和学生学习，还是对高校的人才培养都有不利的一面。科目的频繁调整也似乎有改革“迷茫症候”的迹象，高校究竟需要选拔什么样的人才，高考究竟考哪些内容为好，究竟考几门科目合适，这些问题还未得到深入研究，无确定结论。“德智体全面衡量”的评价目标未彻底实现、预选制度的昙花一现等也表明当时的高考研究滞后于高考评价实践，因此无法指导高考评价。第三，高考命题的能力立意趋向随着素质教育的提出而日益显现，如何更好地考查学生能力成为命题的核心问题。上海于 1985 年被批准单独命题，这是恢复高考后命题形式的重大变化，也为日后分省命题奠定了基础。第四，高考的标准化改革是高考发展过程中的里程碑，使高考逐渐告别经验时代，而以现代教育测评理论与计算机技术为基础，步入科学化、标准化、规范化的发展历程，这对加深对高考制度的认识、充分发挥高考的评价与选拔功能都极具意义。同时，高考标准化改革也暴露出国内考试理论与技术研究的严重不足，反向推动了高考研究的起步与发展，为高考的进一步改革奠定了理论与技术基础。第五，会考制度的设计原本是要给高考减负，在实践中也发挥了一定作用，但由于制度设计本身及在实践中不断显现的问题使其不断遭遇指责，并未从根本上改变高考对高中教学的影响，也未能真正成为高考评价体系的内容和参照。总之，这一阶段的高考评价逐步进入改革发展期，为适应经济社会发展与教育发展而不断改革成为这一时期的主要特征，考试内容与方式等的多元化倾向已初显端倪。

五、“3+X”科目改革及新课改后的高考评价

1999 年，《中共中央国务院关于深化教育改革，全面推进素质教育的决定》开启了中国教育发展的新篇章，该决定提出“改革高考制度是推进中小学全面实施素质教育的重要举措”。随后，《基础教育课程改革纲要（试行）》的印发则拉开了新一轮高考改革的序幕。《国家中长期教育改革和发展规划纲要（2010—2020 年）》为未来高考改革提供了导向，即“分类考试、综合评价、多元录取”。这一阶段的高考评价主要以“3+X”高考科目的确立、分省命题、高校自主招生以及实施新课改后的高考评价为主要内容。

（一）高考综合评价的发展历程

1999 年，《教育部关于进一步深化普通高等学校招生考试制度改革的意见》发布，强调了三个“有助于”（有助于高等学校选拔人才、有助于中学实施素质教育、有助于高等学校扩大办学自主权）的改革原则。为适应科学技术突飞猛进、知识经济已见端倪、国力竞争日趋激烈的新形势，第三次全国教育工作会议颁发了《中共中央国务院关于深化教育改革，全面推进素质教育的决定》，对高考改革提出新要求，指出加快改革招生考试和评价制度“是推进中小学校全面实施素质教育的重要措施，按照有助于高等学校选拔人才、中小学实施素质教育和扩大高等学校办学自主权的原则，积极推进高考制度改革”；“加快改革招生考试和评价制度，改变‘一次考试定终身’的状况”；要求“高考科目设置和内容的改革应进一步突出对能力和综合素质的考查”，鼓励“有条件的省级人民政府进行多种形式的高考制度改革试验，扩大学校的招生自主权和考生的选择机会”，以“逐步建立具有多种选择的、更加科学和公正的高等学校招生选拔制度”。

2001 年，《国务院关于基础教育改革与发展的决定》启动了第八次基础教育新课改，为适应基础教育改革的推行，要求高考“加强对学生能力和素质的

考查，改革高等学校招生考试内容，探索多次机会、双向选择、综合评价的考试、选拔方式，推进高等学校招生考试和选拔制度改革”，鼓励探索成绩突出的学生免试进入高等学校学习的办法。为适应深化基础教育改革的需求，2002年发布的《教育部关于积极推进中小学评价与考试制度改革的通知》指出，应从德智体美等方面综合评价学生发展，要求“建立以促进学生发展为目标的评价体系”，开发多元化评价方法，建立旨在促进学生发展的评价体系，科学、综合、动态地评价学生。受基础教育评价改革的反拨作用，该通知对高考评价也提出了要求，指出高校招生应坚持“德智体全面衡量、择优录取和公平竞争、公正选拔”的评价原则；高考内容改革应更加“注重对考生素质和能力的考查，积极引导中学加强对学生全面素质的培养”；高考科目设置改革应“将统一性与选择性相结合，在满足高等学校选拔人才的同时，促进学生全面发展与个性发展”；高校选拔方式的改革要“进一步探索建立在文化考试基础上综合评价、择优录取的办法”；要求高中应“探索建立综合性的评价体系，增加反映学生在校期间参加研究性学习、社会公益活动及日常表现等真实、典型的内容，为高等学校招生工作提供更多的学生成长信息”。

鉴于部分省区市已经进入新课改后的高考，2008年颁布的《教育部关于普通高中新课程省份深化高校招生考试改革的指导意见》指出，高考改革的任务是“与高中课程改革相结合……逐步建立和完善在国家统一考试录取基础上的全面、综合、多元化的考试评价制度和高等学校多样化的选拔录取制度”。改革内容是：建立和完善对普通高中学生的综合评价制度，并逐步纳入高校招生选拔评价体系；进一步深化考试内容改革，与高中新课程内容衔接，进一步贴近时代、贴近社会、贴近考生实际，注重对考生运用所学知识分析问题、解决问题能力的考查；进一步推进高校选拔录取模式改革，在高考成绩基础上逐步增加对学生学业水平考试及综合素质的考查；鼓励高水平大学深化自主选拔录取改革，在选拔综合素质高、有创新精神和潜质的人才方面，进一步探索高考、高中学业水平考试和综合素质评价与学校测试相结合的多元化评价选拔办法。

汇总21世纪关于高考改革的文件精神及导向，评价目标仍然坚持德智体全面发展和择优录取的原则；考试内容普遍强调对考生综合素质与能力的考查，强调考试内容与新课改的衔接，与社会、时代和考生实际贴近；评价体系则要求建立多指标的、多元化的考试招生评价体系，不仅要依据高考成绩，还要参照高中学业水平考试成绩以及综合素质评价结果；考试方式要求基于统一高考，构建多样化的考试招生形式。将以上思想与改革内容融为一体，就是《国家中长期教育改革和发展规划纲要（2010—2020年）》中提出的“分类考试、综合评价、多元录取”的高考改革内容与导向。这些文件内容与精神是新时期高考评价改革的依据，是纲领性文件。

（二）“3+X”科目组合的确立与发展

1999年，《教育部关于进一步深化普通高等学校招生考试制度改革的意见》中对“3+X”科目模式做了详细说明与规定。其中“3”指语文、数学、外语，这些为每个考生的必考科目，且英语逐步增加听力测试，数学将来不再分文理科；“X”指由高校根据本校层次、特点的要求，从物理、化学、生物、政治、历史、地理六个科目或综合科目中自行确定一门或几门考试科目，考生根据自己所报的高校志愿，参加高等学校（专业）所确定科目的考试。

1999年，教育部下发《关于同意广东省从1999年起进行普通高考科目改革试验的批复》，“3+X”模式开始试点。广东“3+X”模式改革的基本要求是，每个考生都要以语文、数学、外语为基础，并根据自己的特长、兴趣和实际选择考试科目，这样不仅有利于新课改的推行，也有利于促进学生的个性化发展，还有利于高校选拔人才。广东要通过“3+X”模式的实施克服片面追求升学率的错误倾向，对学生进行全面素质教育，正确处理提高素质和准备高考的关系，正确处理必修与选修的关系，并以此方案推动素质教育和教育教学改革。在X科目的选择上，教育厅根据实际做出了建议性指导，要求学校做好学生的工作，成绩较弱的学生可选X=1，成绩中等的学生可选X=2，成绩较好的学生可选X=3，只有成绩非常突出的学生才可选X＞3。[①]由此看来，第一年广东的X科目从政策上完全是放开的，基本由学生选择，给了学生极大的自主权。

但是这种完全放开的X科目选择却给高中教学带来了极大冲击。高中原有的教学秩序、教学资源配置都是按照文理分科模式设定的，不同学生对X科目的选择不一样，则给高中排课、安排教学场地、师资调配带来了困难，更重要

① 蒋超. 中国高考史（改革卷）. 北京：中国言实出版社，2008：300.

的是对教师原有文理分科模式下形成的教学模式与思路带来了挑战和冲击。因此在实践中，一些学校为了“控制混乱”，在选 X 科目时强行规定不许超过 2 门。“3+X”模式在广东的试点激发了各种反应。支持者认为这是推行素质教育的开始，有助于学生全面发展，培养学生兴趣、特长与个性，减轻学生负担；有助于高中切实实施素质教育，为 9 门课程之外的教育活动的实施创设了时空条件；有助于促使教师改变传统的教育理念与教学方法，适应新时期的教学需求。但也有反对者认为“3+X”模式扰乱了中学教学秩序，增加了学生负担，学生每个科目都学，但都浅尝辄止。但是，教育行政部门认为“3+X”模式是教育改革的方向，必须坚持。它的实施必然是对原有教育理念及教育教学秩序的挑战，但它的积极方面及长远意义是主要的。

广东省的试点为“3+X”模式在全国的推广积累了经验，奠定了基础。2000 年，教育部同意山西、吉林、江苏、浙江四省进行“3+X”模式试点。2001 年，教育部批准天津、内蒙古等 13 个省区市实施“3+X”模式。同年 9 月，教育部基于“3+X”模式已经凸显出的显著效果，以及对中学素质教育的积极导向作用，又批准北京、山东等 13 个省区市于 2002 年开始实施“3+X”模式。至此，“3+X”模式已经推广至全国。也就说，“3+X”的高考科目模式在全国普遍建立，“3”所代表的语文、数学、外语科目被广泛认同，各省份无一例外的采纳，而对开放的“X”科目，各省份根据自身情况，尤其是根据新课改后高中课程模块及内容特点、对素质教育的理解及对学生素质与能力的要求进行不同组合，构成了如今的多元模式。但遗憾的是，“X”科目的选择背离了改革初衷，演绎成了文科综合和理科综合的小综合模式。

（三）高考评价形式的多元化

进入 21 世纪以来，基于人才发展的个性化差异，满足高校对多样化人才的选拔需求，观照不同地区教育发展不均衡、促进教育公平的社会诉求，在统一高考制度的框架下，除了文化课考试外，高考选拔形式的多元化趋势日益明朗，保送生、自主招生等方式纷纷出台，为高校多样化选拔人才而服务。

1. 保送生制度中的学生评价

进入新时期，饱受争议的保送生制度进入调整规范发展阶段。毋庸置疑，保送生制度是对全国统一高考制度的完善和补充，对中学实施素质教育起到了一定的积极作用。但近年来，保送生的招生工作也受到了不正之风的严重干扰，出现了弄虚作假、拉关系、走后门、徇私舞弊，甚至违法乱纪的现象。为此，从 2001 年开始，保送生工作按照“压缩规模、严格标准、规范程序、阳光招生”的宗旨实施。

这一阶段的保送生制度一方面朝不断扩充保送条件、扩大受益面的方向发展，另一方面又不断加强管理，规范程序，倡导阳光招生。2019 年，高校保送生的保送资格条件为：根据教育部等有关部门规定，2019 年，省级优秀学生、中学生学科奥林匹克竞赛国家集训队成员、部分外国语中学推荐优秀学生、公安英烈子女、退役运动员等 5 类人员仍具备高校保送资格。高校均可以从上述 5 类人员中招收保送生，其中公安英烈子女按有关规定只能保送至公安类院校。按照教育部有关规定，2017 年秋季及以后进入高中阶段一年级的学生，获得“省级优秀学生”称号的，不再具有保送资格条件。高校要安排外国语言文学类专业招收外国语中学推荐保送生，并向国家“一带一路”建设发展所需非通用语种专业倾斜。①

但在实践中，保送条件中的“柔性”标准留下了一定的制度黑洞，导致投机钻营、教育腐败等破坏制度设计初衷及教育公平的事件时有发生，饱受社会诟病。为了追求升学率，让优秀学生考取更好的大学，一些中学也“推良不推优”，甚至“推劣不推良”，取消保送生制度的呼吁一度不绝于耳。迫于无奈，原本以“柔性”标准免考入学的制度却不得不依凭“刚性”标准，进行文化科目考试。由此看来，作为高考制度的构成，保送生制度有其优越之处，如可以为那些全面发展、综合素质较高、具有某方面特长或发展潜力但又无法考取重点大学的学生打开重点大学之门。同时，利用这一制度，国家也可以对那些为社会发展做出贡献的人士以鼓励与抚恤。但实践证明，在现有社会民主与公正的背景下，保送条件中的“柔性”标准越多，可乘之机就越多。因此，如何设定既能反映学生素质与能力，又具有透明性、可操作性的保送条件成为这一制度改革的重心。

① 2019 高校保送生招生基本要求.（2019-01-03）. http://gaokao.eol.cn/baosong/news/201901/t20190103_1640198.shtml.

2. 自主招生中的考试评价

自主招生制度是进入21世纪以来高考形式的一大突破，也是扩大高校办学与招生自主权、改革考试招生制度的重要措施，还是为高校选拔优秀创新人才的重要探索。自主招生制度实施10余年间，其与高考的关系基本没有变化，通过自主招生选拔、享有自主招生资格的考生还必须参加统一高考文化科目考试，成绩达到生源所在省区市确定的与试点学校同批次录取控制分数线，省级招生办公室即向考生选报的试点学校投档，由试点学校对先期考核通过并且符合统考成绩要求的考生进行综合评价和自主录取。截至2012年，几乎所有自主招生高校都遵从这一基本选拔形式。自主招生制度实施10多年来，程序和形式没有发生太大变化，基本程序是试点高校于高考的前一年年底公布自主招生方案，考生根据方案准备材料报名，高校组织专家审核材料并公布通过初审的名单，高校组织文化科目笔试、面试及体格检查，公布通过自主选拔的考生名单，考生参加高考，最后由高校综合权衡之后决定录取与否。其中，高校使用的考生评价与选拔形式包括材料审核、笔试、面试等。材料审核环节主要判断材料的真实性及材料所反映的考生的综合情况等。

（四）统分结合的命题格局与新课改后的命题改革

进入21世纪，落实高校办学自主权、基础教育新课改重视对学生素质与能力的培养、全国教育发展不均衡、教育公平问题急需关照的现状向高考命题的形式与内容发起挑战，受此驱动，统分结合的高考命题形式逐步定格，能力立意的命题宗旨逐步确立。

1. 统分结合的命题格局

如今，我国的高等教育已经进入普及化发展阶段，各地改革发展的不均衡带来的经济、文化、教育的差异，以及新一轮基础教育课程改革，使“统一考试，分省命题”的高考模式应运而生。2006年，《教育部关于印发〈普通高等学校招生全国统一考试分省命题工作暂行管理办法〉的通知》指出，“全国统考是国家为普通高等学校录取新生而举行的选拔性考试。全国统考命题工作由教育部统筹安排，实行全国统一命题与分省命题相结合”。

高考命题形式改革与基础教育新课改几乎同时启动，使得全国统一命题与分省命题方式和新课改高考命题与非新课改高考命题交织在一起，形成了全国大纲试卷、全国新课标试卷、分省大纲试卷、分省新课标试卷等多个试卷版本，命题方式与内容的多元化局面一目了然。“统一考试，分省命题”格局的形成引发了各方不一的反应。有观点认为分省命题凸显了鲜明的特色，在继承全国统一命题做法的基础上，各省区市结合本地区的教育发展实际，在形式与内容上不断创新，无论是命题立意、考点分布、试卷结构的变化，还是命题选材的拓展、各种新题型的出现等，都显示了各省区市在命题方面的创新与努力。尤其是逐步将现代教育测量理论和技术应用于命题的质量控制，加强考试机构建设和命题专家队伍建设等举措，对优化命题质量、减少考试误差、控制试卷信度和效度，从而对提高命题的科学性具有重要推进作用。①也有观点认为高考分省命题在实践中也存在一定的问题。分省命题的初衷是降低泄露考题的风险，但实际上却增加了该风险。在统一命题的模式下，如果发生了泄题事件，其影响和损失无可估量，然而分省命题的泄题风险也同样不小，虽然各省区市对命题都有非常严格的规定，但保密、回避、试题印刷、运送等环节的执行难度比全国统一考试要大得多，再加上分省命题流程监管的全国性规定的缺失，在高考命题中出现“自主泄题”的情况并非危言耸听。②因此，分省命题并非规避泄题风险的最佳选择。分省命题的核心问题是试卷质量。虽然分省命制高考试卷可以适应各地的教育实际，凸显地方特色，但各地命题专业人员的数量与质量并不乐观，一些省份甚至有恢复全国统一试卷的想法，如此现状对试卷的质量与创新构成了实质性威胁。同时，由于缺乏专业人员，自主命题省份的命题研究能否跟上命题需要，试卷形式与内容的创新如何，如何实现对跨学科知识的考查，如何运用海量考试数据全面评价考生以及研究命题等现实问题都急需改进。

2. 新课改后的高考命题

由于我国高考命题以高中教学内容为主要依据，高中教学内容的变化亦会

① 李瑛. 普通高等学校招生全国统一考试分省命题研究. 长沙：中南大学，2008：1.

② 李立峰. 高考分省命题不是改革的必然方向. 粤海风，2011（1）：21-24.

引起高考命题及内容导向的变化。2004 年，广东等四省区率先进行了高中新课改，高中各学科的培养目标、教学目标、教学内容、教学方法、课程与学生评价等都发生了变化，新课改强调探究能力的培养，倡导“知识与能力，过程与方法，情感、态度与价值观”的三维学习目标，强调学习的选择性，教学内容也被分为选修部分和必修部分等。这些变化也连带性地引发了高考命题的变化。

就考试内容与试题素材而言，新课改高考素材力求做到贴近社会发展、科技进步和学生生活，创设具有鲜明时代感的问题情境。新课改后的高考试题的难度出现降低趋势，偏题、难题、怪题很少出现，试题的设问更加灵活，开放性、探究性问题增多。另外，新课改后的高考命题更注重提高命题质量，增强试卷的科学性，表现为各省区市都加强了高考命题的研究与管理，遵照《普通高等学校招生全国统一考试分省命题工作暂行管理办法》《教育部关于普通高中新课程省份深化高校招生考试改革的指导意见》，制定各自的新课改高考方案及命题细则。

为提高高考命题质量，各省区市还组织编写了各科试卷质量分析报告，总结试卷质量信息，为下一年命题提供参照。对试卷质量的分析与评价既是现代考试流程中的一个重要步骤，也是促进考试走向科学化、规范化必不可少的手段。通过对考试结果的分析与利用，可以及时发现命题中存在的问题与不足，对命题改革与发展具有现实意义。[①]概括各省区市的各个科目的试卷分析报告结构和内容，可以发现一般包括试卷的总体描述，试卷实测结果对命题指导思想的履行与体现程度，各科目成绩平均数与标准差，不同群体考生成绩比较，试题的信度、效度、难度、区分度，每道题目的得分分布、难度、区分度，试卷的优缺点分析及命题经验教训等部分。

3. 新课改后高考命题面临的挑战

新课改后的高考命题既有创新，又有发展，与分省命题模式融合在一起，呈现出多元化发展趋势，但也面临一系列困难与挑战。毋庸置疑，能力立意的命题思想已经确立，分省命题的省区市也在以此为根本原则指导命题实践。但是，新课改后高中课程内容中选修模块的设置与高考题目中选做题的出现、选

---

① 叶宏. 论高考命题质量控制机制的建设. 中国考试，2011（7）：3-8.

修模块与必修模块内容的选择、选修模块内容的多样性和难度、不同科目组分数之间的转换、选做题等值转换、试题素材的选择及命题的公平性考验都是新课改背景下高考命题亟待解决的理论与技术难题。[①]此外，目前对试卷的统计分析只停留于对考生成绩的浅层描述统计分析上，仅仅发挥了考试的测量功能，对考试成绩的整体、深层、连续性挖掘与分析较欠缺，考试结果的诊断、反馈等功能尚待开发。试卷分析停留于从不同角度对一份试卷的静态分析，以经典性测验理论的难度、区分度、信度、效度指标为分析思路和指标，新的教育测量与评价理论在试卷分析中的应用不够，致使试卷分析结果难以反映考生的深层认知结构及其变化，考试结果的应用有限，造成大量考试数据信息的浪费。

（五）高中学业水平考试、综合素质评价与高考评价

进入 21 世纪以来，随着基础教育新课改的深入实施，以文化科目为主要指标的高考评价体系的局限性日渐显露，如何多元、综合、个性化地考查考生的素质与能力拷问着现行的评价体系。在此境遇下，高中学业水平考试、新课改后推行的综合素质评价被人们所青睐，并作为指标被纳入高考评价体系。

1. 高中学业水平考试与高中会考的交替演变及其与高考评价

（1）高中学业水平考试制度的确立

2000 年，教育部《关于普通高中毕业会考制度改革的意见》将高中会考的统筹决策权交由地方。2004 年高中新课改推行后，高中学业水平考试逐步取代会考，成为衡量学生高中学业的水平性考试。2008 年，《教育部关于普通高中新课程省份深化高校招生考试改革的指导意见》明确指出："高等学校招生录取要在高考成绩基础上逐步增加对学生学业水平考试及综合素质的考察。"由此，高中学业水平考试与高考被捆绑在一起，成为高中学业水平考试成绩、高考成绩、综合素质评价"三位一体"的综合评价体系的组成部分。《国家中长期教育改革和发展规划纲要（2010—2020 年）》中提出"改革质量评价和考试招生制度"，"建立科学的教育质量评价体系，全面实施高中学业水平考试和综合素质评价"，高中学业水平考试在国家教育发展规划中确立了其应有的地位。

① 王后雄. 新课程标准下高考命题若干技术难题刍论. 考试研究，2007（2）：31-41.

（2）高中学业水平考试与高考关系的实践探索

在实践中，各省区市新课改后的高考方案都以“分类考试、综合评价、多元录取”为纲领，构建新的高考评价体系，其中不乏学业水平考试的影子。高中学业水平考试与之前的高中会考制度一脉相承，具有一定的渊源，因此，人们担心会考制度实施中出现的问题会再次出现于学业水平考试中，所以谨慎处理其与高考评价体系的关系，在将其纳入高考评价体系之前，应确保其自身的规范性、科学性及结果的可用性。

2. 综合素质评价与高考评价

在高考的实践中，评价标准的单一化会导致人才培养和选拔的片面化，高考文化科目的笔试固然有其统一、高效、客观、公平、便于操作等优势，但也不能考查考生的方方面面，“以分数论英雄”的单一化标准的高考评价体系日益受到挑战，改革的呼声此起彼伏。

（1）综合素质评价制度的形成

为配合新课改的推行，2002年，《教育部关于积极推进中小学评价与考试制度改革的通知》指出，“要全面贯彻党的教育方针，从德、智、体、美等方面综合评价学生的发展”，“中小学评价与考试制度改革的根本目的是为了更好地提高学生的综合素质和教师的教学水平，为学校实施素质教育提供保障”。2003年印发的《教育部关于开展普通高中新课程实验工作的通知》《普通高中课程方案（实验）》和语文等十五个学科课程标准（实验），标志着基础教育新课改向纵深推进。2008年，《教育部关于普通高中新课程省份深化高校招生考试改革的指导意见》首次对综合素质评价进行了明确定位，初步确立了其与高考评价的关系。该意见指出，新课改后高考改革的主要任务就是“加强对高校招生考试、录取和中学综合评价的统筹，推进综合改革。促进高校招生考试改革与高中课程改革相结合，促进国家统一考试改革与高中综合评价改革相结合，促进考试改革与高校录取模式改革相结合，逐步建立和完善在国家统一考试录取基础上的全面、综合、多元化的考试评价制度和高等学校多样化的选拔录取制度”。《国家中长期教育改革和发展规划纲要（2010—2020年）》要求“全面实施高中学业水平考试和综合素质评价”，“改革教育质量评价和人才评价制度……做好学生成长记录，完善综合素质评价”，“普通高等学校本科招生以统一入学考试为基本方式，结合学业水平考试和综合素质评价”。

（2）综合素质评价与高考评价关系的实践探索

在高考制度改革实践中，实行新课改的省区市相继出台了新的高考实施方案和高中学生综合素质评价实施方案，并将综合素质评价纳入高考评价，作为高校评价和选拔新生的参考。由于综合素质评价多以描述性、定性方式呈现结果，不量化、不计入高考总分，所以其与高考的关系多为“软挂钩”。各地综合素质评价的内容基本围绕2002年《教育部关于积极推进中小学评价与考试制度改革的通知》提出的道德品质、公民素养、学习能力、交流与合作能力、运动与健康、审美与表现六项内容指标设定，一些地方沿用这六项指标，一些地方有所调整。

实践中，各省区市根据本地实际制定出了符合自身的综合素质评价方案。将综合素质评价纳入高考评价体系，有助于打破“一考定终身”的考试录取方式，有助于多元化招生录取模式的建立。虽然目前还只是将综合素质评价作为高校招生录取的参考，尚未实现与高考的“硬挂钩”，但这对传统高校招生评价体系仍然是一个巨大的冲击，在一定程度上改变了长期以来唯高考分数独尊的局面，是高考评价改革的“破冰”之旅。然而，由于综合素质评价具有内容的丰富多样性、评价过程的全程性与动态性、评价实施的多主体性、学生发展的个体差异性、评价方法的定性化描述式特征，且对制度实施的环境与条件具有较高的要求，需要公开、公正、公平的操作程序确保这一制度的实行。否则，其要么成为摆设，发挥不了实质性作用，要么被权势绑架，成为滋生教育腐败的土壤。中国1000多年的人才选拔史生动地说明，以综合素质评价选拔人才，理想和现实的差距往往非常大。[①]近几年的实践证明，将综合素质评价纳入高利害、大规模的高考评价，仍然面临种种挑战，尤其是对其科学性与可操作性的质疑是综合素质评价急需改进的内容。

（六）特点与启示

21 世纪伊始，国家发展素质教育的决策便为教育发展和高考改革定下基

① 刘海峰. 科举考试的教育视角. 武汉：湖北教育出版社，2009：29.

调，这一阶段的高考评价改革都在朝这一目标跟进。高考科目的设置、考试内容的选择、考试形式的变革、命题方式的改革、评价体系的优化等都围绕“有利于中学实施素质教育、有利于高校选拔人才、有利于落实高校办学自主权”的三原则展开。

首先，“3+X”模式的确立确保了高考与素质教育的衔接，“X”科目的开放性与灵活性为各省区市制订个性化、适切性的高考科目方案创造了条件。但考虑到高考与高中教学的关系，“X”科目未能充分展现其风采，在遭遇困境后改向小综合，即“3+文综/理综”。其次，高考形式逐渐由“以分数论成败”的“独木桥”朝四通八达的“立交桥”方向努力。考生可通过考试成绩、保送、自主招生等多元途径进入梦寐以求的“象牙塔”。只不过无论是统一考试还是保送与自主招生制度，都与百姓的期望尚有差距，招致了不同程度的非议，改革任务仍较繁重，形势依旧严峻。再次，高考命题方式由“统”到“统分并存”。考虑到全国各地教育发展不均衡的实际，教育部赋予部分具备条件的省区市高考自主命题的权限，统分结合的命题格局确立。但是，虽然分省命题在一定程度上化解了“全国一张卷”的矛盾，却产生了命题质量无法保障、命题风险高、分数等值转换难、同等科目成绩全国难比较的问题。最后，随着素质教育与基础教育新课改的推行，考试评价、高考评价的理念逐步深入人心，如何发挥高考的评价功能、完善与优化高考评价体系成为高考改革的新视角。这一时期的改革一方面通过科目设置、考试内容、考试形式、命题等的改革增强了高考的评价功能；另一方面通过构建集高中学业水平考试成绩、高考成绩、综合素质评价“三位一体”的综合评价体系完善高考的评价功能。但是，高中学业水平测试和综合素质评价的现状与局限却成为这一“三位一体”的高考评价模式的致命软肋。要想建成这一模式，还需从完善高中学业水平测试和综合素质评价制度的角度切入。

第三节　高考评价相关概念界说

高考评价是高考研究与实践中的新问题和新内容，人们对其概念、本质及内容尚且陌生，且存在歧义，需要从概念的界说开始对其进行认识。在高考理论与实践领域，高考评价这一词语至少具有两重理解：既可将其理解为以高考为对象的价值判断，即对高考进行评价，论其功过是非；也可将其理解为如何发挥高考的评价功能，从而更加全面、科学、合理地评价考生的素质与能力。本研究取后者之意，即如何发挥高考的评价功能，让高考能够更理想地评价考生。与高考评价这一概念相关的、容易混淆的概念涉及教育评价、考试评价与高考评价，在此对其进行概念梳理与关系厘清。

一、教育评价

评价是人们日常生活中司空见惯的活动，伴随于生活、工作与学习之中。《汉语大词典》对评价的解释是“衡量、评定其价值”①。《辞海》对评价的解释是“评论货物的价格，今亦泛指衡量人物或事物的价值”②。由此可见，评价既与价值有关，又与评价者的价值观相联系。马克思在《评阿·瓦格纳的〈政治经济学教科书〉》一文中指出，“价值这个普遍的概念是从人们对待满足他们需要的外界物的关系中产生的”③，而在《以李嘉图理论为依据反对政治经济学家的无产阶级反对派》一文中说，价值“表示物对人有用或使人愉快等等的属性”④。马克思对价值的论述反映出价值的主客体关系，揭示出价值是客体对主体需求的满足。

教育评价是评价在教育领域的应用与体现。评价活动已有久长的历史，但教育评价是在 19 世纪末 20 世纪初才出现的概念。19 世纪末，教育评价处于以测量为核心特征的发展阶段，即以测量为手段评价学生的知识掌握情况及其他方面的发展情况。正式提出教育评价概念的是被誉为美国“教育评价之父”的泰勒。他指出，教育评价“实质上是一个确定课程与教学计划实际达到教育目标程度的过程”⑤。在随后的几十年间，泰勒的教育评价概念被广泛运用，是教

① 汉语大词典编辑委员会，汉语大词典编纂处. 汉语大词典. 上海：汉语大词典出版社，1993:100.

② 辞海编辑委员会. 辞海. 上海：上海辞书出版社，1978:881.

③ 马克思恩格斯全集（第 19 卷）. 中共中央马克思恩格斯列宁斯大林著作编译局，译. 北京：人民出版社，1963：406.

④ 马克思恩格斯全集（第 26 卷）. 中共中央马克思恩格斯列宁斯大林著作编译局，译. 北京：人民出版社，1974：326.

⑤ 拉夫尔·泰勒. 课程与教学的基本原理. 施良方，译. 北京：人民教育出版社，1994：85-86.

育和课程研究中的核心内容。20 世纪 50—60 年代，克龙巴赫批评了泰勒关于教育评价的概念，并将其修正为“为做出关于教育方案的决策收集和使用信息”[①]。比贝则将教育评价定义为“系统地收集和解释证据，并以此作为评价过程的一部分，进而以行动为取向进行价值判断”[②]。到了 20 世纪 70 年代后，西方学者在总结教育评价的概念半个多世纪的发展及变化后，基本一致的看法是评价是一种对优缺点或价值的评估，或者把其定义为一种既有描述又有判断的活动。1971 年，美国学者格朗兰德提出用公式表示评价的概念：评价=测量（量的记述）或非测量（质的记述）+价值判断。[③]目前，教育评价被认为处于建构时期，即教育评价就是建构一种理解或意义，是评价者与评价对象的交互过程，强调评价对象参与评价。

西方关于教育评价概念及理论的发展对中国学界与理论界产生了重要影响。《教育大辞典》（增订合编本）对教育评价的定义是：“通过系统收集信息，对教育目标及实现目标的教育活动进行分析和价值判断的过程。”[④]王汉澜认为，教育评价是“根据一定的目标和标准，采取科学的态度和方法，对教育工作中的活动、人员、管理和条件的状态与绩效，进行质和量的价值判断”[⑤]。金娣、王刚认为，教育评价是在系统、科学和全面地搜集、整理、处理和分析教育信息的基础上，对教育的价值做出判断的过程，目的在于促进教育改革，提高教育质量。[⑥]

综览国内外对教育评价的定义，可以发现教育评价包括几个必要的环节与因素：第一是信息收集，这是教育评价的基础；第二是制定评价标准与目的，凡教育评价都有特定的目的与标准，这是教育评价的准绳；第三是价值，教育评价是对教育的价值进行判断的活动，评价者的价值观念和评价对象的教育价值的互动过程构成了教育评价的核心，从根本上影响着教育评价结果；第四是

① 克龙巴赫. 通过评价改进教程//瞿葆奎，陈玉琨，赵永年. 教育学文集・教育评价. 北京：人民教育出版社，1989：82.

② 转引自 T. 胡森，T. N. 波斯尔斯韦特. 教育大百科全书（1）. 张斌贤，译. 重庆：西南师范大学出版社，2006：613.

③ Gronlund N E, Linn R L. Measurement and Evaluation in Teaching (6th Ed.). New York: Macmillan Publishing Company, 1990: 6.

④ 顾明远. 教育大辞典（增订合编本）. 上海：上海教育出版社，1998：767.

⑤ 王汉澜. 教育评价学. 开封：河南大学出版社，1995：15.

⑥ 金娣，王刚. 教育评价与测量. 北京：教育科学出版社，2002：2-3.

确定教育评价对象与内容，这就涉及教育评价概念的广义与狭义之分，广义的教育评价包括一切教育现象与活动，而狭义的教育评价指向学校教育活动。本研究中的教育评价指对学校教育现象与活动的评价。

二、考试评价与高考评价

考试评价是教育评价的一种类型，是一个具有双重理解的概念。第一种理解是指以考试为对象的价值判断活动，是评价考试的形式是否恰当、内容是否合理、质量高低的问题，即考试“怎么样”的问题。第二种理解是指以考试为工具的评价活动，指如何通过考试评价考试对象，如何让考试发挥出评价功能。本研究取考试评价的第二种理解。考试评价是近几年来才出现的一个新概念，尤其是基础教育新课改中提出改革“考试评价”之后，考试评价这一词语才密集地出现于与新课改相关的政策文件、著作及论文中。但是鲜有对这一概念的清晰界定，以及对其双重理解的澄清与说明。从已有文献资料看，研究者都在使用这一概念，有些取其第一种理解，有些取其第二种理解，但都未明确说明。

高考评价也如同考试评价一样，是一个具有双重理解的概念。为能更加清晰地了解两种理解之间的区别，我们先回顾一下已有相关研究中对这一概念的使用与理解。取其第一种理解的研究，如《考试评价：考试研究的新领域》认为，“考试评价是对特定考试之合其对应的特定价值主体需要和有关考试规律的程度进行判断的活动”。考试评价以考试为评价对象，目的是判断考试之合目的性和合规律性，为选用考试者正确使用考试结果提供决策依据，为进一步改进和完善考试提供决策依据。[①]取其第二种理解的研究，如《考试评价新探》一文中写道：“现行考试评价方法存在着‘不能就学生的学科学习作出科学的全面发展的评价’、‘不能就学生的学科学习作出科学的全程发展的评价’、‘不能对同一个年级、同一个班级的全体学生作出科学的全体发展的评价’三大缺陷”[②]。

关于高考评价概念的应用，笔者曾经撰写了《从教育评价心理谈高考评价》

① 张远增. 考试评价：考试研究的新领域. 考试研究，2005（1）：5-11，117.
② 苏武银. 考试评价新探. 教育科学研究，2011（11）：25-27.

一文，其中将高考评价理解为“高考是被评价的对象”[①]。杨学为在《中国考试改革研究》一书中指出，高考是国家举办的选拔性考试，其主要目的在于为高校提供考试分数，以利于其择优录取，但同时也对高中教育具有导向作用与评价作用，因此，可以将高考评价理解为高考的评价功能。[②]《高考的评价功能不可缺失》一文写道：高考具有选拔与评价两种相互依存的功能，2000—2010年，其选拔功能不断被强化和重视，而评价功能却日益弱化。教育部强调，高考要坚持有利于高校选拔新生，有利于中学教学的原则，其中第二个有利于就是指高考的评价功能。[③]还有《高校招生考试评价体系改革的思路》[④]《建立多样化考试评价体系 推动高考综合改革》[⑤]等文章提出了“高考评价体系”的概念，主要是指高考的评价指标、内容与形式。综合各种将高考评价理解为发挥高考的评价功能的研究可见，高考的评价功能有两个基本指向：一个是中学教育教学，即利用考生的考试成绩及报告单从宏观层面可以评价中学的教育情况，从微观层面可以反馈教师的教学情况和学生的知识掌握情况，为优化教育教学提供细致的依据；另一个是考生，即通过更新评价观念、完善评价指标体系、优化考试内容与形式、改进考试成绩报告内容与形式等，丰富考试分数的内涵，综合、科学、深入地评价考生。

从测量、评价与考试的关系中，可以更进一步理解高考评价的含义，如图 1-1 所示。图中区域 1 代表与教育测量无关的教育评价活动，如教师在学期末给学生写的学期操行评语；区域 2 代表基于教育测量、与教育考试无关的教育评价活动，如通过心理健康量表测量学生的心理健康状况，来评价学生的心理素质；区域 3 代表将教育考试用于教育评价的情况，如用学业考试成绩评定学生的进步与发展状况；区域 4 代表与教育评价无关的教育考试，如教师组织的课程单元测试、高考等；区域 5 代表与教育评价和教育考试无关的、纯粹的教育测量活动，如用瑞文标准推理测验研究学生的智力。总之，并非所有的教育测量都是考试，也并非所有的教育考试都是教育评价，还并非所有的教育评

① 李雄鹰. 从教育评价心理谈高考评价. 教育与考试，2010（1）：18-21，71.
② 杨学为. 中国考试改革研究. 北京：北京大学出版社，2001：424.
③ 张敏强，高艳红. 高考的评价功能不可缺失. 中国考试，2011（2）：11-15.
④ 刘清华. 高校招生考试评价体系改革的思路. 东南学术，2007（4）：21-25.
⑤ 姜钢. 建立多样化考试评价体系 推动高考综合改革. 中国高教研究，2009（3）：10-13.

价都涉及教育考试或者教育测量。[①]目前，高考评价改革的目标就在于让高考从图 1-1 中的“高考 6”的位置移至“高考 7”的位置，即让高考成为基于教育测量的、具有教育评价功能的教育考试，并发挥出其评价功能。

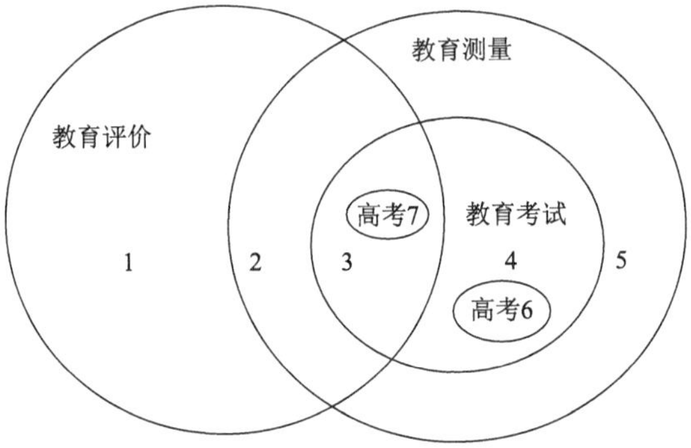

图 1-1　教育测量、教育评价与教育考试关系示意图

由此，基于对高考评价这一概念的应用及相关研究的梳理，本研究对高考评价的理解是在统一高考制度的框架下，通过考试等方式综合、科学、公平地评价考生，充分发挥高考的评价功能。通过对教育测量、教育评价及教育考试的概念的梳理可以看出，作为一种教育考试，高考从其本质上就具有评价的功能，只是在长期的实践活动中，高考的选拔功能被无限放大，而其评价功能长期被忽略，处于被搁置和自由放任状态，未能得到充分挖掘和发挥。其实，高考评价是一个内容极其丰富的概念，如果将高考分为考试与招生录取两大部分，高考评价则包括了选拔理念、考试目标、考试内容与形式、命题与阅卷、考试成绩发布等考试部分的全部内容。具体而言，与高考评价相关的内容有评价理念、评价历史、评价的理论与技术基础、评价目标、评价内容、评价方法、评价过程、评价结果、评价质量、评价监控、评价的公平性、评价的社会功能、评价改革、评价研究等。

三、综合评价

综合评价是高考改革中的焦点和难点。在《国家中长期教育改革和发展规

① 雷新勇. 大规模教育考试：命题与评价. 上海：华东师范大学出版社，2006：16.

划纲要（2010—2020 年）》提出“分类考试、综合评价、多元录取”的改革导向的基础上，国家于 2014 年启动了高考改革的试点工作，着手改革高考科目设置和招生录取机制，在上海和浙江等地开展了高考综合评价改革试点工作，综合评价成为高考改革的发展趋势和重点内容。如何发挥高考的评价功能，通过高考更加综合全面和科学合理地评价考生成为高考改革的新命题。招考制度对广大学生的评价不再局限于对其学科知识和技能的考量，而是更加强调高考评价和选拔的科学性。综合评价就是引入教育测量和评价的理念，发挥高考的评价功能，实现从考试到评价的转变，综合评价改革从本质上体现了对高考评价功能而非甄别功能的重视，力求通过公平公正、综合多元的形式进行人才的选拔。这是改变当前“考试本位”的教学观和“分数本位”的学生评价观的紧迫需要，也是国际考试评价改革的普遍趋势。

高考向来是我国教育改革发展中的一个带有全局性的重大问题，高考综合评价改革也必然关系到千家万户的利益。随着市场经济的建立与日益完善，全国一张卷的大一统高考模式不再符合高校选拔人才、基础教育改革和人才个性化成长的需要，高考与国内不同地区教育发展不均衡的现实之间的矛盾也日益尖锐。因此，2012 年，国家教育考试指导委员会成立，其职能在于发挥智库的作用，对国家教育考试制度改革进行顶层设计，有效解决教育考试方面的突出问题；积极稳妥地推进教育考试制度的改革创新，研究制订高考改革总体方案；重点改革考试内容和形式，建立综合评价体系。①综合评价改革必须以基础教育和高等教育改革、考试理论和技术的新发展、考试研究的新成果以及考试的国际化发展为基础。伴随新课改的实施，各省区市积极推进高中考试与评价改革，探索综合、科学、有效的高中学生考试评价制度，以有效地弥补高中考试评价内容、评价主体、评价形式等过于单一的不足。综合素质评价是综合评价改革的核心所在，其本质是实现由重视测度与甄别向重视评价的转变，充分发挥高考的评价功能，综合、多样、科学、公正、合理地评价学生。评价内容包括学生的思想道德与公民素养、学业水平与课程修习、身心健康水平、创新能力与实践能力、文学素养与艺术特长等，致力于促进学生德智体美劳全面发展。高考综合评价是对学生全面发展的综合考查和记录分析，是高考评价改革必须

① 刘海峰. 论国家教育考试指导委员会的成立. 教育研究，2013，34（1）：38-43.

坚持和推进的一项内容。

回顾高考改革与发展的历史，考试成绩成为评价录取学生的唯一依据，阻碍了人才的个性发展，抑制了学生一些多元潜质的发挥。高考分数报告的评价功能被长期忽视，报告单中只有总分和各个科目的成绩，不利于全面展现考生的素质和能力，也不利于高校综合认识与评价考生。在如今以生为本、重视人才的多样化与个性化发展的时代背景下，学生的个性化发展需求进一步彰显，更希望进入符合自我兴趣和发展潜能的学府，所以高考要能够客观、科学、合理地评价学生的素质和能力，为学生的自我认知与选填志愿提供客观参照；在如今重视高等教育质量、强调高校多样化发展的话语体系下，高校越来越重视选拔出符合自身人才培养要求的适切性生源，相应的，高校也要求高考能够全方位、多角度、多层次地评价和展现学生的素质和能力，为其评价选拔人才提供充分的依据。从高校招生的国际视野看，美国、英国、日本均以综合、多元、科学、公平、灵活的学生评价体系而著称，构建起了一套高中与高校相衔接、由多项评价指标构成的综合化评价体系，代表着学生评价的国际发展趋势，成为我国高考综合评价改革的动力来源和借鉴范本。高考综合评价改革也需要有相应的理论基础作支撑，现代教育测量与评价、多元智能理论等的发展为高考评价改革奠定了充分的理论基础，有利于系统全面、持续深入地研究高考评价中的评价目标、体系、内容与形式、分数报告等相关问题。在提高高考综合评价的科学性方面，必须加强教育测量与评价、考试理论与技术研究，及时引进和借鉴国际先进理念和技术，加快教育测量、教育统计、教育评价等理论和技术的中国化与普及化进程，发展适合于中国国情的教育考试理论和技术，让其在考试评价中发挥实质性的指导作用。在兼顾高考综合评价改革的公平性和卓越性方面，教育公平理论的新发展以及高考评价的现实需求，要求高考评价在关注弱势学生群体的考试利益的同时，不能以牺牲卓越人才的评价为代价，而应该兼顾不同考试群体的利益。面对卓越性与公平性的双重要求，模糊的评价目标、单一的评价指标体系和考试评价形式、过于简化的分数报告显然难以为继，综合评价的优势得到凸显，科学的综合评价体系能够优化考试评价的甄别功能及考试的内容与形式，成为新时期我国综合素质评价政策的一个突出亮点。

四、多元评价

多元评价是指在高考中运用多种方式和形式测试学生的素质，并在招生时采用多种指标录取学生的一种评价制度。[①]高考中的多元评价包括评价什么、怎么评价、评价结果的使用，其形式有高考、学业水平考试、综合素质评价、面试和推荐等。多元评价改变了以往高校仅凭借一次高考成绩“选才”的现象，有利于将高考成绩和平时成绩结合起来，德育、智育、体育、美育等结合起来，知识与能力结合起来，分数评价和其他评价结合起来，从而以招生评价的多元化促进招生实践的多样化。长期以来，我国实行的基本是一元评价，它定型于20世纪80年代，是适应当时的计划经济体制和精英教育模式而建立起来的。一元评价制度符合当时的国情并且是相对公正的，为当时国家选拔人才和培养人才发挥了重要作用，也为我国的中学教育和高等教育的发展起到了积极作用，但是随着基础教育和素质教育的改革以及高等教育进入普及化阶段，培养创新型人才成为建设创新型国家的基础和教育改革的使命。21世纪是以知识经济为主旋律的时代，人们越来越认识到教育创新和改革是一个突破口，引发了评价理念的革命性变革，评价不再仅仅是甄别和选拔学生，而是促进学生潜能、个性、创造性的发挥，让每一个学生具有信心和持续发展的能力。我国高考从单一评价向多元评价的转变，是考试与评价制度改革的基本方向，也是深化教育改革的重要途径。2020年10月，中共中央、国务院印发的《深化新时代教育评价改革总体方案》强调了教育评价要针对不同主体、不同学段、不同类型的教育特点，遵循教育规律，改进结果评价，强化过程评价，探索增值评价，健全综合评价，建立科学的、符合时代要求的教育评价制度和机制。新的教育评价方案充分体现了多元化评价的理念，强调要用多元化的评价尺度连接评价主体和客体之间的价值关系，而这种价值关系是以主体的需要为尺度的，并在客体满足主体需求的前提下形成的。美国教育评价专家布卢姆曾提到：一所高质量的学校应该是“能够使学生实际的学习进步大于根据其起点水平所可能取得的进步”[②]。高考中的多元评价要强化过程评价就是要重视学生的成长与发展过程，以客观、公正的眼光来看待被评价的学生，打破固有的或者片面的观念，

---

① 朱卫国. 多元评价是高考改革的必然趋势. 阅江学刊，2010（4）：5-11.

② 转引自李双飞，蔡敏. 美国教育评价关注“增值”. 上海教育，2008（6）：42-44.

把学生当作立体的、富有个性的、灵动的个体，对学生的潜能进行深层次的挖掘和动态的、不间断的跟踪评价。时代的发展对高考改革不断提出新的要求，所对应的高考改革评价也应该做到紧跟时代潮流，做到与时俱进。教师则要结合教学的实际进行课堂的教学改革，做到以学生为主体，全方位调动学生的学习积极性，多方面培养学生的学习与表达能力，从多维度去评价学生，完善评价结果的呈现方式，改变只凭借单一的成绩确定学生优劣的做法。

要实现增值评价就要做到面向全体学生的评价，一个学生也不能少；做到因材施教与分类分层教育相结合，实现从“低进”到“高出”的增值转变，把学生的发展效益最大化；对学生进行细致的教学服务和专业学习的指导，制定科学合理的测量方案，努力将“优秀率”提升到高水平，这将有助于教学工作的长足发展，以及学生的终身发展。从量身定制、全面评估来看，学生评价实现了从一元到多元的转变，表现为评价的内容和指标不再局限于学习成绩，评价的主体不仅仅是教师，新的学生评价制度为学生充分展示自己的兴趣爱好和多方面的能力提供了平台，让学生也成为评价活动的主体，有助于学生在自我评价中不断认识自我、发展自我，实现能力的增值发展。

在推动学生的自我管理评价方面，培养学生的自我管理意识，有助于高效地开展教育教学工作。新高考中高中生涯规划教育、综合素质评价、高考科目的组合选择，体现了教育评价的人文关怀，定期定向、有针对性地根据学生的发展阶段和水平，分析学生的思想现状，把握学生的心理变化，尊重学生的发展需求，引导学生进行科学的自我管理评价。

第四节　高考评价改革的实践与趋势

在新高考改革的背景下，高考评价的深化实践势在必行，高考评价在推进基础教育高质量发展方面的重要性毋庸置疑。[①]近年来，我国各级教育机构或部门和各省区市在高考评价方面进行了积极探索与实践，推动了高考评价体系

① 范美琴，江兰，高柳萍. 我国省级教育考试机构高考评价实践现状分析及发展趋势. 教育与考试，2020（4）：5-11.

的完善与发展，强调了高考评价在高中教育向高等教育过渡过程中的“指挥棒”作用，以及高考评价理论体系在指导高考内容改革方面的理论基础地位和实践指导地位。

一、国家制定新高考评价体系

为深入贯彻党的十九大精神，落实立德树人的根本任务，全面推进《国务院关于深化考试招生制度改革的实施意见》，教育部考试中心研究构建了具有中国特色的高考评价体系，即“一核、四层、四翼”的高考评价体系。其中“一核”指的是素质教育下高考的核心功能，即“立德树人、服务选才、引导教学”；“四层”指的是高考考查的内容，是对素质教育的目标进行的提炼与升华，即“核心价值、学科素养、关键能力、必备知识”；“四翼”指的是高考考查的要求，包括了“基础性、综合性、应用性、创新性”[①]。该体系回答了高考过程中的诸多问题，如为什么要高考、考什么、用什么形式考等，并从高考的层面回答了“培养什么人、怎样培养人、为谁培养人”这个关乎教育根本的问题。中国高考评价体系的构建，以习近平新时代中国特色社会主义思想为指导，坚持了方向性、科学性、时代性、民族性和公共性原则，从根本上解决了教育评价中长期存在的问题，健全了立德树人的落实机制，对推动高考内容改革、发展素质教育、促进教育公平、办好人民满意的教育具有重要的意义。

（一）高考评价体系构建的原则

其一，在方向性原则上，要坚持正确的政治方向，树立正确的价值导向，以习近平新时代中国特色社会主义思想为指导，全面贯彻党的教育方针，坚持立德树人的根本任务，在充分考虑中国高考所处的社会背景及面临的现实问题的基础上，借鉴国外的先进理论与测评实践经验，构建符合我国国情的、具有中国特色的、面向新时代的测评体系。保证基于高考评价体系的高考内容和命题工作始终保持着正确的方向，积极发挥育人功能和导向作用。

其二，在科学性原则上，要依法构建高考评价体系。《中华人民共和国教

① 张开，等. 高考评价体系的研制解读. 中国考试，2019（12）：13-20.

育法》明确规定“国家实行国家教育考试制度”，高考作为人才选拔的重要方式，具有法律认可的地位与权威。高考评价体系改革必须有助于维护高考作为国家考试的法律地位以及权威，依据基础教育和高等教育的培养目标，体现各类高校选拔人才的共性需求，必须秉持严谨、科学的态度，将理论研究和实证分析相结合，确保构建过程的系统性、严谨性和科学性。

其三，在时代性原则上，在知识经济全球化的今天，在终生学习理念的指导下，许多国家针对人才观的演变，对以核心素养为本的高中教育教学进行了探索与改革。我国进入社会主义新时代，人民群众对教育提出更高的要求，高质量的高等教育、高水平的公平也更为迫切；人民群众对加快现代化教育有着更高的要求，提升全民的教育水平迫在眉睫。因此，构建的新的高考评价体系要反映新时代对高中教育的要求，反映新时代高等教育对高层次人才培养的要求。

其四，在民族性原则上，首先要基于我国的文化情境和文化特色，充分考虑我国的国情和考情，切合我国以德为先、注重公平、尊重知识等独具特色的人才培养和选拔观念。其次要从我国当前的高中教育与高等教育的实际出发，把握教育资源的科学分配、人员有序流动的制度与模式，促进教育机会公平、教育质量的提升和教育服务的共享。

其五，在公共性原则上，高考是大规模、高利害性的考试，受社会环境及考试文化等因素的影响，具有高度的复杂性与敏感性。因此，高考评价体系要与高中的课程改革充分衔接，对高考考试内容改革的设计与实践要统筹兼顾，既要体现国家意志，也要体现社会公共利益，满足人民群众接受良好教育的愿望与诉求。

（二）高考评价体系的内容与性质

高考评价体系主要解决的是“为什么考”“考什么”“怎么考”的问题，对这些问题的解决有助于明确高考的核心功能、考查的内容及考查的要求，有助于促进高考内容改革和命题工作，有助于建立健全高考改革的长效机制。在高考考查目标体系中需要重点解决的问题是：高校对人才在知识、能力、素养以及核心价值观方面的需求是什么？高中教育对学生在知识、能力、素养以及核心价值观方面的要求是什么？通过对这两方面的整合，可以发现高考评价体系要具备衔接基础教育与高等教育的功能。高考评价体系主要是由“一核”“四层”“四翼”三部分内容组成的。但总体来说，高考评价体系是“一体两面”的一个综合体系，是评价高考考生素质的理论性体系。它以“四层”为考查内容，对考生的素质内涵进行评价；以“四翼”为考查要求，评价学生各方面素质的达成度。高考评价体系的构建开始于教育研究者和实践者对教育的根本问题的思考和回答，从理论的层次对素质教育的要求在高考中的呈现进行了总结，也是对高考命题实践进行指导和评价的实践性体系。通过“四层”明确而规范地规定了命题内容，通过“四翼”保障和提高了高考命题的水平。总之，高考评价体系将会有力地促进高考内容改革与高考命题质量的全面提升。

1. 核心功能——“一核”

进入新时代，我国社会的主要矛盾发生的新变化、党和国家事业的新发展、人民群众对优质教育产生的新向往，都对高考这一考试制度提出了新要求和新任务。作为实现立德树人根本任务的重要载体和素质教育中的关键性环节，高考要坚持以习近平新时代中国特色社会主义思想为指导，发挥其引导性作用，切实实现育人的功能。

高考必须坚持立德树人，必须坚持服务选才，必须坚持引导教学。在立德树人方面，要把立德树人贯穿于基础教育、高等教育的各个方面以及各个领域。在服务选才方面，要立足服务国家、服务高校的基本点，将符合国家和高校要求的新生选拔出来。因此，高考要紧密围绕科学选才、提高教育质量、促进教育公平的目标，进一步探索和完善评价人才的方法，用更高的效度、信度和区分度促进人才科学、合理地分流和配置，为把我国建设成为人力资源强国提供强有力的保障。在引导教学方面，高考的结果直接影响到学生教育资源的获得和未来的发展之路，甚至会影响到国家对地方教育发展成效的评价及资源的投入。因此，高考要发挥对基础教育教学的引导作用，将“引导教学”纳入高考评价的核心功能，理顺教育与考试的关系，增强全体教师“以考试促进教学”的意识及主动性，通过考试改革，促进高中育人方式的改革，并加强高中教育与高考的衔接，进一步健全立德树人的落实机制，完善德智体美劳全面培养的育人体系，扭转教育的功利化倾向，充分发挥教育的评价功能并且持续地展示其积极的导向作用。

2. 高考考查的内容——“四层”

高考评价体系将素质教育的目标凝练为“核心价值、学科素养、关键能力、必备知识”四部分，其中“核心价值”指的是立德树人的根本任务，是即将进入高校的新生应当具备的良好素质，包括政治素质、道德素质以及一些科学思想方法，即政治立场和思想观念、世界观和方法论、道德品质和综合素质，起到的是引领价值方向的作用，要求在面对现实的问题情境时，学生要表现出正确的情感、态度和价值观。“学科素养”指的是即将进入高校的新生必须要具备的一些知识与关键性的能力，且能够在正确的价值观的指导下，运用合理的方法及与学科有关的知识，包括学习掌握、实践探索、思维方法三方面的内容。学习掌握，即学习者能够在原有知识的基础上理解新的信息并将其纳入自己原有的知识结构中的能力；实践探索，即学习者在认知操作和行动操作两个方面，以已有知识为基础探索未知知识，运用不同的技术方法去解决问题的综合品质；思维方法，即科学、人文、创新思维的综合，即学习者在面对问题情境时，能够进行独立思考，并具备探索创新的内在认知品质。“关键能力”是对学科素养要求的表征，即要求学习者能够高质量地认识问题、分析问题、解决问题，能够有效地解决生活中的问题或者走出学习探索过程中的困境，包括知识获取的能力群、实践操作的能力群以及思维认知的能力群。“必备知识”是培养关键能力、达到高素养的基础，即学习者解决问题所必须要具备的知识，是由各个学科的基本事实、基本概念、基本技术与基本原理等陈述性知识或者程序性知识组成的基本知识体系。这“四层”紧密关联，构成了一个有机的整体，让素质教育的目标在高考中得到了系统体现。

3. 高考考查的要求——“四翼”

高考评价体系的“四翼”是在高考中对素质教育应达成目标的内容表现和形式表现，既回答了在素质教育下高考应该“怎么考”的问题，也回答了高考这个关键性的环节如何科学地对学生的综合素质进行评价的问题。所以“四翼”不仅评价了学生素质的高低，也评价了高考试题质量的优劣，具有基础性、综合性、应用性、创新性。基础性体现在素质教育各个阶段学术内容的基础性，以及学科内容的基本性、通用性上。对于即将要进入高校的学生来说，要准确地理解并熟练掌握学科的主干内容，具备应对生活的基本知识能力与素养，要以学习和探索生活中的基本问题情境为知识和能力运用的载体，掌握学科的基本概念、原理、技能和思维方法。综合性体现在不同学科知识之间的关联性以及对学生能力进行全面考察的要求，具备良好素质的学习者能够运用科学的思维方法，有效地组织、调动不同学科的相关知识及能力，能够融会贯通式地、触类旁通式地、举一反三式地解决问题。它不仅包括学科内容的综合性、复杂性，也包括情境的复杂性，问题解决的情境涵盖了多个学科的知识内容，这样改革的目的在于考查学生运用多学科知识解决复杂问题的能力。应用性体现在素质教育培养出来的人才应该是合格的社会主义建设者和接班人，应该是既能够学以致用、探索并解决日常生活和学术科研中的难题，又能够善于观察各种现象，主动灵活地应用所学知识去分析和解决国家发展中乃至于人类社会所面临的各种问题。创新性强调要在德智体美劳全面培养的教育体系中突出并强调对学生创新思维的培养。这就要求要为学习者创设合理的情境，摆脱思维定式的束缚，善于独立思考，大胆创造，培养发散思维、逆向思维、批判性思维等思维品质，去发现新的问题、找出新的规律、总结新的结论。

高考评价体系的形成是我国高考内容改革中的一个里程碑式的标志，较好地衔接了基础教育与高等教育的培养目标，确立了高考内容改革和命题工作的理论框架，是今后高考内容改革和命题工作的理论依据和实践性指南。对推进高考内容改革的科学化、合理化，发展素质教育，促进教育公平，办好人民满意的教育具有重要的意义。

二、各省份高考评价改革与实践

目前，全国有北京、天津、上海、河北、浙江、江苏、重庆、广东、广西、云南、海南、福建、四川、贵州等 14 个省区市开展了基于高考数据的评价报告研制工作。从 2001 年至今，我国的高考评价实践大致可以分为以下三个发展阶段。

（一）先期探索阶段

北京、天津和上海是我国第一批开展高考评价实践的省份，对高考评价报告的研制进行了先期探索。其中，北京教育考试院自 2001 年开始聘请教育测评专家和学科专家组建研究课题组，研制并公开出版了《北京市高考试题评价研究报告》《北京市高考考生水平评价报告》，为改进中学教学提供了有益参考。天津市教育招生考试院自 2001 年起启动了“高考数据教学评价功能的开发研究”项目；2007 年起组建了高考评价工作项目组，正式开发了高考评价报告；2009 年起研制了学业增值评价报告；2010 年起开始探索基于标准的评价；至 2011 年形成了较为完备的“天津市高考考生水平评价及教学质量分析”系列报告，并以《考试研究》增刊的形式出版。上海市教育考试院自 2006 年起启动了基于命题视角的高考评价研究，并以专著（《大规模教育考试：命题与评价》）的形式公开了部分基于试题试卷的评价成果，成为考试机构专业技术人员开展高考评价的实践指南。[①]除此之外，2004 年国家开始实行分省命题后，部分自主命题省份如江苏、广东等也积极探索了基于试题试卷的评价，以考试评价理念为指导改进命题技术。

（二）积极跟进阶段

2010 年 12 月，教育部考试中心在云南组织召开了“考试评价工作研讨会暨学生能力国际评价 PISA2009 成果总结会”，开始在云南、海南两省开展高考评价改革试点“云海工程”，旨在利用现代教育评价理念和方法，改革传统的高考分数报告形式，依托现代网络技术，向学生、中学、教育行政部门和命题部门提供内涵丰富的分析报告。[②]此次会议被业界形象地称为考试评价的“遵义会议”。受此影响，河北、浙江、江苏、重庆、广东、广西等多个省份积极跟进了高考评价实践。河北省教育考试院自 2008 年起开展评价工作研究，2010 年起面向教育管理部门、地市教研部门和高中学校分别研制全省、地市、学校三个层面的年度高考情况统计报告，并以内部资料的形式呈现和使用。浙江省教育考试院从试题试卷层面开展了高考评价研究，并于 2012 年以专著（《让考试更科学：基于命题视角的研究》）的形式公开了部分评价成果，包括对考试数据信息的利用与反馈进行了示范和探讨，并提出开发诊断性评价报告、开展学校增值评价等倡议。[③]江苏省教育考试院自 2010 年起开展评价工作研究，2011

① 雷新勇. 大规模教育考试：命题与评价. 上海：华东师范大学出版社，2006：121.

② 谢湘. 高考成绩分析报告单：让学生找到未来方向.（2011-07-05）. http://zqb.cyol.com/html/2011-07/05/nw.D110000zgqnb_20110705_2-03.html.

③ 李金波. 让考试更科学：基于命题视角的研究. 武汉：武汉大学出版社，2012：100.

年系统开发了地市版、中学版、省级版三大类高考评价报告，作为命题机构的内部资料使用，尚未对外发布。重庆市教育考试院自2013年起开始为市辖各区县研制高考评价报告，以内部资料形式发放到每个区县。①

（三）推广应用阶段

2017年7月，以浙江、上海首批启动高考综合改革省份新方案落地为契机，教育部考试中心在重庆组织召开了"新高考改革背景下的评价工作"研讨会，首次提出"大评价观"的发展理念，进一步厘清了新高考改革背景下开展高考评价工作的思路和措施，明确以"全维度、全流程和全功能"为工作要求开展评价实践。这是继2010年云南会议之后，国家层面召集的第二次全国性评价工作研讨会。至此，高考评价工作进入了推广应用阶段。在这一时期，浙江、上海、江苏、重庆、福建、广东、四川、贵州等8个省市都先后启动或进一步深化了高考评价实践。

在现行高考方案下，江苏省教育考试院于2016年启动研制了《江苏省普通高考评价报告（地市版）》《江苏省普通高考评价报告（中学版）》，2018年增加了《江苏省普通高考评价报告（省级版）》，形成了省、市、校"三位一体"的高考评价服务体系，均以内部资料形式呈现。2017年，江苏省重新设计了试题试卷评价指标体系，对试题试卷评价报告进行了升级改造。重庆市教育考试院于2017年研制了《重庆市普通高考试题评价报告》《重庆市普通高考考生水平报告》，2018年增加了《重庆市普通高考数据统计分析样例报告》，包括整市报告、区县报告、中学整体报告、中学学科报告、班主任报告和班级学科报告，版本丰富、内容全面，并均以内部资料形式呈现。福建省教育考试院于2017年编写了《福建省普通高考学科评价报告》，分为"语文、数学、英语""物理、化学、生物""政治、历史、地理"3册，正式出版发行，并编写了《福建省普通高考总体评价报告》。此外，广东、四川、贵州等省份也相继开展了高考评价实践，体系框架相似，内容大同小异。在高考综合改革先期试点省份中，浙江省于2014年启动了高考综合改革，2015年开始为每个学生提供学业

① 范美琴，江兰，高柳萍. 我国省级教育考试机构高考评价实践现状分析及发展趋势. 教育与考试，2020（4）：5-11.

水平考试个性化的成绩诊断报告单，包括成绩信息和诊断信息两部分，涉及考生的试题得分情况、学科知识掌握情况、学科能力情况、考核目标达成情况四个方面，并划分五个层级来反映考生个人在全体学生中的相对水平。上海市于2014年启动了高考综合改革，将复旦大学、上海交通大学、同济大学、华东师范大学等9所大学作为综合评价招生改革的试点学校。在上海市教育委员会的统一指导下，各高校确定了本校的综合评价招生规则，自主实施了本校的综合评价录取办法①，并于2016年开始为每个学生提供每个科目的中英文双语版的学业水平合格性考试评价成绩报告，从学科知识内容和能力目标两个维度，呈现考生在各分项上的得分率以及各分项得分相对全体考生所处位置的百分位，为考生后续学习提供参考；2017年研发的高中学业水平考试区域（含区域内学校）成绩报告，从“知识内容”和“能力目标”两个维度评价区域和学校的学业水平考试情况，既有当年分析，又有近三年的比较，为提高区域教学质量、提升学科教学水平提供了支持。②

（四）实践经验以及趋势

1. 建立健全体制机制是开展高考评价实践的基本保障

1998年以来，我国省级教育考试机构纷纷成立了专门化的组织机构承担高考评价职能，如北京教育考试院于1998年成立了科研处，浙江省教育考试院于2012年成立了评价处，重庆市教育考试院于2009年成立了科研处等，各地也纷纷引进教育统计、教育测量与评价方面的专业人才，充实干部队伍。在实际开展工作中，各省区市横向上积极与高校、科研院所开展联合攻关，提升考试评价工作的科学性和专业性；纵向上积极凝聚教育系统内部各级教育行政部门、教研部门和高中学校的力量，努力形成评价工作协同推进体制。其中，江苏省在多年的评价实践中，逐步探索建立了“省教育厅组织领导、省教育考试院统筹推进、各地区教育行政部门和考试机构大力支持、各试点学校广泛参与”的

① 田爱丽，严凌燕. 高校综合评价招生的理论、实践与展望——以上海市高考综合改革试点学校为例. 华东师范大学学报（教育科学版），2018，36（3）：69-246.

② 王新凤，余丹茜，边新灿. 高考综合改革评估的实践与思考——以浙江省为例. 中国考试，2020（5）：1-22.

评价体制机制。规范的组织机构和运行机制是推动高考评价事业快速发展的基本保障。

2. 科学设计评价内容是开展高考评价实践的发展之本

传统“二指宽”的分数报告仅具有对考生进行排序的功能，减弱了导向功能。各省区市开展的高考评价突破了传统用报告来呈现的方式，而是通过构建严密的评价指标体系，力争实现对试题试卷和高中教育教学客观、公正、科学、系统的评价，呈现出了动态、多元的特点。一是数据丰富。各省份不仅分析了常规的考生报名数据和成绩数据，而且详细分析和挖掘了部分过程性数据和考生录取数据；不仅有对当年考试数据的分析，而且部分省份还对纵向 3 年的考试数据进行对比分析。二是维度多元。在试题试卷方面，有不同题型结构、不同知识领域、不同能力层级等多种属性的分析；在考生水平方面，既有不同性别、城乡、区域的比较分析，又有同类型学校、不同类型学校、不同学习水平考生的比较分析。三是指标多样。不仅有平均分、标准差、得分率、中位数等常规的统计指标，还引进了差异系数、优势系数、百分等级、学科命中率和贡献率等统计指标，且在实践中不断调整和完善。正因为如此，全国各省份的评价范围才得以不断扩大，服务边界才得以不断拓展。科学、适切的评价内容是实现高考评价诊断改进功能的重要基石。

3. 不断提升服务实效是开展高考评价实践的不竭动力

高考评价实践自启动之时即坚持以需求为导向，重视发挥高考数据对改进命题质量的反馈作用、对基础教育的反拨作用和对教育决策的参谋作用。为此，各省份不断丰富评价内容，优化服务方式，提升服务效能。一是定量评价与定性评价相结合。大部分省份的评价报告既有丰富的统计分析图表，又有相配套的文字解读。例如，江苏、重庆等省份在面向基础教育开发评价报告时都非常重视诊断性教育教学建议的内容，既有事实判断，又有价值判断，使得教学改进工作更有抓手，较充分地发挥了高考“引导教学”的核心功能，有效地实现了教育考试与基础教育的良性互动。二是报告研发与解读同步。评价报告的专业性较强，对使用者的能力素质要求较高。为此，重庆等地每年都会深入基层教育部门和高中学校进行评价报告的实地解读，以帮助基层单位更好地理解与应用评价报告；江苏省则通过举办专家现场解读会、录制标准化解读视频等方式加强后期的跟踪服务。三是评价系统不断升级换代。早期一些省份的评价报告在借助专业统计分析软件的基础上，还需要手动完成制作，随着统计软件和信息化技术的不断发展，现在各省份都相继研发出了智能化的评价系统，实现了评价报告的批量化制作，大大提高了评价报告的准确性和时效性。发展至今，高考评价对教育教学的反拨作用逐年增强，服务地方教育发展的成效逐年提升，因此受到各省份教育部门的逐年重视，基层对其的认可度也逐年提升。

三、台湾地区的入学考试评价及改革

台湾地区与大陆隔海相望，两岸在文化传统、教育制度等方面有着一脉相承的历史渊源。就考试制度而言，与大陆的高考一样，台湾地区的大学入学考试评价也是牵动当地的一条敏感神经。言及台湾地区的大学入学制度，“联考”和“多元入学”是两个独特的发展阶段，也是众人皆知的标识。由于文化传统上的根源性关系，台湾地区的大学入学制度与大陆的高考制度更为相似，更具可比性，通过研究，可达到互通有无、彼此借鉴、互相促进的功效。

（一）从联考到大学多元入学评价制度

台湾大学实行了 40 多年的联考，但一直没有常设性机构和专任人员，因此，既没有积累考务经验，也没有对大学入学制度及命题改进做长期规划。为改变这一局面，1989 年 7 月，台湾地区成立了大学入学考试中心（简称“大考中心”），其主要职能是：研究台湾地区大学入学制度的改革及改进大学入学考试命题与测验技术；接受委托办理各项有关的入学考试业务；提供参考题库及相关测验技术服务；为学生提供辅导及相关教育服务；办理前述各项有关的研究活动；办理大学入学的其他有关事项。由此可以看出，台湾地区的大考中心不仅是一个办事机构，更是一个研究机构，它的成立为台湾地区多元入学评价制度的诞生奠定了基础。多元入学方案采取两阶段考试方式，不仅增加了考试次数，为考生创造了更多机会，而且扩大了大学的招生自主权，激发了大学的招生积极性，大学不仅参与招生，而且着手研究招生，成为招生科学化、合理化的积极推进力量。但是，多元入学仍然招致了不少担忧与指责，如考试次数的增加虽然增加了学生的选择机会，但同时也增加了考生的应考负担。多元入学所倡导的推荐、申请制度在理论上很好，但许多人质疑其很可能产生人情游说、走后门、开假证明等现象，对经济处于劣势或毫无资源背景者来说显然不公平，因此，相比联考制度，大学多元入学的公平性、公开性等让人质疑。为此，2002年以后，台湾地区在坚持简单、多元、公平等原则的基础上，又对多元入学方案进行了多次改革。

（二）台湾地区的大学入学评价体系及内容

经过多次改革，截至2011年，台湾地区的多元入学方案改变了联考“一试定终身”的局面，采取多元化招生方式，并以多元化方式评价学生，且考招分离，扩大了大学的招生自主权，增加了学生与大学之间的选择机会。[①]台湾地区从考试评价体系角度出发，构建了繁星计划、甄选入学、考试入学三维评价方式和入学通道。

1. 繁星计划

台湾地区的第一条大学入学通道是“繁星计划”。繁星计划是台湾清华大学于2006年为缩小城乡差距而推出的，旨在给予城乡高中生平等的入学机会，采用各高中“推荐保送”的方式单独招生。台湾清华大学在研究历年新生资料后发现，学生来源多集中于几所“明星高中”，而一些偏远山乡中学由于教育资源相对不足，学生在甄选和考试分发中均处于弱势。2007年，台湾地区开始推动以“平衡城乡差距、鼓励高中生就近入学”为目的的繁星计划，呼吁建设一流大学及顶尖研究中心的大学加入，共25所大学参加，504个学系参与招生，提供了1742个招生名额。[②]根据繁星计划，高中全程就读同一学校的应届毕业生只要5门学科的能力测验成绩符合大学要求，且高一、高二各学期总平均成绩排名在全校前20%，就可以由所在中学向大学直接推荐录取，同一所大学只能在每所中学录取一名繁星计划学生。实践表明，顶尖大学通过繁星计划录取的学生，虽入学成绩略低，但入学后的学习表现毫不逊色，这些贫困的优秀学

① 刘海峰. 高校招生考试制度改革研究. 北京：经济科学出版社，2009：321.

② 杨东平. 台湾的“繁星计划”.（2011-07-16）. http://blog.sina.com.cn/s/blog_492471c80102dqmz.html.

生因教育资源不足而造成的差距可以很快得到弥补。繁星计划已经成为台湾地区重要的入学方式之一，它的实施对于遏制跨区就学的“择校风”、推动高中就学社区化、照顾弱势群体、维护教育公平、促进城乡教育均衡发展及丰富大学校园多元文化等都具有积极作用。2011 年起，繁星计划被纳入学校推荐而成为“繁星推荐”，招生方式沿用繁星计划各高中推荐保送的方式，台湾地区各大学均可参加繁星推荐甄选入学，招生名额大幅扩增。2010 年，共有 68 所大学院校、1397 个校系参与了招生，提供了 7649 个招生名额，外加 848 个专供高山族子弟的名额，吸引了来自全台湾地区 360 所高中近 7000 名学生参加。①

2. 甄选入学

台湾地区的第二条大学入学通道是甄选入学。甄选入学由“大学甄选入学汇办单位”及大学科系办理，是由 2002 年实施的“学校推荐”及“个人申请”两种大学入学方式简化而成的，兼顾考试选拔的特殊取才精神与缩小城乡差距的目的，体现出了招生的弹性。甄选入学的报考资格是申请者的学科能力测验、术科（包括音乐、体育、美术等组别）考试成绩通过大学校系检定标准，每个申请者最多可申请 6 个校系。学科能力测验、术科考试成绩的检定、采计、参酌方式及标准由各校系规定。甄选入学的实践证明，通过该方式入学的学生进入大学后更注重学习兴趣，对未来有更明确的目标，对科系的认同度较高；学习成绩和学习表现较佳，并能逐渐进步；发展较为全面，其他才艺表现也较佳，办事能力及特殊才艺的表现较为突出。

3. 考试入学

台湾地区的第三条大学入学通道是考试入学。考试入学的报考资格是：凡公立、私立高中毕业生或具有同等学力者，均可以通过参加该年指定科目的考试或学科能力测验、术科考试等入学。每个考生选填的志愿不得超过 100 个，大学入学考试分发委员会依照各大学校系所定招生条件，按照先检定、后采计、再参酌的程序分发，由大学校系决定录取与否。高中教师认为，考试入学较为公平、公正、公开，且省钱、省力、省时，其考试范围也有助于学生完整地学

① 刘盾，郑若玲. 繁星点点 绽放光芒——台湾地区高校招生地域公平改革及启示. 考试研究，2013（2）：3-10.

习高中课程内容。[①]

与大陆的高考评价体系及内容相比，台湾地区的大学入学评价体系及内容既有与之相类似的一面，如坚持统一考试；也有其独特性的一面，如统一性与多元化相结合的评价模式，多层面、综合性考查学生的知识与能力，重视高中生的学业与生涯辅导，等等。台湾地区虽与大陆在政治、经济制度上有所差别，但在文化传统、教育制度方面同根同源。台湾地区在高校招生考试改革方面成功地借鉴了国外的许多经验，通过考察台湾地区的大学招生机制，可达到相互借鉴、相互促进的作用。

① 张钿富. 大学多元入学机会与压力. 台北：五南图书出版股份有限公司，2006：89.

第二章　高考评价体系建构中的科学性与公平性问题

科学性是高考评价的根本特征与改革诉求。①考试评价是一种测量技术，需要依托现代的教育与心理测量技术，以及各类科学有效的教育评价与教育统计理论。1977 年恢复高考以来，高考评价各个环节的科学性一直是各界热议的话题，如何在保证科学性的前提下，兼顾高考的公平性，则是历年来高考改革中的核心内容。所谓科学性，其本质核心是高考评价所承载的众多功能的信度与效度。随着时代的发展，评价并且选拔出满足现代社会需要的高素质人才，是高考科学性内涵的关键部分。高考评价改革无法回避公平话题，协调处理好人才评价公平性与卓越性的关系，要求高考评价既要有利于优秀学生的脱颖而出，也要有利于弱势学生的成长发展。考试公平是高考一直无法回避的话题，我国教育发展的较大地区差异和社会诚信机制的不健全使公平问题在高考制度中长期存在，并使高考评价中一切议题的讨论都必须考虑考试公平，一切政策的出台和实施都必须有利于促进教育公平，维护弱势学生群体的利益。②

第一节　评价目标的科学性与公平性

狭义上来讲，“高考”指普通高等学校招生全国统一考试，即普通高考。

① 李雄鹰，冷文君，孙燕超. 综合评价：高考改革的新导向. 高校教育管理，2016（3）：47-53.
② 李雄鹰. 高考评价研究. 武汉：华中师范大学出版社，2014：219.

广义上来讲，“高考”是一套普通高等学校招录学生的教育评价系统，在其发展与改革之中已经逐渐渗透到高中学习与评价的各个环节。此外，我国不仅包括普通高考形式，也包括高校的特殊招生形式。《国家中长期教育改革和发展规划纲要（2010—2020 年）》提出要“分类考试、综合评价、多元录取”，从建立科学、有效的招生模式上，基本确立了保障高考评价公平性的路径。多元录取，一方面表现在不“唯分数”录取上；另一方面表现在录取形式的多样性上，由此产生了特殊招生形式，如专项计划、艺术生、体育生以及 2020 年取代自主招生制度的“强基计划”（即基础学科招生改革试点）。本节将从普通高考招生与特殊招生的评价目标、报名条件、评价内容与形式等方面来探讨其科学性与公平性。

一、中国高考评价体系

作为高考评价体系的构成部分，高考评价目标一方面是高中阶段课程标准所规定的培养目标；另一方面是高校选拔人才的标准，即高校需要选拔什么样的人才。当前世界正处于百年未有之大变局中，国际环境的快速变化、国内经济的高质量发展、高等教育进入普及化阶段等社会经济以及教育环境的转变，对当今人才的能力提出了新的要求。教育部考试中心所编制的《中国高考评价体系》《中国高考评价体系说明》，对高校选拔人才的评价目标做出了具体说明，即从“一核、四层、四翼”三个方面构建科学的评价体系，明确了高考作为一套教育评价系统所具有的核心功能，即“立德树人、服务选才、引导教学”，并回答了我国教育的根本问题与高考评价目标，即“培养什么人、怎样培养人、为谁培养人”。其中“培养什么人”是高考评价目标的导向，高考必须坚持立德树人的评价原则。《中国高考评价体系》中提到，学校要加强对学生的理想信念、爱国主义情怀、品德修养、知识见识、奋斗精神、综合素质等方面的考查要求，引导学生培育和践行社会主义核心价值观，弘扬中华优秀传统文化、革命文化和社会主义先进文化，树立正确的历史观、民族观、国家观、文化观，切实增强中国特色社会主义道路自信、理论自信、制度自信、文化自信，从而全面彰显高考的育人功能。①

① 教育部考试中心. 中国高考评价体系. 北京：人民教育出版社，2019：10.

高考评价体系体现了其作为高考评价目标的指导性作用：作为学生素质评价的理论体系，“四层”是考察内容，即学生素质的构成要素，“四翼”是对学生素质水平的要求，通过“四层”规定高考的命题内容，通过“四翼”来区分命题的层次与水平，是高考评价目标的总体性指导文件，是高考命题理念从“知识立意”“能力立意”向“价值引领、素养导向、能力为重、知识为基”转变的理论基础与方法论基础。①

高考评价体系作为新时代高考评价目标理论，是一个系统的有机整体，具有层次性、稳定性和适应性（图 2-1）。其中层次性对考试评价的目的、内容、要求及具体路径做出了规定；稳定性和适应性概括在一起则表示了动态的稳定。一方面，《中国高考评价体系》是一个长期性的高考评价的指导性纲要，具有稳定性；另一方面，高考评价体系是随社会发展而不断变化的，需要进行动态调整。

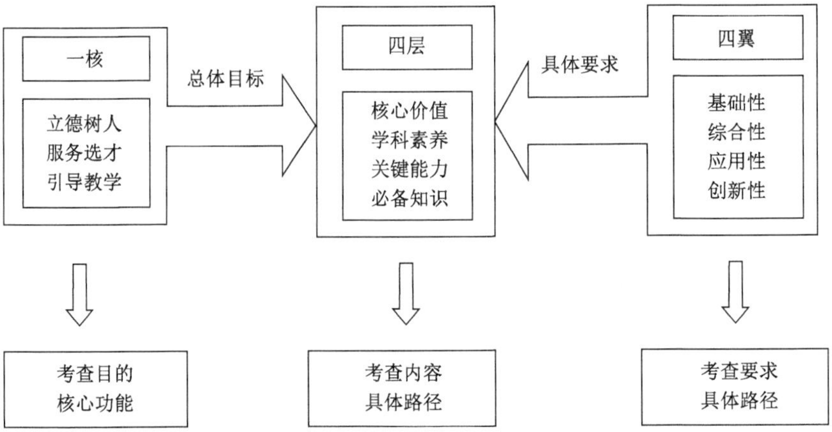

图 2-1 “一核”“四层”“四翼”关系示意图

需要注意的是，虽然中国高考评价体系及其说明作为高考评价的顶层理论设计，在各个维度对高考的评价目标进行了规定，但如何准确有效地对规定的评价目标进行测量或者评价，是个难题。雷新勇将考试目标分为测量目标和行为目标，测量目标是抽象的、不可测的，规定着考试的方向；行为目标是具体的、可测的，是对测量目标的具体化。②作为测量目标的高考评价体系，其转

① 教育部考试中心. 中国高考评价体系说明. 北京：人民教育出版社，2019：1.
② 雷新勇. 大规模教育考试：命题与评价. 上海：华东师范大学出版社，2007：83.

换为课程标准或考试大纲时一方面会存在“失真”问题，另一方面会存在一定的效度问题，如综合评价中的行为评价目标要评价学生的哪些行为，这些评价目标在试题中是如何体现的，体现的信度、效度如何？都需要在今后的具体实践中进行探索。

二、中国学生发展核心素养

高中阶段学生的培养目标除了《普通高中课程方案和语文等学科课程标准（2017 年版 2020 年修订）》中所规定的总体目标与各学科的课程培养目标之外，《教育部关于全面深化课程改革落实立德树人根本任务的意见》还强调，教育要承担立德树人的根本任务，根据当时高中培养目标、改革现状与立德树人要求之间的差距，改变教学中重智轻德、单纯追求分数和升学率的不良倾向，学校要重视学生的社会责任感、创新精神和实践能力的培养。该意见提出核心素养是对学生德智体美全面发展的总体要求和社会主义核心价值观有关内容的具体化、细化，并依据学生发展核心素养体系，进一步明确了各学段、各学科具体的育人目标和任务，以使考试评价更加准确地反映人才培养要求，不再像以往一样通过一次考试单一、静态地对学生进行评价，也不再过于集中于当前学生所具备的知识或技能，而是强调学生应该具备能够适应个体毕生发展以及社会发展需要的品格及能力。2016 年 9 月，《中国学生发展核心素养》正式发布，该核心素养由三个方面、六大素养及十八个基本要点组成，从文化基础、自主发展和社会参与三个方面对中学生的发展目标提出了具体要求（表 2-1）。

表 2-1　中国学生发展核心素养

三个方面	六大素养	十八个基本要点	具体内容描述
文化基础	人文底蕴	人文积淀	具有古今中外人文领域基本知识和成果的积累；能理解和掌握人文思想中所蕴含的认识方法和实践方法等
		人文情怀	具有以人为本的意识，尊重、维护人的尊严和价值；能关切人的生存、发展和幸福等
		审美情趣	具有艺术知识、技能与方法的积累；能理解和尊重文化艺术的多样性，具有发现、感知、欣赏、评价美的意识和基本能力；具有健康的审美价值取向；具有艺术表达和创意表现的兴趣和意识，能在生活中拓展和升华美等
	科学精神	理性思维	崇尚真知，能理解和掌握基本的科学原理和方法；尊重事实和证据，有实证意识和严谨的求知态度；逻辑清晰，能运用科学的思维方式认识事物、解决问题、指导行为等

续表

三个方面	六大素养	十八个基本要点	具体内容描述
文化基础	科学精神	批判质疑	具有问题意识；能独立思考、独立判断；思维缜密，能多角度、辩证地分析问题，做出选择和决定等
		勇于探究	具有好奇心和想象力；能不畏困难，有坚持不懈的探索精神；能大胆尝试，积极寻求有效的问题解决方法等
自主发展	学会学习	乐学善学	能正确认识和理解学习的价值，具有积极的学习态度和浓厚的学习兴趣；能养成良好的学习习惯，掌握适合自身的学习方法；能自主学习，具有终身学习的意识和能力等
		勤于反思	具有对自己的学习状态进行审视的意识和习惯，善于总结经验；能够根据不同情境和自身实际，选择或调整学习策略和方法等
		信息意识	能自觉、有效地获取、评估、鉴别、使用信息；具有数字化生存能力，主动适应“互联网+”等社会信息化发展趋势；具有网络伦理道德与信息安全意识等
	健康生活	珍爱生命	理解生命意义和人生价值；具有安全意识与自我保护能力；掌握适合自身的运动方法和技能，养成健康文明的行为习惯和生活方式等
		健全人格	具有积极的心理品质，自信自爱，坚韧乐观；有自制力，能调节和管理自己的情绪，具有抗挫折能力等
		自我管理	能正确认识与评估自我；依据自身个性和潜质选择适合的发展方向；合理分配和使用时间与精力；具有达成目标的持续行动力等
社会参与	责任担当	社会责任	自尊自律，文明礼貌，诚信友善，宽和待人；孝亲敬长，有感恩之心；热心公益和志愿服务，敬业奉献，具有团队意识和互助精神；能主动作为，履职尽责，对自我和他人负责；能明辨是非，具有规则与法治意识，积极履行公民义务，理性行使公民权利；崇尚自由平等，能维护社会公平正义；热爱并尊重自然，具有绿色生活方式和可持续发展理念及行动等
		国家认同	具有国家意识，了解国情历史，认同国民身份，能自觉捍卫国家主权、尊严和利益；具有文化自信，尊重中华民族的优秀文明成果，能传播弘扬中华优秀传统文化和社会主义先进文化；了解中国共产党的历史和光荣传统，具有热爱党、拥护党的意识和行动；理解、接受并自觉践行社会主义核心价值观，具有中国特色社会主义共同理想，有为实现中华民族伟大复兴中国梦而不懈奋斗的信念和行动
		国际理解	具有全球意识和开放的心态，了解人类文明进程和世界发展动态；能尊重世界多元文化的多样性和差异性，积极参与跨文化交流；关注人类面临的全球性挑战，理解人类命运共同体的内涵与价值等
	实践创新	劳动意识	尊重劳动，具有积极的劳动态度和良好的劳动习惯；具有动手操作能力，掌握一定的劳动技能；在主动参加的家务劳动、生产劳动、公益活动和社会实践中，具有改进和创新劳动方式、提高劳动效率的意识；具有通过诚实合法劳动创造成功生活的意识和行动等
		问题解决	善于发现和提出问题，有解决问题的兴趣和热情；能依据特定情境和具体条件，选择制订合理的解决方案；具有在复杂环境中行动的能力等
		技术运用	理解技术与人类文明的有机联系，具有学习掌握技术的兴趣和意愿；具有工程思维，能将创意和方案转化为有形物品或对已有物品进行改进与优化等

资料来源：《中国学生发展核心素养》正式发布.（2016-09-14）. http://www.sohu.com/a/114389183_100928

核心素养的提出，在一定程度上改变了以往的知识与能力，过程与方法，情感、态度与价值观三维课程目标。这种改变不是推翻了以往的评价目标，而是针对以往课程目标在实践中出现的问题，对评价目标与内容进行了融合和调整。在以往三维课程目标的评价实践中，出现了两个关键的问题：第一个问题是在教学过程中将三维课程目标割裂开，首先表现为三维课程目标中每个部分的内部割裂，如重知识的识记而轻能力的培养，重机械记忆过程而轻普遍方法的理解，重暂时的、短期的情感态度的形成而轻内化的、长期的学生价值观的培养；其次表现为整体中部分的割裂，即没有正确地将三维课程目标有机地结合起来，而是将其碎片化，并揉入碎片化的教学和考试评价之中。第二个问题是对三维课程目标进行评价时的失衡，评价方式主要为考试测量，其中对知识目标的评价太多、太繁、占比太重，对过程评价稍有涉及，缺乏对知识与能力，过程与方法及情感、态度与价值观的评价。学生核心素养体系的提出有助于改变学生评价目标过于分散的现状，有助于在原有评价体系的基础上，进一步重构高考评价目标，优化高考评价内容，如《教育部关于全面深化课程改革落实立德树人根本任务的意见》中提到，学生应具备适应终身发展和社会发展需要的必备品格和关键能力，突出强调个人修养、社会关爱、家国情怀，更加注重自主发展、合作参与、创新实践。

由此可见，根据教育部的要求，学校必须重视对学生的核心素养教育，将核心素养教育落实到各学科的教学之中，落实到考试招生和学生评价中，以实现个人修养、社会关爱、家国情怀、自主发展、合作参与、创新实践等育人内容和目标。《中国学生发展核心素养》中归纳出中国学生培养的总体目标，该目标在课程标准中被细化成学科核心素养，将核心素养体系作为高考评价目标之一融入高考评价体系之中，具有一定的难度。在高考评价中，核心素养的内容主要通过综合素质评价的方式来实现，以及通过当前考试命题中强调的情境化命题，即贴近生活实际，通过创设特定的情境考查学生的核心素养。如何保证将核心素养体系对学生的培养要求落实到日常教学与生活中，以及将对核心素养内涵的评价要求与对高考的评价要求相契合，与高校招生录取工作相衔接，将核心素养评价落到实处，才是最重要的。如何将核心素养这种定性的评价要求与定量的高考测量形式相结合，改变长期以来以知识为核心的试题结构，建立和完善与新时代评价要求所对应的高考试题题库，是当前高考改革稳步推进中需要重点探究的问题。

三、考试大纲与课程标准体现的评价目标

随着高考改革的不断推进和深化，课程标准与考试大纲所体现的评价目标也在变化，总体来讲，其变化的轨迹遵循《国务院关于深化考试招生制度改革的实施意见》中提出的总体目标，即 2014 年启动考试招生制度改革试点，2017 年全面推进，到 2020 年基本建立中国特色现代教育考试招生制度，形成分类考试、综合评价、多元录取的考试招生模式，健全促进公平、科学选才、监督有力的体制机制，构建衔接沟通各级各类教育、认可多种学习成果的终身学习“立交桥”。

2014 年，第一批新高考改革试点地区为浙江、上海，2017 年，第二批改革试点地区（北京、山东、天津、海南）加入了新高考行列，2018 年，加入新高考行列的地区为河北、辽宁、江苏、福建、湖北、湖南、广东、重庆。原定于 2018 年参与第三批新高考改革试点的地区（吉林、黑龙江、内蒙古、四川、河南、山西、安徽、江西、贵州、西藏）向后推迟，推迟的原因可能是这些省份在新高考的改革实践中出现了难以预料的问题，或对应新高考体系的相关配套措施还不够完善，虽然改革的步调轻微放缓，但新高考改革仍在顺利、稳步地推进之中。在这样的背景下，高考对人才的评价目标又发生了怎样的变化呢？

2003 年，教育部印发的《普通高中课程方案（实验）》和语文等十五个学科课程标准（实验），指导了十余年的高中教学和考试命题等方面的工作，但是随着时代的发展，2003 年版的课程方案和标准略显陈旧，教育部于 2013 年开启了普通高中课程标准修订工作，2017 年出版了更具时代性和科学性的课程方案与课程标准，2020 年的高中课程方案在 2017 年版本的基础上又进行了修订，印发了《普通高中课程方案和语文等学科课程标准（2017 年版 2020 年修订）》，这次修订主要凝练了学科核心素养，更新了教学内容，在教学和命题中强调了情境化，研制了学业质量标准，明确了教学任务应该达到的标准等级，为阶段性评价、学业水平考试和升学考试命题提供了重要依据。《普通高中课程方案（2017 年版 2020 年修订）》进一步提出了要为考试评价服务的原则，特别是学业质量标准中细化的评价目标，是高考评价目标的指导性原则之一。该方案中提出了三个高中课程的培养目标：具有理想信念和社会责任感；具有

科学文化素养和终身学习能力；具有自主发展能力和沟通合作能力。

具体来讲，《普通高中语文课程标准（2017 年版 2020 年修订）》提出，语文学科核心素养主要包括“语言建构与运用”“思维发展与提升”“审美鉴赏与创造”“文化传承与理解”四个方面，并在这一学科核心素养的大方向下，设置了 12 个课程目标，从目标出发具体到课程内容，提出了 18 个学习任务群，每个任务群规定了学习的内容与目标。学科核心素养作为三维目标体系的综合，强调了对学生综合素质的评价，不同学科课程标准分别明确了各学科所要求的素养，从不同学科角度体现了中国学生发展核心素养的内涵。学科核心素养作为学生能力培养的要求、综合素质的内容之一及高校考试招生的参考之一，学校将其落实到了学生评价中，课程标准进一步提出了学业质量的概念，即学生在完成某学科课程后的学业成就表现。学业质量标准以本学科核心素养及其表现水平为主要维度，依据不同水平学业成就表现的关键特征，学业质量标准明确将学业质量划分为不同水平，如语文的学业质量一共有 5 个水平。2018 年 1 月，教育部在解读普通高中新课程方案时指出，学业质量水平直接与高考评价挂钩，水平一和水平二是必修课程要求，水平三和水平四是选择性必修课程的要求，水平五则是选修课程的要求，完成水平二的学习，是高中学业水平考试的依据，水平四是高考命题和高校招生录取的依据，水平五则是对更有兴趣的学生提出的更高要求，修习情况供高校录取参考。[①]高考评价目标的细分，是高考体系的完善，是命题体系的完善，同时体现了高考评价的科学性内涵。

一直以来，考试大纲作为高中教学依据以及高考命题依据之一，在高考评价体系中扮演着重要角色。不过随着新高考改革的推进以及新课程的实施，考试大纲将逐渐淡出人们的视野，根据《国务院办公厅关于新时代推进普通高中育人方式改革的指导意见》，实施普通高中新课程的省份不再制定考试大纲，现有的高考考试大纲以及说明将不再修订，对于未实施高考改革的省份，2020 年高考参考的是 2019 年发布的考试大纲；已实施高考改革的省份，仅发布了英语学科考试说明。高考大纲在一定程度上是命题与教学的“指挥棒”，存在对教学和命题限制过大的问题，但是如果取消高考大纲，又会出现学生在备考时

① 教育部举行普通高中课程方案和语文等学科课程标准发布会.（2018-01-16）. http://www.scio.gov.cn/xwfbh/gbwxwfbh/xwfbh/jyb/Document/1616987/1616987.htm.

缺乏目标性、针对性，从而加大学业负担的问题。考试大纲依据普通高校对新生思想道德素质、科学素质、文化素质的要求及《普通高中课程方案（2017年版2020年修订）》制定，现行的考试大纲以“一核、四层、四翼”为依据，进一步确定了高考试题的评价目标。考试大纲是考试说明的制度依据，而考试说明从学科角度更加具体、详细地阐释了考试大纲所要求的评价目标以及内容。当前高考评价目标的指导性文件，如课程方案、课程标准及高考评价体系、考试大纲与说明以及各类教育部文件等，存在一定的上下关系，但是不得不说也存在一定的冗余，特别是在评价目标与要求上，各个文件都有各自的规定，导致在高考命题过程中存在指导原则不清与混乱的问题。2019年版各学科的考试大纲中的考核目标与要求依据的仍是2003年版的课程方案与课程标准，而该方案与标准就与2017年修订的课程方案与标准存在冲突。2019年的考试大纲着重考查的是学生的知识与能力，并未体现对综合素质的考查，从而也未体现出对核心素养的重视，以及命题从能力立意向素养导向的转变。

四、特殊类型招生中的评价目标

特殊类型招生指普通高校招生中的一些特殊政策或特殊类型，现有的特殊类型招生有强基计划、高校专项计划、保送生、高水平艺术团招生、高水平运动队招生、艺术类专业招生、体育类专业招生、空军招飞及军校公安院校招生等。大多数特殊类型招生仍要求考生参加全国统一高考并按规定程序录取；个别特殊类型招生（如保送生、体育单招等）不需要参加全国统一高考，采取单独的选拔录取方式。

特殊类型招生的评价目标必须基于高考评价的总体目标制定，除此之外，还需满足其特殊类型招生政策中所规定的要求。比如，2020年开启的强基计划，作为取消自主招生后的高校选拔人才的特殊形式之一，基础学科拔尖是强基计划选拔的重要标准之一。特殊类型招生的评价目标基本遵循高考评价体系对学生的评价目标要求，只是在目标要求水平上各有不同。这种在学生评价目标要求水平上的差异，可能导致同一所高校中特殊类型招生的学生与全国统招的学生在学习生活上存在差异。比如，一旦某专业特殊类型招录的学生比例过大，而这些学生的特殊才能与所学专业不一致时，就有可能会降低该专业的人才培养质量。因此，如何保障特殊类型招生在评价目标要求水平上与招录的专业相匹配，以及如何优化特殊类型招生的评价目标体系，是一个值得思考的话题。

第二节　报名条件的科学性与公平性

一、普通高考的报名条件

普通高考，即普通高等学校招生全国统一考试，2020 年 1 月，《教育部关于做好 2020 年普通高校招生工作的通知》发布，其附件《2020 年普通高等学校招生工作规定》明确规定了普通高考的报名条件。

1. 符合下列条件的人员，可以申请报名：

（1）遵守中华人民共和国宪法和法律；（2）高级中等教育学校毕业或具有同等学力；（3）身体状况符合相关要求。

2. 下列人员不得报名：

（1）具有高等学历教育资格的高校在校生，或已被高校录取并保留入学资格的学生；

（2）高级中等教育学校非应届毕业的在校生；

（3）在高级中等教育阶段非应届毕业年份以弄虚作假手段报名并违规参加普通高校招生考试（包括全国统考、省级统考和高校单独组织的招生考试，以下简称高校招生考试）的应届毕业生；

（4）因违反国家教育考试规定，被给予暂停参加高校招生考试处理且在停考期内的人员；

（5）因触犯刑法已被有关部门采取强制措施或正在服刑者。

从报名条件来看，对高考的报名限制很少，体现了我国高考招生中入学机会均等的公平性原则。同等学力是非高中毕业生、高等学校本科和非硕士研究生毕业者报考全国统一高考的必备条件，各省份对此有不同的规定，如辽宁省在《辽宁省普通高中学生学业水平考试实施方案》中规定：社会公民参加普通高中学生学业水平考试，全部考试科目成绩合格者，颁发普通高中同等学力证书。这便保障了社会考生参加高考的权利，也体现了机会均等的公平性原则。

二、特殊类型招生与报名条件

特殊类型招生是符合“多元录取”理念的招生模式，作为统一高考的补充招录形式，在高考评价体系中发挥着重要作用，同时又存在较多争议及误解。比如，从2001年开始的高校自主招生历经19年后，于2020年被取消，其原因主要是高校自主招生存在较大的公平性争议，如招录流程不透明、选拔机制不完善、面向的学生群体窄、教育资源匮乏地区的学生根本无法参与到自主招生的选拔中。

（一）强基计划

2020年1月，《教育部关于在部分高校开展基础学科招生改革试点工作的意见》发布，决定在部分高校开展基础学科招生改革试点，该意见指出，在保证公平公正的前提下，探索建立多维度考核评价考生的招生模式。高校根据有关拔尖创新人才培养需要，制定强基计划的招生和培养方案。符合高校报考条件的考生可在高考前申请参加强基计划招生。强基计划的报名条件首先应该满足符合高考报名条件，其次应该满足强基计划高校报考条件。

强基计划的选拔目标可以概括为两方面：一是综合素质优秀、高考成绩优异的考生；二是在相关学科领域具有突出才能和表现的考生。同时，在综合素质考察中强调选拔“有志向、有兴趣、有天赋的青年学生”。

从2020年部分院校强基计划的报名条件（表2-2）来看，总体来讲，强基计划的公平性是有所保障的，首先，其招生对象包括参加统一高考的学生，报名条件几乎不设限制；其次，又考虑了那些基础学科成绩优秀的学生的报考需求，对偏科的学生给予了很大照顾。

表2-2　2020年部分院校强基计划的报名条件

院校	报名条件
北京大学	考生高考成绩达到所在省份本科一批录取最低控制分数线（合并录取批次省份以各省份划定分数线为准），且高考成绩达到我校在该省份强基计划招生入围标准 对于获得数学、物理、化学、生物、信息学全国中学生学科奥林匹克竞赛全国决赛二等奖（含）以上成绩的考生，高考成绩达到所在省份本科一批录取最低控制分数线（合并录取批次省份以各省划定分数线为准）可入围相应省份的强基计划考核
清华大学	各省区市符合2020年全国普通高等学校招生全国统一考试报名条件，志向远大、追求卓越、综合素质优秀或基础学科拔尖，并有志于将来从事相关领域科学研究工作的高中毕业生均可申请

续表

院校	报名条件
中国人民大学	热爱祖国，拥护中国共产党的领导，遵纪守法，品行端正，身心健康；具有强烈的专业兴趣、科研志向和吃苦耐劳的精神，有志于服务国家重大战略需求，将来从事专业相关领域工作；高度认同我校“立学为民、治学报国”的办学宗旨和“国民表率、社会栋梁”的人才培养目标；综合素质优秀或基础学科拔尖，具有相应专业所需的学科特长和创新潜质；符合2020年全国普通高等学校招生全国统一考试报名条件的高中毕业生
复旦大学	在我校安排强基计划招生的省份，符合所在省份2020年普通高等学校招生全国统一考试报名条件、有志于服务国家重大战略需求的以下两类高中毕业生均可申请报名 A类：综合素质优秀、成绩优异的考生 B类：基础学科拔尖，在高中阶段获得数学、物理或化学奥林匹克竞赛全国决赛一等奖（金牌）、二等奖（银牌）的考生 报考我校强基计划的考生不能兼报其他高校强基计划
华南理工大学	在我校安排强基计划招生的省份，符合2020年全国普通高等学校招生全国统一考试报名条件，综合素质优秀或基础学科拔尖，具有强烈的专业兴趣、科研志向和吃苦耐劳精神的高中毕业生均可申请报名。申请报名考生分为以下两类 第一类：高考成绩优异的考生 考生高考文化成绩（不含任何政策加分）须达到所在省（自治区、直辖市，下同）第一批本科录取控制分数线（对于合并本科批次的省份，参照该省份确定的部分特殊类型相应最低录取控制分数线执行） 第二类：在相关学科领域具有突出才能和表现的考生 该类考生须同时满足以下两项条件 （一）考生高考文化成绩（不含任何政策加分）须达到所在省第一批本科录取控制分数线（对于合并本科批次的省份，参照该省份确定的部分特殊类型相应最低录取控制分数线执行） （二）获得全国中学生五大学科奥林匹克竞赛全国决赛一等奖、二等奖
浙江大学	符合2020年全国普通高等学校招生全国统一考试报名条件，综合素质优秀或基础学科拔尖，并有志于将来从事相关领域科学技术工作的优秀高中毕业生均可报名。申请报名考生分为以下两类 第一类：高考成绩（不含任何政策加分，下同）优异的考生 第二类：在数学、物理和化学等学科领域具有突出才能和表现的学生。要求在中国数学奥林匹克、全国中学生物理竞赛决赛、中国化学奥林匹克（决赛）、全国中学生生物学竞赛、全国青少年信息学奥林匹克竞赛全国总决赛中获得二等奖及以上、且高考成绩不低于所在省区市第一批本科录取控制分数线，对于合并本科批次的省份，参照该省份确定的特殊类型相应最低录取控制分数线的考生

资料来源：北京大学招生办公室. 北京大学 2020 年强基计划招生简章.（2020-05-07）. http://news.pku.edu.cn/xwzh/4d40bac3fecf406ca95c63dc7bbf1185.htm；清华大学招生办公室. 清华大学2020年强基计划招生简章.（2020-05-07）. http://join-tsinghua.edu.cn/info/1033/1161.htm；中国人民大学本科生招生办公室. 中国人民大学2020年强基计划招生简章.（2020-05-06）. http://rdzs.ruc.edu.cn/cms/item/1636.html；复旦大学招生办公室. 复旦大学2020年强基计划招生简章.（2020-05-08）. http://www.ao.fudan.edu.cn/index!list.html?sideNav=302&ccid=10562&topNav=282；华南理工大学招生办公室. 华南理工大学 2020 年强基计划招生简章.（2020-05-06）. http://admission.scut.edu.cn/2020/0506/c17699a375662/page.htm；浙江大学本科生招生办公室. 浙江大学2020强基计划招生简章.（2020-05-07）. http://zdzsc.zju.edu.cn/2020/0507/c3299a2093271/page.htm

（二）保送生

1988年国家教育委员会颁发《普通高等学校招收保送生的暂行规定》以来，保送生这一特殊类型招生制度就被确定下来，但保送条件历经了很大的改变，如 2010 年教育部在《2010 年普通高校招收保送生办法》中规定了八类保送条件。①在高中阶段被评为省级优秀学生的应届高中毕业生。②高中阶段在全国中学生学科奥林匹克竞赛全国决赛中获得一、二、三等奖的应届高中毕业生。③高中阶段在全国中学生学科奥林匹克竞赛省赛区竞赛中获得一等奖的应届高中毕业生。④高中阶段在全国青少年科技创新大赛（含全国青少年生物和环境科学实践活动）或“明天小小科学家”奖励活动或全国中小学电脑制作活动中获得一、二等奖的应届高中毕业生。⑤高中阶段在国际科学与工程大奖赛或国际环境科研项目奥林匹克竞赛中获奖的应届高中毕业生。⑥根据高校外国语言文学类专业对生源的特殊要求，经教育部批准具有推荐保送生资格的外国语中学仅可向高校的外国语言文学类专业推荐思想品德和学习成绩优秀且高中阶段均在该校就读的应届高中毕业生。⑦国家级退役运动员。⑧公安英烈子女。

保送生制度可以说是所有高考特殊类型招生中最“优惠”的制度，因为可以不需要参加高考，保送生制度原本是最集中体现高考“多元录取”与“不唯分数”这些评价理念与原则的，但是由于其高利害性，以及招录过程中存在一定的灰色空间，引起公众对这一制度公平性的质疑和比较大的争议，在社会中引发了非常热烈的讨论。教育部在《2021 年普通高等学校部分特殊类型招生基本要求》中对保送条件进行了调整，符合保送条件的仅有 4 类考生：中学生国家奥林匹克竞赛国家集训队成员；部分外国语中学推荐的优秀学生；公安英烈子女；退役运动员。

对于当前的保送生制度，较有争议的是外国语学校推优制度。外国语学校是历史的产物，是中苏交恶期间用来培养外语人才的，其享有保送“特权”是否合适，一直以来是公众热议的话题。虽然外国语学校的保送名额在逐年减少，保送专业也仅限于外语各个专业，而且外国语学校保送生制度的目标是希望有效衔接特色外国语学校与高校外语专业人才培养的关系，即某些高校外语专业希望招收外语综合能力较高的学生，这样更利于其培养。然而有资料显示，某些学生高中阶段学习的是英语或日语，却可以保送到如波兰语、丹麦语等小语种专业。外国语学校的保送生制度本身的模糊性使其公平性遭到质疑。除此之外，外国语学校的学费昂贵，只有少数家庭才能负担得起，从招生环节就有了不公平的影子。从概率学的角度来讲，并非外国语学校的优秀学生就比普通高中优秀学生的英语综合能力好，这就在一定程度上挤压了普通高中中具有优秀外语天赋的学生的意向专业升学空间。

除外国语学校保送生制度外，其余三大类保送生制度受到的争议较小，如中学生学科奥林匹克竞赛国家集训队成员，是需要经过一系列的市级、省级、国家级竞赛的筛选的，其含金量之高不容置疑，这类学生在特定学科专业上有极为突出的表现，可以免高考也无可厚非。退役运动员与公安英烈都是为国家和社会做出过重大贡献的群体，对他们及其子女在升学上给予一定优惠是公平性的体现。尽管如此，仍有不少人主张废除保送生制度，在几乎 99%的学生需要高考的情况下，保送生制度则成为一种特权，这给高考评价体系中埋下了一颗不公平的种子。根据罗尔斯主张的给予最少受惠者最大利益进行补偿，部分保送生群体为国家做出了贡献，并因此在一定程度上成为高考评价体系下的弱势群体，应给予其优惠。但如何在补偿中保持高考体系整体的公平性，是需要仔细斟酌的问题。

（三）艺术类招生

艺术类招生面向的是报考艺术类院校艺术专业或普通高校艺术专业的考生。艺术类学生依然需要参加普通高考，高校根据考生高考文化课成绩、艺术类专业省级统考成绩以及招生院校校考成绩综合评价录取。表 2-3 是根据部分院校 2020 年的招生简章整理的报考条件。

表 2-3　2020 年艺术类招生院校（部分）的报名条件

院校	报名条件
苏州大学	招生省份范围内且符合生源地省级招生委员会规定的 2020 年普通高等学校招生报名条件的考生。考生须认同本简章内容并遵守所有招生考试规定 考生须参加本专业涉及的生源地专业课省级统考且成绩合格 对考生的身体健康状况要求执行教育部、原卫生部、中国残疾人联合会等部门关于普通高等学校招生体检工作的有关规定 新生进校后以英语安排外语教学，请非英语语种考生根据自身情况，慎重报考
北京航空航天大学	遵守中华人民共和国宪法和法律 符合 2020 年全国普通高等院校统一招生考试报名条件 身体健康，无色盲、色弱 具备美术基础，必须参加生源所在省区市相应的艺术类专业统考且满足我校相应专业统考成绩要求 高考文化课成绩满足我校相应的成绩要求

续表

院校	报名条件
清华大学	遵守中华人民共和国宪法和法律 高级中等教育学校毕业或具有同等学力 身体健康，符合《清华大学本科招生体检标准》且无色盲 省级美术统考合格（艺术史论专业依据各省相关文件要求执行）
北京印刷学院	符合生源地普通高等学校招生报名条件 取得生源地省级艺术类专业统考合格成绩 身体健康，无色盲或色弱

资料来源：苏州大学招生办公室．苏州大学 2020 年播音与主持艺术专业招生简章．(2019-12-27)．http://zsb.suda.edu.cn/view.aspx?id=2472；北京航空航天大学招生办公室．北京航空航天大学 2020 年艺术类专业招生简章．(2020-04-17)．http://zs.buaa.edu.cn/info/1010/2080.htm；清华大学招生办公室．清华大学美术学院 2020 年本科招生简章．(2020-01-10)．http://join-tsinghua.edu.cn/info/1009/1106.htm；北京印刷学院招生办公室．北京印刷学院 2020 年艺术类本科专业招生简章（修订版）．(2020-05-08)．http://zhaosheng.bigc.edu.cn/yzzs/yzzsjz/3d0fc571203e4d938452c6c6ae035d78.htm

（四）高水平艺术团、运动队

高水平艺术团主要招收艺术团首席表演者或对幼功要求高的相关专业项目的艺术团成员。考生应该首先参加艺术考试，合格后可以在高考中享有降分录取的优惠政策，考生被高校录取后进入普通专业学习，并利用课余时间参加文艺排练和演出。从高水平艺术团的报名条件（表 2-4）来看，多数院校的要求为两点，即参加普通高考并且艺术特长突出。

表 2-4　2020 年部分高校高水平艺术团的报名条件

院校	报名条件
北京大学	符合国家规定条件，参加 2020 年全国普通高等学校统一招生考试的高中毕业生 艺术特长突出、综合素质全面、学习成绩优良、身体健康、符合北京大学录取条件的优秀学生
清华大学	志向远大，追求卓越，品学兼优，素质全面，艺术特长突出，于 1999 年 9 月 1 日（含）以后出生，符合教育部及清华大学录取条件的高中毕业生
中国人民大学	符合 2020 年普通高校招生全国统一考试报考条件 身心健康、文化课成绩优良、具有我校招生项目的艺术特长 其他要求：①报考舞蹈类的考生，女生身高不低于 162 厘米，男生身高不低于 172 厘米。②若考生所在省份组织高水平艺术团统一专业测试，则考生须参加该测试且成绩合格
北京航空航天大学	参加 2020 年全国普通高校统一招生考试，艺术特长突出，综合素质全面，学习成绩优良，身体健康并有志于报考北京航空航天大学的高中毕业生 生源范围：全国所有非高考改革省份的理科生源，以及全国所有高考改革省份生源（不分文理）

续表

院校	报名条件
北京师范大学	符合 2020 年普通高等学校招生全国统一考试报考条件，具有本招生简章限定项目艺术特长且文化课成绩优良的高中毕业生 中学期间具备连续两年及以上乐团经历（以学校证明为准），同时参加过大型演出或参加市级及以上比赛且获奖

资料来源：北京大学 2020 年高水平艺术团招生工作领导小组. 北京大学 2020 年高水平艺术团招生简章.（2019-12-15）. http://www.gotopku.cn/index/detail/1176.html；清华大学招生办公室. 清华大学 2020 年高水平艺术团招生简章.（2019-12-23）.http://www.admissions.tsinghua.edu.cn/info/1033/1190.htm；中国人民大学本科生招生办公室. 中国人民大学 2020 年高水平艺术团招生简章.（2020-01-17）. http://rdzs.ruc.edu.cn/cms/item/1629.html；北京航空航天大学招生办公室. 北京航空航天大学 2020 年高水平艺术团招生简章.（2020-01-02）. http://zs.buaa.edu.cn/info/1011/2011.htm；北京师范大学招生办公室，北京师范大学团委青年美育中心. 北京师范大学 2020 年高水平艺术团招生简章.（2020-04-07）. http://admission.bnu.edu.cn/tslx/gspyzt/92349.html

从表 2-4 中可以看出，各个院校的报名条件并不统一，如清华大学有年龄限制，北京师范大学需要获奖证明。其中年龄限制在一定程度上限制了部分考生，这种限制的科学性和公平性是存在一定问题的，而北京师范大学对参赛获奖做出了要求，这一要求是否合理也是值得斟酌的。同时各个院校对高水平艺术团报名条件设置的门槛高低不一，就造成考生入学机会的不均等，这种高低不一的条件限制可能出于多种理由，如简化考核招生流程，希望招收更优质的生源等。然而这种报名条件的不统一，长期下来必然会形成“内卷”，即各所高校均拔高报名门槛，以招收更优质的生源，从而挤压其他相对弱势考生的升学空间。其中北京航空航天大学对非高考改革省份限定了理科生源，对高考改革省份则没有限制，这种报名条件存在较明显的公平性问题。根据《北京航空航天大学 2020 年高水平艺术团入选资格名单公示》，2020 年，一共有 28 名学生入选，其中非高考改革的省份入选的理科生有 6 名，占比为 21.4%；来自北京本地的学生有 18 名，占比为 64.3%。而 2018 年，北京航空航天大学的高水平艺术团入选 77 人，文史类有 13 人，占比为 16.9%；北京本地生源学生有 40 人，占比为 51.9%。2019 年，北京航空航天大学的高水平艺术团入选 38 人，文史类学生有 1 人；北京本地学生有 16 人，占比为 42.1%。通过这些数据不难看出，2018—2020 年，报名条件中的一些限制很明显对非高考改革省份的生源产生了影响，而这种限制在公平性和科学性方面都存在一定问题。虽然所有高校的招生条件并不是统一的，但北京航空航天大学的招生条件可以从侧面反映出在“多元录取”理念下的特殊招生模式在制度设计上还存在需要改善的空间，需要进一步规范各院系的特殊类型招生模式，在保障公平性与科学性的前提下给予各大高校足够的招生自由权。

报考高水平运动队的考生竞技水平要达到比较高的程度，对各个运动项目都有比较具体的奖项要求，各高校的报考要求大同小异，如清华大学的报考要求如下：①高级中等教育学校毕业，获得国家二级运动员（含）以上证书且高中阶段在省级（含）以上比赛中获得集体项目前六名的主力队员或个人项目前三名；②具有高级中等教育毕业同等学力，获得国家一级运动员（含）以上证书；③具有高级中等教育毕业同等学力，近三年内在全国或国际集体项目比赛中获得前八名的主力队员。此外，考生还需要经过报名、测试、高考等几个环节的严格筛选，才能被高校顺利录取。高水平运动队的报名条件比较苛刻，针对的人群也比较特殊，并针对几类不同层次获奖水平的运动员开放了报名限制，具有较好的科学性与公平性。

（五）体育类招生

体育类招生是指部分体育类专业单独招生，2020 年 11 月，国家体育总局办公厅和教育部办公厅联合印发的《2021 年普通高等学校运动训练、武术与民族传统体育专业招生管理办法》明确了体育单招招生院校和项目，而报名条件有两条：①符合 2021 年高考报名条件；②具备本办法所列运动训练专业项目之二级运动员（含）以上运动技术等级称号。参加体育单招的考生必须参加生源所在地省级招生考试机构组织的高考报名（具体按各省级招生考试机构要求执行）。

（六）高校专项计划

高校专项计划，即常说的“农村学生单独招生”，目的是保障来自偏远农村的优秀学子能有更好的入学机会。各高校专项计划的名称不一样，如清华大学称之为“自强计划”，《清华大学 2020 年自强计划招生简章》中规定的报名条件为：①符合 2020 年统一高考报名条件；②本人及父亲或母亲或法定监护人户籍地在实施区域的农村，本人具有当地连续 3 年以上户籍；③本人具有户籍所在县高中连续3年学籍并实际就读。报名条件中对户籍年限和对就读学校所在地的严格限制，在一定程度上防止了省区市内“高考移民”的现象，保障了真正来自农村优秀学子的入学机会。

第三节　考试评价内容的科学性与公平性

《国家中长期教育改革和发展规划纲要（2010—2020年）》提出的“分类考试、综合评价、多元录取”成为高考改革的风向标。该纲要对高考考试内容与形式的要求是“深化考试内容和形式改革，着重考查综合素质和能力。以高等学校人才选拔要求和国家课程标准为依据，完善国家考试科目试题库，保证国家考试的科学性、导向性和规范性。探索有的科目一年多次考试的办法，探索实行社会化考试”。考试内容集中反映在考试科目设置、考试命题与考试形式选择等方面，这三个方面都与考试评价的科学性、公平性密切相关，高考评价体系改革必须重点解决好考试内容的科学性与公平性问题。

一、全国统一命题的大趋势

回顾历史，高考命题历经了分分合合的发展历程，是分还是合，受制于社会政治、经济、文化、教育发展的实际与需求。继上海1985年为适应高中会考制度与高考科目改革需要单独命题后，北京等地先后获得自主命题权限，至2012年，全国有16个省区市实施高考自主命题①，“统一考试、分省命题”的格局形成。这一格局的形成引发了各方不一的反应。首先，支持分省命题的人认为，分省命题凸显了地方特色，且从命题角度来看，考试内容、试卷结构、命题立意等可以有效结合本地的实际，促进其教育创新与发展，并且试题能够更好地契合本地学生的发展情况。下放命题权利，有利于对高考试题的创新与拓展，丰富试题体系，促进现代教育测量技术的推广与提升理论指导实践的水平，加强各地考试机构的专业化建设，提高高考试题的信度、效度，从而提升

① 左秋子. 27省份结束2012年高考16个省市区实行自主命题.（2012-06-09）. http://www.huaxia.com/xw/dlxw/2012/06/2882045. html.

命题质量。支持统一命题的人则认为，从公平性和科学性角度上来讲，全国统一命题是最好的选择，只有在统一考试的基础上统一录取，才能体现公平性与科学性，才能凸显高考分数的权威性和可比性。其次，分省命题的初衷之一是降低泄题的风险，但在实践中，由于各地对命题过程及试题管理标准不一，试题泄露的风险反而增加了。最后，各地命题组的专业程度是有差异的，命题专家组建设进度不一，分省命题试卷的质量难以保证，全国统一命题则可以避免这类风险。因此，分省命题并非规避泄题风险的最佳选择，分省命题的核心问题是试卷质量。

自主命题的初衷在于建立适应于各地教育发展水平的高考评价体系，然而，单从命题的角度来实现该初衷还远远不够。随着新高考改革试点的推进、新课程标准与新教材及新教学理念的实施与应用，部分省区市的自主命题能力已经跟不上新高考体系发展创新的速度，2014 年，《国务院关于深化考试招生制度改革的实施意见》中提出：2015 年起增加使用全国统一命题试卷的省份。在这样的大背景下，教育部收回了大部分省区市自主命题的权利，基本形成了全国统一命题的大格局。截至 2020 年，高考自主命题省区市仅有北京、上海、天津、江苏、浙江；海南省实行部分科目自主命题的模式；浙江省在《浙江省人民政府关于进一步做好高考综合改革试点工作的通知》中指出，语文、数学和外语使用全国统一命题试卷，从 2023 年起执行。从考试测量评价的信度来看，缺乏专业科学命题能力的省区市加入全国卷，可以减轻该省（区、市）的命题负担，有效提高考试评价的信度，同时也可以简化不同省区市高校的招生录取工作。当然，全国统一命题的科学性与公平性是一对辩证统一的矛盾，一方面，高考评价的科学性在一定程度上为公平性提供了保障；另一方面，科学性与公平性也存在不能兼顾的问题。例如，当前全国统一命题能够在很大程度上增加高考评价的信度、效度，且从教育测量评价的角度来看，与长期以来自主命题遭到的公平性质疑相比，全国统一试卷是最为公平的考核方式。但是，对于经济发展水平不均衡、教育资源配置不均的东西部来说，统一高考命题试卷的公平性又是值得探讨的。我国各地区的教育资源确实存在一定差异，但同时各地区的教学水平在不断发展，且已经基本能应对全国统一试卷这种考核评价，这种大一统的考试模式必定存在科学性与公平性之间的制衡问题，其命题理念、考核目标、考核内容的维度与水平层次需要在具体实践中根据各省区市的实际情况进行调整。

二、考试内容与分数呈现形式

（一）选考模式

2017年，浙江、上海第一批新高考改革试点平稳落地，其从考试到最后录取招生的整个过程，为之后的改革推进提供了宝贵的经验。新高考改革最引人瞩目的莫过于取消文理分科以及选考模式，如英语改为一年考两次。传统高考制度要求考试科目统一，中小学课程设置也大同小异，追求共性教学模式，导致学生“千人一面”，否定了人才培养的多样性，扼杀了学生的个性，抑制了学生多元潜质的发挥。[①]

2017年，浙江、上海的高考采用“3+3”模式，即语文、数学、外语三门科目加3门选考科目。其中，浙江的3门选考科目从物理、化学、生物、历史、地理、政治、信息技术7门中选取，高考满分为750分；上海的3门选考科目则是从物理、化学、生物、历史、地理、政治6门中选取，没有信息技术，高考满分为660分。第二批新高考试点北京、海南、山东、天津都采用“3+3”模式。第三批进入高考改革试点的省份改变了科目组合模式，采用“3+1+2”模式，即语文、数学、外语三科采用全国统考模式，物理或者历史必选1门，再从化学、生物、政治和地理中选考两门科目。英语科目与选考科目最多有两次考试机会，取最高分计入高考成绩，这种多次考试取最高分的模式，从某种角度上来讲减轻了学生的考试压力，对于扭转社会对传统高考“一考定终身”的印象有着积极作用。但是从另一个角度分析，增加考试次数必然会打乱教学秩序，一些学校会缩短英语教学学时，将三年的教学内容压缩至两年完成，提前完成教学内容，提前进入“高考”模式，从而增加了学生的学业压力，不利于学生的全面发展。素质教育强调学生个性化发展，以人为本，育人为本，选科模式给学生提供了多种科目组合，对于学生全面发展以及个性化发展具有积极作用。

根据2017年浙江、上海第一批新高考试点的实践经验，考生在选科考试的过程中存在较大的功利性，即并不是以兴趣为导向，而是哪些科目能拿高分就选哪些科目组合，这就造成当年选考物理的学生非常少，给高校的招生带来一

① 吴昊天. 从“天才”到“庸才”——高考制度对学生创新能力影响的个案研究. 高校教育管理，2010（4）：18-22.

定困难，于是高校根据不同专业的要求对选考科目进行了一定的限定，旨在招收符合专业培养要求的学生。第三批高考改革试点省份则直接设置了选考限制，物理和历史必须二选一，形成了全新的“3+1+2”模式。高考模式历经从“3+X”模式到“3+文综/理综”模式的变更，形成了一套文理科综合的考试题库，使高考评价变得简单、稳定、易操作，这种稳定性通过限制学生与高校的选择性而发挥效用。随着育人为本理念的深入，教育评价越来越尊重学生的选择，强调因材施教，充分发挥学生优势学科在高考评价中的作用，使高校在选拔人才时更具有针对性与效度，同时也体现了高考评价在变革过程中的人文关怀。

选考模式是高考评价制度的重要改革与创新，这种考试评价制度的创新，必定涉及教学模式的改变，选课走班制成为新高考改革中的一大特色，作为与选考制度配套的特色教学制度，走班制教学在实施过程中遇到了诸多困难，最突出的便是教师资源不足。在“3+3”选考模式下，理论上来讲，学生有 20 多种选课组合，需要定制个性化课表，给传统的教学秩序带来了极大的冲击，即使在实行走班制的、教育资源丰富的上海、浙江，也暴露出教师资源不足的问题。正是由于师资力量不足，选课走班制在实践过程中发生了适应性的调整，选科制度最初的目的在于增加学生的选择权，培养适应新时代社会发展的综合素质优秀的人才，但是目前大多数普通中等学校无法提供全套科目组合的教学，所以在实际教学中，学校会挑选几种“性价比”高的学科组合，供学生选择和学习，这种“性价比”体现在修习这些学科组合，可以选报当前高校的大多数专业，或者根据自己学校的教学特色、优势学科进行学科组合的限定。如果说新高考改革中的选科理念旨在为学生提供各科目的“学科自助餐”，让学生自由选择，那么这种政策落实到学校层面则变成了“学科套餐”，限制了学生的选择性，提高了选课走班制的可操作性。

（二）等级赋分制

新高考改革试点省份的选考科目采取等级赋分制，针对不同选考科目进行了分数等值转换，语文、数学、外语三门以原始分数计入高考总分，选考科目通过排名进行等级赋分。等级赋分制一方面致力于解决选考科目分数的等值问题以及各省份分数等值转换的问题；另一方面与原始分数相比，赋分制的科学性更高，体现了学生的学业水平状况，提高了高考分数作为高校招生时的参考价值。浙江（表 2-5）、天津（表 2-6）、北京（表 2-7）实行 5 等 21 级等级赋分制，起点赋分 40 分，满分为 100 分，共分 21 个等级，每个等级分差为 3 分，各地具体细分模式有所差异。

表 2-5　浙江 5 等 21 级赋分表

五等（占比）	21 级	人数比例（%）	赋分
A（15%）	1	1	100
	2	2	97
	3	3	94
	4	4	91
	5	5	88
B（35%）	6	6	85
	7	7	82
	8	8	79
	9	7	76
	10	7	73
C（34%）	11	7	70
	12	7	67
	13	7	64
	14	7	61
	15	6	58
D（15%）	16	5	55
	17	4	52
	18	3	49
	19	2	46
	20	1	43
E（1%）	21	低于 1	40

资料来源：浙江省教育厅. 浙江省教育厅关于印发《浙江省普通高校招生选考科目考试实施办法》的通知.（2018-05-15）. http://www.zjzs.net/moban/index/402848536366ccc00163674a91ac0002.html

表 2-6　天津 5 等 21 级赋分表

五等（占比）	21 级	人数比例（%）	赋分
A（20%）	A^{5+}	2	100
	A^{4+}	3	97
	A^{3+}	4	94
	A^{2+}	5	91
	A	6	88

续表

五等（占比）	21 级	人数比例（%）	赋分
B（35%）	B^{5+}	7	85
	B^{4+}	7	82
	B^{3+}	7	79
	B^{2+}	7	76
	B	7	73
C（30%）	C^{5+}	6	70
	C^{4+}	6	67
	C^{3+}	6	64
	C^{2+}	6	61
	C	6	58
D（14%）	D^{5+}	5	55
	D^{4+}	4	52
	D^{3+}	3	49
	D^{2+}	1	46
	D	1	43
E（1%）	E	低于 1	40

资料来源：天津市教育委员会关于印发《天津市完善普通高中学业水平考试的实施办法》的通知.（2016-04-28）. http://www.dukaow.com/jszg/fgtl/tianjin/201604/128417.htm

表 2-7　北京 5 等 21 级赋分表

五等（占比）	21 级	人数比例（%）	赋分
A（15%）	1	1	100
	2	2	97
	3	3	94
	4	4	91
	5	5	88
B（40%）	6	7	85
	7	8	82
	8	9	79
	9	8	76
	10	8	73
C（30%）	11	7	70
	12	6	67
	13	6	64
	14	6	61
	15	5	58

续表

五等（占比）	21 级	人数比例（%）	赋分
D（14%）	16	4	55
	17	4	52
	18	3	49
	19	2	46
	20	1	43
E（1%）	21	低于 1%	40

资料来源：北京市教育委员会关于普通高中学业水平等级性考试成绩计入高考录取总成绩方式的通知.（2020-01-07）. http://jw.beijing.gov.cn/xxgk/zfxxgkml/zfgkzcwj/zwgkxzgfxwj/202001/t20200107_1563055.html

不同于浙江，上海采用 5 等 11 级赋分制（表 2-8）。普通高中学业水平等级考试成绩在计入高考总分时，由 5 等细分为 11 等级，最低分为 40 分，最高分为 70 分，相邻两级之间的分差均为 3 分。

表 2-8　上海 5 等 11 级赋分表

五等（占比）	细分等级	人数比例（%）	赋分
A（15%）	A+	5	70
	A−	10	67
B（30%）	B+	10	64
	B	10	61
	B−	10	58
C（30%）	C+	10	55
	C	10	52
	C−	10	49
D（20%）	D+	10	46
	D	10	43
E（5%）	E	5	40

资料来源：等级性考试成绩如何呈现？怎么折算记入高考总分？（2019-03-19）. http://edu.sh.gov.cn/web/jyzt/gkrx19/detail.html?id=100346

虽然多数省份实行 5 等 21 级赋分制，并且分差均为 3 分，但是关于各等级比例的划分却各不相同，天津对 A 等级的划分为成绩排前 20%的学生，对顶尖学生群体的定义较为宽松，而北京与浙江对 A 等级的划分均为成绩排前 15%的学生，同时浙江省对 B、C 等级的划分较为均衡，北京对 B 等级的划分高达 40%，照顾了大量中等偏上的学生。这种等级划分的差异性直接体现在最终高考成绩的差异上，其中的科学性与公平性是值得探讨的。关于赋分等级区间比例的划分，大多数省份是根据历年考生分数的分布状况进行的，很多时候以简单正态分布的形式呈现，但这种划分的依据目前还不甚明确。从理论上讲，各省份的等级划分依据是本省考生成绩分布情况，各省份的高考试卷不一致，学生的分数和排名分布也可能不一致，由此可能呈现各种不同类型的偏态分布，这种不一致体现在各省份等级划分区间的差异上。等级赋分制的目的之一在于解决不同科目、不同试卷甚至不同考生之间的分数等值问题，但是如何以教育测量理论与统计学理论为基础，让赋分制更加科学合理，便于理解和操作，是当前亟待解决的问题。

赋分制本身也是当前各界关注的热点，有的学生认为赋分制不公平，以浙江的 5 等 21 级赋分制为例，根据选考科目原始分进行排序，前 16%—21%的考生的科目等级定为 B6，该排名段的考生都将被赋予同样的分数，也就是说，原始分数区间在前 16%—21%的人最终计入高考的选考分数一致，有人因此对赋分制的公平性提出质疑。这种赋分制度在某些时候确实存在区分度失效的问题，一方面，同一等级内的学生原始分数有高有低，但是赋分后无法再看出分数差异；另一方面，当原始分数过于密集时，存在处于等级交界分数的学生难以被区分的问题，如有可能两名学生的原始分相差 0.5 分，却被划分到不同的等级中，导致赋分分值相差 3 分。针对由 3 分赋分差所导致的缺乏区分度的问题，浙江省在《浙江省人民政府关于进一步做好高考综合改革试点工作的通知》中提到，2022 年 1 月起，选考科目在原基础上进一步细化赋分，分差由 3 分改为 1 分，但赋分细则暂未发布。直观来讲，这种更加细分的赋分制度确实保证了区分度，但是赋分制度存在的意义令人质疑，特别是等级划分的意义将变得不甚明了，从不唯分数出发所建立的等级评价制度，最终很有可能沦为形式。

（三）固定赋分与区间比例转换

总的来说，新高考改革试点省份的赋分方式有两大类（表 2-9）。浙江、上海、北京、天津采用固定分值方式，即一定比例的考生按照原始分数排名区间确定评价等级后，按评价比例赋予固定的相同分数。山东与第三批高考改革试点省份均采用比例转换方式，即按照考生原始分数所在的排名区间，确定其所在等级区间，再通过分数比例转换公式进行分数换算，四舍五入后确定赋分分值。

表 2-9　新高考改革试点省份的赋分方式

地区	高考模式	等级数	等级分计算方式	赋分范围
浙江	必考科目：语文、数学、外语 选考科目：从历史、地理、政治、物理、化学、生物、信息技术中选 3 门	21	固定分值	40—100
上海	必考科目：语文、数学、外语 选考科目：从物理、化学、生物、政治、历史、地理 6 门中选 3 门	11	固定分值	40—70
北京	必考科目：语文、数学、外语 选考科目：从物理、化学、生物、政治、历史、地理 6 门中选 3 门	21	固定分值	40—100
山东	必考科目：语文、数学、外语 选考科目：从物理、化学、生物、政治、历史、地理 6 门中选 3 门	8	比例转换	30—100
天津	必考科目：语文、数学、外语 选考科目：从物理、化学、生物、政治、历史、地理 6 门中选 3 门	21	固定分值	40—100
辽宁、广东、河北、湖南、江苏、湖北、重庆、福建	必考科目：语文、数学、外语 选考科目：从物理、历史中选择 1 门，从政治、地理、化学、生物中选择 2 门	5	比例转换	30—100

原始分比例转化时，Y_1、Y_2 为原始分数所在区间的端值，Y 为考生原始分数，X_1、X_2 为赋值分数区间所在端值，X 为考生按比例转化后赋值分数（图 2-2）。

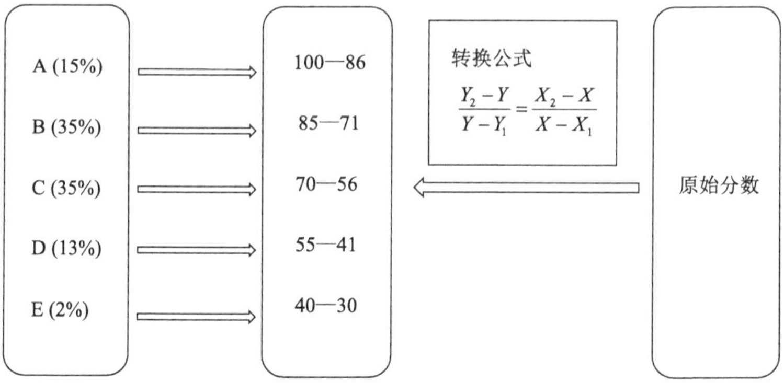

图 2-2　原始分比例转换示意图

例如，重庆某考生物理选考科目的原始分数为 83 分，按照排名区间，该分数被划分为 B 等，假设 B 等区间的原始分数范围为（61，85），将相应数值代入分数转换公式得到

$$\frac{85-83}{83-61}=\frac{85-X}{X-71}$$

解得 $X\approx 83.83333$，四舍五入后则考生按比例转化后的赋值分数为 84 分。

与固定分值相比，通过比例转换赋分的形式保留了更多学生原始分数的信息，即使处于同一个等级区间内的学生，其赋分分值也各不相同，保证了区间内学生分数的区分度。虽然比例转换赋分形式解决了区分度问题，但依然没有解决等级赋分制的效用问题。

首先，在素质教育持续推进的大背景下，“不唯分数”理念融合于当今高考评价体系之中最直接的表现是等级赋分制，等级赋分制是在借鉴国内外评价方式后所产生的具有我国特色的评价制度，但还未完全摆脱“以分数论英雄”的传统评价模式，因为等级评价与赋分评价在当前的新高考改革阶段是无法完全割裂开的。其次，在应用等级赋分制时，等级赋分的选考科目成绩会直接算入高考总成绩中，那么等级评价的意义在哪儿？事实上，不少高校的一些专业会对特定的选考科目的等级做硬性要求，这样浙江、天津和北京等级划分范围不一致的情况就会直接影响到部分考生选择专业的范围。例如，对 A 等级划分较为宽松的天津，其前排等级段的考生就相对多一些，这些考生在择校时就有更多的选择。关于评价等级存在的问题，比较典型的是 2020 年江苏文科第一名无缘清华大学和北京大学的事件，虽然高考总分第一，但是因为有选考科目没有达到清华大学和北京大学的要求等级，而与这两所老牌名校失之交臂，这也将等级赋分制的公平性与科学性问题推向了舆论高峰，其本质上也是新高考理念对传统“以分为本”观念的冲击。一些高校对选考科目等级进行限制的同时，录取依据仍主要是最终的高考总分，当前阶段评价等级的功用还需要在实践中进行再探索和研究。最后，等级赋分的最直接作用在于分数等值问题，即以排名来赋值，最后还是会落在高考总分上，等级评价是不唯分数录取以及未来多元录取、综合评价的重要途径之一，其功效与使用方法需要在实践中再仔细地进行研究。

（四）标准分制度

在新高考改革试点省份唯一没有实行等级赋分制的是海南，其使用的是标准分制度。自1988年起，海南就开始实行标准分制度，随着新高考改革的推进，海南依然沿用标准分制度引起了社会的质疑，海南省考试局对此解释道："使用标准分报告高考分数，可以细化等级，更好地区分不同能力水平的考生，让选拔更为公平。"[①]标准分制度长期以来在分数等值的问题上一直是首选的解决方案，其科学性经过了长期的实践的检验。2020年，《海南省教育厅关于印发〈海南省普通高考标准分转换实施办法〉的通知》，明确了海南高考标准分转换的办法，包括单科标准分与综合分转换。其中，单科标准分包括语文、数学、英语高考统考科目和政治、历史、地理、物理、化学、生物等6科普通高中学业水平选择性考试各科目的标准分。

根据标准正态分布常模量表，依照转换公式 $Ti=180+30\times Zi$（Zi 代表正态化标准分），建立"标准分与百分等级对照表（单科）–分数区间[60，300]"。

第一，将全体考生某学科的原始分数从大到小进行排序。

第二，计算小于或等于每个分数（Xi）的考生占该学科考生总数的百分比，从而求出 Xi 的百分等级（Ri）。

第三，查"标准分与百分等级对照表（单科）–分数区间[60，300]"，得到每个分数百分等级对应的单科标准分（Ti）。综合分是考生高考统考科目的标准分和选择性考试科目的标准分根据各自的权重加总后转换的标准分。

根据标准正态分布常模量表，依照转换公式 $Ti=500+100\times Zi$，建立"标准分与百分等级对照表（综合分）–分数区间[100，900]"。

第一，按照语文、数学、英语各科目权重为1.5，其他各科目权重为1，计算每个考生的合成总分，计算公式为

$$T=1.5\times T\text{yw}+1.5\times T\text{sx}+1.5\times T\text{yy}+T\text{x}1+T\text{x}2+T\text{x}3$$

其中，Tyw、Tsx、Tyy、Tx1、Tx2、Tx3 分别代表语文、数学、英语、选考科目1、选考科目2和选考科目3的单科标准分。

第二，将全体考生的合成总分（t）从大到小进行排序。

① 陈蔚林. 我省优化高考标准分转换办法 新标准分与原标准分有两个不同.（2020-04-09）. http://m.sohu.com/a/386517042_99986045/.

第三，计算小于或等于每个合成总分（ti）的考生占考生总数的百分比，从而求出每个合成总分的百分等级。

第四，查“标准分与百分等级对照表（综合分）–分数区间[100，900]”，得到每个合成总分百分等级对应的综合标准分。[①]

虽然标准分数和等级赋分制算法不同，但是对数据进行转换后，均可实现数据可比的目的，即将原始分数转化为标准分数后，能够反映考生成绩在整体考生中所处的位置，即百分等级，从而有利于增强不同科目的可比性。此外，不同学科之间的原始分数进行标准分转换后便具有了加和性，这是标准分制度与赋分制相比最具特色之处，也是其科学性的体现。当高考成绩以总分的形式呈现时，各学科原始分数直接进行简单相加是存在一定问题的。比如，某一年高考的数学试卷较为简单，考生普遍得分高，而物理试卷较难，考生普遍得分低，那么数学试卷中的一分与物理试卷中的一分是不等值的，这种不等值的分数直接相加最终会造成高考总分的不科学性，这也是赋分制与标准分制所要解决的问题之一，把原始分数转换为标准分数，数学意义表示以标准差为单位的原始分数偏离平均数的程度，标准分数的转换一般要求测试结果服从正态分布，这就对命题的要求很高，需要保证各科试卷的成绩呈正态分布，海南省标准分数的转换结合百分等级来计算 Z 值，避免了统计学上分数偏态分布影响效度的问题。

三、学业水平测试

学业水平测试是对高中生完成课程学习后进行的学业质量测试，一方面，学业水平测试作为高中毕业的标准，学生完成该测试后方可报名参加高考；另一方面，在新高考改革中，高校在录取时实行“两依据一参考”，即依据统一高考成绩及高中学业水平测试考试成绩，参考高中生综合素质评价信息，学业水平测试被纳入高考评价体系，作为升学的依据。

学业水平测试一般在高一下学期开始，在高三第一学期必须完成，学业水

① 海南省教育厅. 海南省教育厅关于印发《海南省普通高考标准分转换实施办法》的通知.（2020-04-08）. http://ea.hainan.gov.cn/ywdt/ptgkyjszsb/202004/t20200408_2772332.html.

平测试的命题主要由省级教育考试中心统一编制，成绩分为合格/不合格或者按等级呈现，其中合格的科目成绩划分为A（100—90分）、B（89—75分）、C（74—60分）三个等级。学业水平测试的主要作用是作为高中生毕业的认定标准，也是高校招生录取的依据之一。从学业水平测试设立的初衷来看，其目的是促进学生的全面发展，督促学生认真完成每门课程的学习，避免出现严重偏科的现象。此外，学业水平测试还承担着改进教学管理与促进基础教育与高等教育有效衔接的任务。目标的达成依赖于制度的保障，由于缺乏一系列精细化的制度设计，学业水平测试在过往的教育实践中并未很好地发挥其应有的效用，所以并未得到学生的相应重视。关于学业水平测试成绩的使用，目前比较成熟的是2011年浙江启动的“三位一体”招生模式，该模式对学业水平测试成绩等级做了一定要求，并将其计入了评价总分，作为高校招生的依据。要发挥好学业水平测试的效用，可以从两个大方向去思考：其一是紧紧把握考试目的以及课程标准要求，从考试内容与形式上做出调整；其二是考试成绩的使用必须结合高校招生评价方法，从而将学业水平测试真正纳入招录系统。

四、综合素质评价

高考评价不仅依赖于理论支持，还从实践中汲取经验，以不断完善自身的科学性。2014年《国务院关于深化考试招生制度改革的实施意见》颁布以来，高考改革试点地区不断扩大，总结了大量可应用于下一批试点地区的改革实践经验，高考考试模式的不断更新与完善，是高考评价所具有的测量、选拔特别是评价功能的完善，是我国高考评价科学性的体现。2019年，由教育部考试中心研究编制的《中国高考评价体系》《中国高考评价体系说明》的出版，有利于建立健全更为完善与科学的高考评价体系。2020年10月，中共中央、国务院印发《深化新时代教育评价改革总体方案》，将立德树人放在了教育评价的核心位置，坚决克服唯分数、唯升学、唯文凭、唯论文、唯帽子的顽瘴痼疾，扭转了不科学的教育评价导向。在主要原则方面提出，坚持科学有效，改进结果评价，强化过程评价，探索增值评价，健全综合评价，充分利用信息技术，提高教育评价的科学性、专业性、客观性。强化过程评价是当前高考评价的重点，而如何健全综合评价体系以及如何实施增值评价，加强对学生学习过程的监控与评价，是未来高考改革的方向。

（一）“三位一体”的综合评价模式

对学生的综合评价是高考改革的大趋势，不唯分数、多元评价、综合评价的高考评价理念推广开来，高考不仅是对学生知识水平的测量，同时也是对学生综合素质，即对学生德智体美劳全面发展情况的考量。综合评价多是定性评价，而定性评价在教育测量中存在信度、效度不足等问题，具体到高考体系中，综合评价又存在一定公平性问题，但是作为高考评价未来发展趋势中不可或缺的重要一环，又在打破“唯分数论”以及“一考定终身”等长期以来高考存在的问题中有着不可替代的地位。

关于综合评价的应用，浙江省“三位一体”的综合评价模式是当前较为成熟的应用方式。浙江大学 2019 年浙江省“三位一体”综合评价招生简章中明确了招生对象：“符合 2019 年浙江省普通高等学校招生全国统一考试报名条件，通过各科目高中学业水平考试（无不合格科目），高中期间综合素质评价中品德表现终评等第为‘优秀（A）’或者‘好（B）’，学科特长突出，专业意向明确，身心健康，品学兼优，全面发展的优秀普通高中应届毕业生。”[①]有人说“三位一体”是优秀学生升学的“快艇”，虽然其针对的学生群体窄，但是作为综合评价的实践，有着非常积极的作用。参加“三位一体”综合评价招生的学生需要经过初审与招生院校组织的综合测试（包括笔试与面试），根据综合总分决定最终入围名单。

$$\text{综合总分}=(\text{高考投档成绩}\div 750\times 100)\times 60\%+\text{综合测试成绩}\times 30\%+\text{学业水平考试成绩}\times 10\%$$

综合测试成绩由笔试成绩与面试成绩按 2∶1 的比例折合成满分 100 分。学业水平考试成绩折算如下：语文、数学、外语、物理、化学、生物、历史、地理、政治、信息技术等 10 门科目的各科成绩按 A=10 分、B=9 分、C=8 分、D=6

① 浙江大学本科生招生办公室. 浙江大学 2019 年浙江省“三位一体”综合评价招生简章.（2019-05-13）. http://zdzsc.zju.edu.cn/2019/0513/c3301a1196831/page.htm.

分折算，最终成绩为各科折算成绩之和，满分为100分。

学业水平考试成绩通过等级折算为分数后按一定比例计入总分，综合测试成绩中的面试成绩也包括了对学生综合素质的考查，最后再结合高考成绩，在一定程度上从形式与内涵上均实现了综合评价的新高考理念，是一种非常值得深入探索的评价体系。

（二）综合素质评价方法

不同时代需要具有不同素质的人才。例如，新中国成立之初，急需工业建设人才，为适应这种需要，国家开始实行文理分科，虽然出现重理轻文的倾向，但确实培养了大批符合国家发展需要的人才。当前时代，高等教育进入普及化阶段，则需要综合素质优秀的人才。如何对综合素质进行评价，并将其纳入高考评价体系中，新高考改革省份走在了探索的前列（表2-10）。

表2-10　综合素质评价方法（部分）

直辖市	基本原则	评价内容	方法与程序
北京	育人为本、注重导向 客观记录、公平公正 全面评价、突出重点 过程指导、促进发展	思想品德、学业成就、身心健康、艺术素养、社会实践	真实记录、公示确认、材料应用
上海	客观记录，重在过程 公平公正，强化监督 科学评价，有效激励 尊重差异，促进成长	品德发展与公民素养 修习课程与学业成绩 身心健康与艺术素养 创新精神与实践能力	写实记录、整理遴选、信息公示、导入系统、形成报告
天津	坚持方向性、坚持指导性、坚持客观性、坚持公正性	思想品德、学业水平、身心健康、艺术素养、社会实践	成长记录、整理筛选、审核公示、导入系统、形成档案
重庆	方向性原则、指导性原则、客观性原则、公正性原则	思想品德、学业水平、身心健康、艺术素养、社会实践	真实记录、整理遴选、生成报告、公开公示、审核签字、形成档案

资料来源：北京市教育委员会. 北京市教育委员会关于印发北京市普通高中学生综合素质评价实施办法（试行）的通知.（2020-01-07）. http://jw.beijing.gov.cn/xxgk/zfxxgkml/zfgkzcwj/zwgkxzgfxwj/202001/t20200107_1562725.html；上海市教育委员会. 上海市教育委员会关于印发《上海市初中学生综合素质评价实施办法》的通知.（2019-04-08）. http://edu.sh.gov.cn/html/article/201904/99991.html；天津市教育委员会. 市教委关于印发天津市普通高中学生综合素质评价实施办法的通知.（2016-04-28）. http://www.51luohu.cc/jiaoyu/4232.html；重庆市教育委员会. 重庆市教育委员会关于印发普通高中学生综合素质评价实施方案的通知.（2019-12-26）. http://jw.cq.gov.cn/zwgk_209/fdzdgknr/zcwj/xzgfxwj/201912/t20191226_3088370.html

从上述直辖市的综合素质评价办法中可以看出，综合素质评价首先应该以立德树人为根本原则；评价内容涉及德智体美劳各个方面，体现了以生为本、全面发展的育人理念。在评价方法与程序中，与传统的综合评价相比，值得注意的有两点：一是信息化，在对学生进行综合评价的过程中，评价内容会导入系统，产生记录，从而有利于避免评价被恶意修改，保证了评价内容的真实性；二是审核公示，对学生的综合评价不再是一个不透明的过程，学生有权利对自己的综合评价进行核对，从而保证了学生在被评价过程中的公平性，且为评价内容的真实性提供了保证，同时也给了各方人士对综合素质评价进行监督的机会，能有效防止虚假评价。

（三）评价与选拔功能的平衡

综合素质评价作为多元评价体系中的一环，其评价的原则、内容、程序都在不断地完善，已经形成了一套比较标准的评价体系，但也存在一定的难点，即综合素质评价的使用途径问题，一旦其使用途径不甚明了，难免在高考评价体系中被边缘化，或者流于形式。作为对学生综合素质的评价，综合素质评价固然承载着促进学生素质发展的功能，这是应然状况，但实践中存在较多问题，如师生比太低，教师没有精力高质量完成学生综合素质评价，或者评价主体单一，评价不具有高效度，因此，综合素质评价的功能定位需要更加明确。回归教育的根本，综合素质评价的目的是促进学生全面发展，但该目的很多时候因人而异，从心理学角度来讲，有的学生知道自己被观察、被评价后，会改变自己的行为、思想，以努力得到更好的评价，即心理学中的“霍桑效应”；而另一些学生则无动于衷，顺其自然，因为综合素质评价是“软性”评价，比起考试分数，对学生的利害关系较小。作为成长性评价、过程性评价，综合素质评价不同于定量结果评价，其在高考评价体系中发挥的甄别选拔功能本身就是有限的，那么如何保证师生保质保量地完成这一套评价制度呢？“分类考试、综合评价、多元录取”的考试评价体系毋庸置疑是需要被纳入综合素质评价的，这就需要在高考评价体系改革中明确综合素质评价的功能定位，其应该承载更多的甄别选拔功能，还是承载更多的评价功能？这两种功能之间的平衡，本质上是在避免综合素质评价被形式化，改变高考评价中的“唯分数论”，切实发挥综合素质评价在高考录取中的功能。

第四节 高考评价形式的科学性与公平性

2010年，《国家中长期教育改革和发展规划纲要（2010—2020年）》中提出要逐步形成分类考试、综合评价、多元录取的考试招生制度。那么，什么是多元录取？简单来说，多元录取就是高校的招生不唯高考分数进行录取，而是“唯分数”录取的对立面，这种对立表现在破“唯分数”上。多元录取最直接的作用是拓宽升学渠道，高考素来有“千军万马过独木桥”的说法，这也是对高考作为社会纵向流动渠道的单一性较为形象的表述。多元录取理念一方面体现了不唯分数论英雄的现代教育观念；另一方面体现在高校招生录取实践中，如高校特殊类型招生模式既发挥了对特殊人才和部分学科拔尖人才的评价与选拔作用，也顾及了教育资源薄弱地区学生的升学诉求，在保障社会公平方面发挥了重要的作用。作为最主要的高校招录学生的依据，高考是大多数高中生进入大学的方式，但在统一高考的大框架下，也存在部分特殊的、多元的评价形式，如强基计划、保送生制度、高校专项计划等，在一定程度上保障了特殊群体学生的入学机会，是体现高考评价科学性的重要设计。

一、自主招生

我国高校自主招生制度始于2003年，是进入21世纪我国高考制度的一次重大改革，其改革初衷体现了不唯分数录取的理念，旨在为部分“偏才”“怪才”提供更多的入学机会。自主招生制度的建立，一方面减轻了“偏才”“怪才”的高考竞争压力；另一方面作为一个“保底”政策，为在高考中发挥失利的优秀人才提供了更多机会。自主招生制度也是我国完善高等教育体系的一次探索，下放一定招生自主权到高校，激发其招生的积极性，从而实现对优秀、创新人才的选拔，这是一次有意义的改革实践与探索。从考试形式来看，自主招生是对高考多元录取方法的积极探索，如对在自主招生中如何有效应用高中综合素质评价结果进行了积极探索和实践。但自主招生的公平性遭受了公众的强烈不满，因为自主招生不利于教育资源稀缺的农村或偏远地区的考生，录取的多为教育资源丰富的城市考生，且自主招生的笔试与面试内容也更有利于城市考生而不利于农村考生。[①]之后出现的如“中学校长实名推荐制度”等自主招生模式，引发了更加激烈的社会讨论。随着高考评价体系的发展，社会对考试公平性与科学性的诉求越发强烈，自主招生模式从开始的材料审核、命题、考试到最后的综合评价录取等环节暴露了一些公平性问题，加之实施自主招生的高校没能较好地解决考试的科学性与公平性问题，我国在2020年取消了高校自主招生制度，同时推出了强基计划。

自主招生制度虽然成了历史，但是其在长期的实践中所出现的问题、积累的经验是值得思考的。从考试内容及其特点来看，第一是题目灵活，很有创新性，给考生留有极其广阔的思考空间；第二是试题内容具有广泛性，多数试题内容不局限于高中教材；第三是试题内容具有时代性，很多高校的面试题目都紧扣社会热点与时政要闻，以考查考生在学习之余关注社会的意识与程度；第四是试题内容充满生活感，很多题目都来源于生活。从考试内容及命题的不足来看，总体上可概括为“偏难古怪”和缺乏系统性。

二、特殊类型招生形式

（一）高校专项计划、地方专项计划与国家专项计划

高校专项计划、地方专项计划与国家专项计划隶属于高考三大计划。高校专项计划主要招收边远、贫困、民族等地区县（含县级市）以下高中勤奋好学、成绩优良的农村学生，旨在帮助成绩优良的农村学生更顺畅地考上“好大学”。根据教育部阳光高考平台发布的消息，截至2021年，全国有95所高校实施高校专项计划，且全部通过高校专项计划报名系统报名。[②]作为教育资源较为匮乏的地区的优惠政策，高校专项计划是高考评价体系公平性的体现。该计划限定了录取专业，一般会经历两次学校评审，合格后进入专项计划名单，最后根据计划名单按照高考成绩从高到低进行录取。部分院校的高校专项计划录取办法见表2-11。

① 刘海峰. 高考改革的突破口：自主招生的一个制度设计. 中国高等教育，2011（9）：45.

② 高校专项计划名单.（2021-04-16）. http://gaokao.chsi.com.cn/zsgs/zhangcheng/listVerifedZszc--method-index,lb-1.dhtml.

表 2-11　部分院校的高校专项计划录取办法

院校	录取办法
北京师范大学	遵循分数优先原则：学校根据公布的各省区市高校专项招生计划和招生专业，依据进档考生的高考文化课成绩（不含政策加分）和报考专业志愿安排考生录取专业。考生投档成绩（含政策性加分）不得低于所在省份同科类第一批本科录取控制分数线（合并本科批次省份及实施高考改革省份以该省份单独划定的相应分数线为准）。对于体育教育专业考生，文化课成绩和体育专业测试成绩须达到考生所在省份体育类本科录取控制线，并按照进档考生的体育专业测试成绩择优录取 两次评审，初评成绩占 60%，复评成绩占 40%
黑龙江大学	我校高校专项计划单报志愿、单独录取，仅面向获得高校专项计划录取资格认定的考生。上述考生须在 2020 年高考后在各生源省相应批次第一志愿填报黑龙江大学高校专项计划相应专业，录取时在生源所在省一批次省控线上投档，按考生高考成绩由高到低排序录取。对于合并本科录取批次及实施高考综合改革的省区市按相关省级教育行政部门或招生考试部门确定的高校专项计划相应的最低录取控制分数线执行
中南大学	按照分省分专业招生计划，对高考成绩达到生源所在省对应科类第一批次控制分数线的考生，根据高考成绩（含优惠分）从高到低择优录取

资料来源：北京师范大学招生办公室. 2020 年高校专项计划招生简章.（2020-05-27）. http://admission.bnu.edu.cn/tslx/zxjh/95168.html；黑龙江大学招生就业指导中心. 黑龙江大学 2020 年高校专项计划招生简章.（2020-05-18）. http://zsb.hlju.edu.cn/info/1126/4694.htm；中南大学本科生招生办公室. 中南大学 2020 年单独招收农村学生专项计划招生简章.（2020-05-15） http://gaokao.chsi.com.cn/gkxx/ncdzjz/202005/20200515/1911054984.html

从部分院校招生简章中可以看出，高校专项计划的录取规则以高考分数为依据，保证了录取过程中的科学性，而招生人数一般确定在当年该院校总招生人数的 2%，且大部分院校对户籍与户籍年限的限制，有利于保证实实在在的农村优秀学生入学，少数院校对高中成绩排名进行了限制，如中南大学在《中南大学 2020 年单独招收农村学生专项计划招生简章》规定的报名条件较为苛刻，需要考生高中三年前五个学期的期末成绩排名在年级前 10%。总而言之，高校专项计划作为对偏远农村地区学子的入学优惠政策，在保证整个社会的教育公平以及促进偏远地区学子向社会上层流动的功能上，有着十分显著的积极作用。

（二）强基计划

强基计划的指导思想和原则是服务国家战略，招收一批有志向、有兴趣、有天赋的青年学生进行专门培养，为国家重大战略领域输送后备人才，主要选拔有志于服务国家重大战略需求且综合素质优秀或基础学科拔尖的学生。作为自主招生取消后推出的特殊招生政策，强基计划的目的是非常清晰的，即为高考成绩优异的学生以及基础学科拔尖的学生提供多元的入学通道。《教育部关于在部分高校开展基础学科招生改革试点工作的意见》中指出，高校将考生高考成绩、高校综合考核结果及综合素质评价情况等按比例合成考生综合成绩(其中高考成绩所占比例不得低于85%)，根据考生填报志愿，按综合成绩由高到低顺序录取，强基计划中体现了综合素质评价的量化，表2-12是部分高校强基计划的录取规则。

表 2-12　部分高校强基计划的录取规则

院校	录取规则
清华大学	依据高考成绩入围的学生，按照学生的综合成绩分省分学科组（专业组）从高分到低分排序确定预录取名单，对达到综合成绩最低录取分数线，但未达到所填报专业志愿要求、且愿意服从专业调剂的考生作调剂录取。在相关学科领域具有突出才能和表现且破格入围的学生，综合成绩达到本省分学科组（专业组）录取分数线时方可被录取，破格入围的学生录取时不占用本省公布的强基计划招生计划
兰州大学	根据考生填报志愿和在相关省份强基计划的招生名额，依据全面衡量、择优录取、宁缺毋滥的原则，对面试成绩和体育素质测试均合格者，按照综合成绩由高到低排序确定强基计划预录取名单，综合成绩相同时，依次比较语文、数学、外语、体育素质测试成绩
同济大学	对于第一类考生，根据分省分专业招生计划，以考生综合成绩从高到低，按照“分数优先、遵循志愿”的原则进行专业录取，额满为止。考生综合成绩相同时，以高考成绩高低为录取顺序，高考成绩也相同的，依次以高考数学、语文、外语成绩高低为录取顺序 对于第二类考生。综合成绩达到同省份相同专业组第一类录取考生的综合成绩最低分的，予以认定，其录取专业参考综合成绩和竞赛成绩。若该省份无相同专业组录取的第一类考生，则综合成绩需达到同省份第一类录取考生的综合成绩最低分
北京大学	根据考生综合成绩、专业志愿进行专业录取。若考生综合成绩相同，则按单项顺序及分数高低排序，单项顺序依次为：高考成绩、校测总分、学科基础素质测试成绩、综合素质考核 破格入围考生综合成绩达到所在省份对应专业组强基计划非破格入围考生最低录取综合成绩时，我校将予以录取（不占所在省份公布的强基计划招生计划），并根据其竞赛成绩、综合成绩、专业志愿等因素进行专业录取

资料来源：清华大学招生办公室. 清华大学 2020 年强基计划招生简章.（2020-05-07）. http://www.join-tsinghua.edu.cn/info/1007/1055.htm；兰州大学招生办公室. 兰州大学 2020 年强基计划招生简章.（2020-05-03）. http://zsb.lzu.edu.cn/baokaoxinxi/zhaoshengzhengce/qiangjijihua/2020/0503/122962.html；同济大学本科生院招生办公室. 同济大学 2020 年强基计划招生简章.（2020-05-08）. http://bkzs.tongji.edu.cn/index.php?classid=3387&newsid=4463&t=show；北京大学招生办公室. 北京大学 2020 年强基计划招生简章.（2020-05-07）. http://www.gotopku.cn/index/detail/1190.html

当前，国家和社会急需基础学科人才，强基计划的推出具有很大的针对性，其目的就在于培育有志于长期从事基础研究的优秀学生。强基计划一方面是针对优秀学生的高考优惠政策；另一方面可以照顾到偏科学生，特别是在某些方面特别突出但综合成绩不高的学生。从部分院校强基计划的招生简章中可以看出，那些学科成绩较为优秀且均衡的学生，通过高考成绩即可进入大学；而那些高考成绩一般但是基础学科拔尖的学生，可以通过强基计划，实现破格录取。截至2021年，强基计划刚走过了第一个年头，不免在设计上还存在一定不足。

据媒体报道，近日，中国科学技术大学、西安交通大学、北京理工大学、南京大学、兰州大学等多所高校发布通知，在今年高考录取的2020级本科新生中补招强基计划学生。①强基计划首年“遇冷”反映出较多问题，也给强基计划的未来走向提供了启发。首先，和当前社会的热门专业不能相比，强基计划招收的是能长期从事基础学科研究的学生，“前途”难料，导致很多优秀学生不愿意报考。其次，作为取代自主招生的高考评价形式，对学生和家长来说，强基计划并不具有自主招生制度那样的“高受益”，因为强基计划的录取最终落实在高考分数与学科特长上，其主要吸引力在于高质量的本科生培养模式上，但是并不契合当今时代一些人的功利主义倾向，正如光明日报的评论：强基计划自动屏蔽存有功利心的考生。②最后，强基计划报名专业有限，仅限于基础学科，且每个学生只能报名一所高校的强基计划，这也是阻挡学生报名的一道门槛。

（三）其他特殊招生形式

我国高考评价体系中还有许多特殊类型招生形式，如保送生制度、艺术类专业招生、高水平艺术团招生、体育单招及港澳高校招生、民族预科、公费师范生、空军招飞、海军招飞、民航招飞、军校招生等。首先，虽然招生模式非常多元，但是招生人数与参加普通高考招生人数相比微乎其微，在高考评价体系中的影响力也较小。其中值得一提的是公费师范生，随着新高考改革的推行，需要增加大量的教师资源以保证选课走班制的实施，部分公费师范生毕业后回到中西部教师岗位，是国家对中西部教育资源的有效调配。整体来讲，上述特殊类型招生形式大部分针对教育资源丰富及区域经济发展较好的地区，照顾到中西部学子的政策较少。其次，特殊类型招生形式的招录规则的宣传力度不够，事实上，很多地区的中学基本不会宣传特殊类型招生，而是让学生一头扎进高考的大军中，将高考作为独木桥来走。最后，特殊类型招生的占比较小，以高考成绩为依据录取考生依然是主流模式，如何基于高考成绩，开创多种录取模式，拓宽升学渠道，促进社会阶层健康流动，依然是高考评价改革面临的难题。

---

① “强基计划”首站“遇冷”！新高三考生机遇来了？（2020-09-28）. http://www.sohu.com/a/421446069_480507.

② 陈志文. “强基计划”自动屏蔽存有功利心的考生.（2020-09-28）. http://baijiahao.baidu.com/s?id=1679024831954072980&wfr=spider&for=pc.

在西方社会对教育公平的讨论中，逐渐形成了两种不同的教育公平观，即自由至上主义和自由平等主义。其中，自由至上主义强调教育资源的分配要尊重人权，不能人为地剥夺或者增加某一群体的教育资源，即教育资源采取市场化配置方式，配置的依据是人的才能，经过一定教育评价后，高才能者获得较多的教育资源，个人的天赋秉性是其获得资源的依据，这种市场化的教育资源的配置模式所产生的教育资源不平衡反而是教育公平正义的体现。自由平等主义要求教育面向社会大众开放，使社会各阶层都能受到平等的教育，获得均等的发展机会。诺齐克和罗尔斯分别是这两种教育公平观的典型代表人物。当前，我国的教育公平理念很多时候是向罗尔斯看齐的，即保障各个阶层接受高等教育的权利，对教育资源欠缺的地区或群体给予国家政策上的照顾，这种公平观念的选择是具有中国特色并且符合中国国情的。由于历史原因，我国不同区域间教育资源的不均衡、不协调发展现象依然存在，要改变这一现状，体现在高校招生录取上，是需要从国家层面进行政策干预的，以保证各考生群体的公平性。此外，除了对教育公平的考量外，近年来社会公众也开始了对教育正义的讨论，即实际教育过程与教育目的的契合度。康德说“人是目的而非手段”[①]，教育的目的是实现人的发展，制度设计的目的是保证这种发展的公平性与科学性，而有些时候在追求制度的公平性与科学性时，可能会忽视了学生的主体性，造成教育偏离促进学生个体全面发展这一目标，这是在制度设计中需要考量的问题。

① 伊曼努尔·康德．实践理性批判．韩水法，译．北京：商务印书馆，2013：95.

第三章　国外大学招生考试评价中的科学与公平

进入承前启后、继往开来、夺取中国特色社会主义伟大胜利的新时代，我国面临着百年未有之大变局，面对高等教育普及化和市场经济发展的新要求，教育之于社会发展、民族进步、国家强盛的重要性越发凸显。在此背景下，中国政府提出由教育大国向教育强国转变的重大战略，并不断深化教育改革，目的是加快教育现代化，办好人民满意的教育。教育评价事关教育发展方向[①]，是教育改革的重中之重。作为关系着千家万户的国家级考试评价，高考评价一直是社会关注的焦点，在深化教育改革的今天，构建兼具公平性和科学性的高考评价体系显得尤为重要。考试评价是世界各国在教育发展中所面临的共同的理论问题与实践问题，同时也是世界各国教育改革的关键和难题。“他山之石，可以攻玉”，研究其他国家的大学招生考试评价体系有助于为完善我国高考评价体系提供一定的借鉴与启示。

第一节　美国大学招生考试评价体系研究

美国虽然是一个历史短暂的国家，却是一个发展迅速的国家。美国的强盛与其发达的高等教育息息相关。美国的高等教育虽然只有三百余年的历史，但已然成为世界一流的高等教育。毋庸置疑，美国高等教育的发展、规模和质量与其自成一体且独具特色的大学招生考试评价体系有着密切的关系。美国大学

① 田妍. 深化改革，立好教育评价指挥棒（人民时评）. 人民日报，2020-11-03（5）.

招生考试评价体系在强调公平性的同时，给予了各大学极大的自主权，具有灵活性和多样性的特点，对我国完善兼具公平性和科学性的高考评价体系具有重要的启发。

一、美国大学招生考试评价体系的历史演变

美国大学招生考试评价体系具有形式丰富、多元兼容的特点。由于办学自主与学术自治的传统，美国大学一直以来都拥有较大的招生自主权，各大学招生委员会有权自主决定招生规模、招生标准及招生的具体运作流程等，联邦政府与州政府无权干预。[①]伴随美国高等教育的发展，美国大学招生考试评价体系逐步形成和完善，前后经历了口试招生、证书入学制、综合选拔、开放招生与选择性招生并存的四个发展阶段。[②]

（一）口试招生

口试招生是美国大学招生考试评价体系的初始形态，形成于美国殖民地时期。在该时期，美国大学普遍是规模较小的地方性大学，这些小型学校的招生方法比较一致，即由各校自行组织，通过口试甄选学生。口试内容基本是希腊语、拉丁语和数学三门科目的基础知识，一般由校长和教授作为主考官对考生进行审核，校长掌握最终的录取决定权。1870 年之后，口试内容除了原有的希腊语、拉丁语和数学外，又陆续增加了历史等科目的知识。[③]考试方式同样发生了较大变化，开始由基础知识测试转变为能力测试，以考查学生是否能在掌握知识的基础上灵活运用知识。

（二）证书入学制

证书入学制形成于美国南北战争之后。南北战争之后，美国逐渐实现由农业国向工业国的转型。与此同时，工业的迅速崛起也对人才数量和人才质量提

① 郑若玲. 我们能从美国大学招生制度借鉴什么. 东南学术，2007（3）：156-160.
② 李雄鹰. 国外大学入学考试综合评价改革的特点与启示. 考试研究，2016（2）：42-48.
③ 唐滢. 美国高校招生考试制度研究. 武汉：华中师范大学出版社，2007：52.

出了更高的要求，各级各类教育随之得到迅速发展。1862 年，《莫雷尔法案》的颁布标志着赠地学院运动的开始，地方大学随之迎来蓬勃发展时期，招生人数迅速增加。原本的口试招生已不能满足考生人数迅速增加的现实情况，且原有的考试内容与当时中学的实际教学内容存在着突出的矛盾。在此情况下，许多大学转而开始学习德国，实行证书入学制。

证书入学制是指大学和所在地区中学建立一种“认证关系”。大学每年对中学进行一次考查，审查其教学水平、课程设置及学校的教学设施[①]，当中学成功通过审查后则被称为“认证中学”，而从“认证中学”顺利毕业并获得毕业证书的学生可通过面试直接进入大学。1870 年，密歇根大学率先实施证书入学制度，19 世纪末，证书入学制几乎推广至全国。[②]1894 年，美国中西部创立了中北部大学中学协会，随后，区域性的认证机构不断出现，并承担在某一特定区域进行教育认证的工作。[③]认证机构的出现不仅减轻了大学的认证负担，同时也为大学跨区域招生提供了保障。到 1915 年，美国的多数大学都接受了证书入学制。[④]证书入学制在当时被认为是一种更加公平的入学方式，且筛选出的学生普遍比较优秀，但这一制度在推行中也逐渐暴露出一些问题，如部分中学认为每年花费在接受多所大学认证的时间与精力过多，同时受大学牵制过多，逐渐丧失了课程设置自由权等。

（三）综合选拔

19 世纪末，美国高等学校林立，高等教育的多样性特征进一步凸显，原本实行的证书入学制显然难以满足高等教育多样化发展的要求。因此，组织统一考试并在此基础上进行综合选拔的大学招生考试开始兴起。这一制度肇始于哥伦比亚大学，并很快成为这一时期大学主要的选拔方式。[⑤]19 世纪 80 年代，哥伦比亚大学校长尼古拉斯•巴特勒（Nicholas M. Butler）建议组建大学入学考

① 李雄鹰. 高考评价研究. 武汉：华中师范大学出版社，2014：155.

② 吴世淑. 国外高等学校招生制度. 海口：海南出版社，1992：142.

③ 李雄鹰. 高考评价研究. 武汉：华中师范大学出版社，2014：156.

④ 吴向明. 美国高等院校招生制度研究. 北京：中国社会科学出版社，2008：28-29.

⑤ Bowen W J, Kurzweil M A, Tobin E M. Equity and Excellence in American Higher Education. Charlottesville: University of Virginia Press, 2005: 26.

试委员会（College Entrance Examination Board，CEEB），组织统一的大学入学考试。[①]1901 年 6 月，大学入学考试委员会举办了第一次名为“成就测验”（achievement test，AT）的大学入学考试，共 973 人参加考试，考试内容包括法语在内的 9 门课程。[②]之后，越来越多的大学采纳了这一考试模式。

第一次世界大战后，随着心理学及心理测验的迅速发展，智力测验越来越受到重视。受此影响，大学入学考试委员会将智力测验应用于大学入学考试中，于 1926 年开始进行学术能力倾向测试（scholastic aptitude test，SAT）。SAT 致力于测评考生的日常学习能力，主要用来检测考生是否具备进入大学学习的潜力与能力。

（四）开放招生与选择性招生并存

20 世纪 70 年代，美国高等教育面临着教育民主化的发展趋势，多数两年制大学不得不实行“开放招生”政策，以为过去没有机会进入大学学习的学生提供机会。进入大学学习已经是青年学生提高经济待遇和社会地位的不二去处。1970 年，纽约市立大学开始试行开放入学制度，随后，其他大学纷纷效仿。在此期间，全美大学生人数急剧增加。

但并非所有大学都采取这一方式选拔新生，如何在众多合格者中筛选到最优秀的一批学生，一直是大学招生工作的重点。在这一时期，美国多数选择性大学在招生时都会按照综合标准进行筛选，包括参考学生的中学成绩与学分、SAT 或者美国高等学校测验（American college test，ACT）成绩、任课教师推荐信、个人特长等关键指标，但各大学对不同指标的具体要求不同。例如，2000 年以来，越来越多的大学开始“免试入学”的改革尝试。“免试入学”不是取消考试评价，而是终止使用标准化考试分数，主要以高中成绩和大学预修课程作为参考依据。“免试入学”改革主要基于两点理由：一是标准化考试成绩对预测大学学业成绩效果甚微；二是标准化考试强化了社会不平等。[③]

从对美国大学招生考试评价体系的回顾中可以看出，随着不同时期的经济、

---

① Zwick R. Rethinking the SAT. The Future of Standardized Testing in University Admissions. New York: Routledge Falmer, 2004: 21.

② 陈为峰. 美国名校本科招生综合评价制度研究. 厦门：厦门大学，2009：31.

③ 郑若玲. 美国大学“可免试入学”改革及启示. 华中师范大学学报（人文社会科学版），2016（2）：161-167.

社会和教育的发展，该体系也在不断调整。尽管几乎所有大学都将 SAT、ACT 这样的统一考试成绩作为入学录取的重要参照，但从严格意义上来讲，美国没有统一的大学招生制度。每所大学都拥有独立的招生自主权，其招生模式由大学自己制定并自主进行。因此，多样化也是美国大学招生考试评价体系的显著特征。总的来说，美国大学招生考试评价是在校外考试机构组织安排入学考试的基础上，大学综合选拔人才的过程。[①]

二、美国现行的大学招生考试评价体系

美国的大学招生考试评价体系具有自主性、多样化、灵活性及个性化等多种特征，这些特征充分体现在大学的招生理念与招生政策、评价指标、考试内容等方面。

（一）美国大学的招生理念与招生政策

招生理念是招生工作的精神内核，美国的大学都有其独特的办学理念，由此形成了独特的招生理念与招生政策。美国大学董事会将全美大学的招生理念归纳为 11 条：招收有能力、有充分准备的学生；按照合理的比例录取来自不同种族、民族、阶层的学生；不限制性别，尽量协调被录取学生的性别比例；招收部分外国学生；各系应招收一定比例的校友子女，并给予其入学优惠；扩大录取爱好数学和科学这两门科目的学生；招收大量对表演艺术有兴趣的学生；改进体育课程，尤其是女性运动方面；录取部分家长为学校支持者的学生；优先考虑大学教职人员子女入学的问题；增加录取热衷学术科研的学生比例。

由于美国大学多样性、水平各异的特点，当以上招生理念应用于招生实践中时，又形成了不同层次类型的招生政策。克拉克·克尔（Clark Kerr）曾指出，高度选择型、选择型和非选择型是美国高等教育的基本类型。[②]相应地，美国大学的招生政策也有所区别，大致可分为以下三大类。

① 李雄鹰. 高考评价研究. 武汉：华中师范大学出版社，2014：158.

② 克拉克·克尔. 高等教育不能回避历史——21 世纪的问题. 王承绪，译. 杭州：浙江教育出版社，2003：84-85.

第一类是综合选拔型招生政策。采取这种招生政策的一般是一些著名的、在学术领域具有卓著成就的综合性大学和州立大学，它们注重考生在中学时期各个方面的表现，力求做到过程性评价和总结性评价相统一。

第二类是基准淘汰型招生政策。采取这种招生政策的大学一般是致力于培养专业科研人员的综合性大学和四年制大学。通常情况下，它们开始会采取比较宽松的方式招收学生，等到学生入学后实行"淘汰制"，依据的是每年学生在校的学业成绩等情况。

第三类是开放型招生政策。采取这种招生政策的一般是社区学院和一些州立大学。凡是具有高中毕业水平的成年人，均有机会进入这类学校继续学习。[①]

（二）美国大学招生考试的评价指标

美国各大学在招生要求的设定方面享有极高的自主权，在招生时不仅把入学考试成绩作为录取指标，还结合考生的各方面素质来进行综合选拔，构成了多指标、全方位的评价体系。虽然各校之间的情况有所不同，但纵观各类大学的评价体系，其主要评价指标包括以下几方面内容。

1. 大学入学考试成绩

美国不同类型的大学对入学考试成绩有着不同的要求。总的来说，大致可以分为三种类型：第一种是要求考生参加SAT、ACT两种考试并提供考试分数；第二种是要求考生参加指定的任意一种考试，但也有部分大学允许考生自行选择；第三种是不要求参加任何考试。[②]

2. 高中课程及成绩

美国学生在高中阶段所取得的成绩是大学用来评估学生水平和预期学生能否在大学专业学习期间获得成功的重要参照。通常而言，学生在高中阶段至少需要获得15个学分，各科成绩达到C等以上。美国大学理事会认为大学招生的主要参考因素是学生的中学成绩，占到30%左右的权重。[③]此外，部分大学

① 邱洪昌，林启泗. 十国高等学校招生制度. 北京：航空工业出版社，1994：165.
② 李雄鹰. 国外大学入学考试综合评价改革的特点与启示. 考试研究，2016（2）：42-48.
③ 贾飞. 各国大学入学考试制度比较研究. 沈阳：辽宁教育出版社，1990：101.

也设定了学生每门科目的修学年限。一般来说，学习一些具有较大挑战性的科目并顺利完成考试可以为学生成功申请名校增添砝码。

3. 推荐信

美国大学将推荐信作为是否录取某位考生的重要依据，重点用来了解学生的特点、能力和与众不同之处，展示学生的综合素质，约占整个录取比重的10%。①

4. 面试

面试是增加考生展示自我思维能力、应变能力和个性特征等的机会。但并非所有的美国大学都将面试作为招生过程的必要一环，而是大学根据自身情况来设定的。

5. 辅助材料

为进一步了解考生，部分大学会要求考生提供一篇论文或自我介绍，包括考生的写作能力、兴趣爱好等，以了解考生的成长经历。同时，若考生申请高竞争性的大学，还可递交辅助材料（如个人才艺资料）等来向招生人员充分展示自己的才华。

美国大学招生涉及的评价指标和内容极其广泛，旨在尽可能全面地了解、考查考生。总体上，各评价指标的重要程度依次是高中成绩或排名、大学入学考试成绩、高中修学课程及学分、推荐信、论文或自我介绍、个人资料。但美国大学在招生录取时各自秉持不同的标准，对上述各项录取标准的权重也有所不同。总而言之，美国大学依据本校的办学定位和学校发展等情况设定了招生要求及评价体系：其一是重视基础教育的合格性要求；其二是发挥过程性评价的功能，关注学生发展的动态性；其三是承认标准化考试结果的积极作用；其四是注重知识本位，对教学和学习的关注度较大。②

（三）美国大学招生考试的考试内容

美国的大学招生考试有SAT、ACT和大学预修课程（advanced placement，

① 李雄鹰. 高考评价研究. 武汉：华中师范大学出版社，2014：160.

② 乐毅. 美国本科招生模式及录取标准：启示、借鉴与本土实践. 现代大学教育，2008（1）：49-55.

AP）三大类。

1. SAT

SAT 是一种标准化的学习能力测验，致力于检测考生在一些偏向学术类的科目方面的专业水平。SAT 考试分为 SAT Ⅰ 和 SAT Ⅱ。SAT Ⅰ 是人们通常所说的 SAT，即美国多数大学都要求考生参加的入学考试，主要测试考生的写作、阅读和数学能力，以此来考查考生是否具备大学阶段必需的思维能力与分析解决问题的能力。SAT Ⅱ 的考试科目涉及英语、历史、数学、科学等五大类 20 个具体科目，主要考查考生掌握的高中课程的发展性知识的程度，许多高竞争性大学通常要求考生至少参加 3 门 SAT Ⅱ 的考试并提交考试成绩。

2. ACT

ACT 也是美国大学的入学考试之一，主要对学生的综合能力进行测评。其考试内容包括数学、英语等在内的 4 门科目，外加一个作文测试作为选择项目，侧重于考查学生在高中阶段对基础知识的理解和熟练程度，并直接检测学生的问题分析与解决能力及批判性思维能力等。

3. AP

AP 是中学学校设立的一类科目，其知识结构和难易度类似于大学开设的各个专业的课程。AP 课程包括 37 门，每门课程的考试内容分为多选和自由答卷两部分。[①]学生获得的 AP 课程学分可被折算成大学课程的学分，在大学中可免修相应的课程。目前很多大学都承认 AP 课程的学分，并将其作为录取的参考标准之一。

三、特点与启示

（一）美国大学招生考试评价的特点

美国实行的是典型的联邦政府发挥有限作用而州政府全权负责的教育体制。英国《经济学家》曾刊发文章《美国高等教育何以如此成功》，指出美国

① 吴向明. 美国高等院校招生制度研究. 北京：中国社会科学出版社，2008：94.

的教育体制是美国高等教育取得成功的法宝。[①]恰恰是这种体制极大地激发了州政府办学的积极性，为大学争取到了充分的自主权利，体现在大学招生中，即各大学形成了自主招生模式，可以自行决定招生方案、招生规模、招生标准等招生工作中的核心内容，联邦政府与州政府不得干预。[②]因此，全国统一的大学入学考试标准与要求在美国几乎不可能实现，由此形成了美国大学招生考试评价的综合性、公平性及科学性等鲜明特征。

1. 综合性

美国一流大学的招生制度是运用综合评价选拔学生的典范，它们的招生工作能够较为全面、深入地了解申请者，从而对申请者的评价更为科学、准确。[③]全面衡量、综合评价、择优录取是美国多数选择性大学所坚持的招生理念和招生办法。[④]大学招生除了参考考生的大学入学考试成绩、中学阶段各个方面的表现情况外，其他参考指标均由各大学自主制定。这种招生方式在考查学生综合素养的同时，也给学生个性化的表现留有余地，还在招生中兼顾了灵活性与可行性，值得我们思考和借鉴。

2. 公平性

美国社会各阶层、各民族的教育条件与家庭背景存在较大的差异。在基础教育阶段，国家通过义务教育来保障各类学生享有均等的教育机会，而到了竞争激烈的高等教育阶段，各种教育公平问题就日益凸显出来。为了促进教育公平，部分大学成立了专门机构为少数民族学生提供入学服务[⑤]，多数大学在招生中采用分数照顾、经济援助等有效手段来尽可能地保障社会弱势群体的高等教育入学机会，如面向黑人、少数民族、移民的优惠政策，对家庭经济困难学生的倾斜帮扶政策，以及区域性差别对待政策等。[⑥]但即使存在如此多的促进形式平等的措施手段，美国大学招生考试仍旧没有实现入学机会上的实质平等。

---

① 吴向明. 美国高等院校招生制度研究. 北京：中国社会科学出版社，2008：78.
② 刘海峰. 大学招生考试制度改革研究. 北京：经济科学出版社，2009：242-243.
③ 郑若玲，陈为峰. 美国名校本科招生方式及其启示. 外国教育研究，2010（10）：56-61.
④ 李雄鹰. 高考评价研究. 武汉：华中师范大学出版社，2014：169.
⑤ 郑若玲. 我们能从美国大学招生制度借鉴什么. 东南学术，2007（3）：156-160.
⑥ 罗立祝. 大学招生考试政策研究. 武汉：华中师范大学出版社，2007：92-94.

在实践中，不同阶层、不同民族学生在入学率上仍然存在明显差异，且这一差异有日益扩大的趋势。[①]美国大学招生考试评价体系对教育公平的重视，以及现有招生考试体系存在的不公平现象，值得我们反思。

3. 科学性

从理论研究的角度来看，美国特别重视与考试有关的科学研究。心理与教育测量理论、教育评价理论以及由此衍生出的经典测验理论、项目反映理论、概化理论、试题库建设理论、认知诊断理论等理论的出现和发展伴随着美国大学招生考试改革的全过程，为考试招生改革提供了科学的理论支撑，并一步步提升着考试的科学性。另外，从专业化考试机构的视角来看，美国的专业化考试机构以教育与心理测量理论为指导，以数据库和题库为基础，大规模地应用计算机网络技术，将考试评价服务的范围从学生、学校向政府、社会扩展，使得考试服务更加便利，考试成绩报告内容更具有针对性。这也是值得我们借鉴的部分。

（二）对我国高考招生评价体系改革的启示

从美国大学招生考试评价体系的历史演变过程中，我们可以看到，美国的政治制度与其教育制度之间的相互关系影响着大学的招生模式。总体来看，美国大学招生考试具有自主、多样、分权的特点。虽然我国国情与美国并不相同，但我们应该认真学习并总结美国大学在招生考试过程中的成功经验和优秀案例，这对我国高考评价体系改革具有一定启示。

第一，美国大学因各自的办学定位、学校发展等情况有所不同，在招生过程中的评价标准也呈现出多样化的特点，且各自的招生录取标准也表现出一定的差异性。当前，我国大学招生将考生的高考成绩视为一项决定性条件，而美国大学在招生录取时只是参考考生的大学入学考试成绩，同时还加入了对其他因素的参考。高考“一考定终身”的情况受到越来越多的批评，为防止陷入“唯分数论”的泥潭[②]，美国大学在招生录取过程中将过程性评价和总结性评价相

① 黄书成. 美国大学招生考试制度公平性研究. 济南：山东师范大学，2009.
② 樊本富. 中国大学自主招生研究. 武汉：华中师范大学出版社，2010：122.

结合的方法值得我国借鉴和参考。

第二，近年来，美国大学招生考试评价通过一系列的改革取得了明显的效果，如改革标准化测试的内容与形式等。所以，若想借鉴美国大学招生考试评价中对我国高考评价改革具有重要启示的先进经验，我们必须加强交流，深入了解、研究美国大学招生考试评价的变革趋向，鼓励大学大胆创新，在坚持统一高考的基础上，结合本校实际探索行之有效的考试招生办法，选拔多样化的优秀学生，为社会培养高素质人才。

第二节　英国大学招生考试评价体系研究

英国是有着古老历史与悠久文化的欧洲国家。几百年来，英国在教育领域取得了令世界瞩目的骄人成绩。在不断探索、调整和改革高等教育制度的过程中，英国的教育体系得到了进一步完善，在国际社会上有着非凡的竞争力和影响力。英国是一个有着优良教育传统的国家，教育历史发展跨度较大，考试评价历史也是如此，英国大学招生考试评价历史悠久、成效卓著、特色鲜明，对世界上很多国家都产生了不同程度的积极影响。

一、英国大学招生考试评价体系的历史演变

英国有着浓厚的自由氛围，且执著于追求自由的历史十分悠久。在这样的文化背景下，英国大学自创立之日起便始终不懈地追求着大学自治和学术自由。到 20 世纪 40 年代，《1944 年教育法》的出台使得英国“中央与地方合作”的教育管理体制最终形成。在这一教育管理体制的规定下，英国政府需要为大学提供经费，但不得从行政上干预大学的内部管理。大学在招生、评价、社会服务、国际交流与合作等方面拥有充分的自主权，政府不能进行干涉。当然，这一制度并非一蹴而就的，而是经历了缓慢的发展过程。在英国高等教育的发展过程中，大学招生考试评价主要分为推荐+教会审查、大学入学考试、学校证书考试、普通教育证书（general certificate of education，GCE）考试、普通中等教育证书（general certificate of secondary education，GCSE）考试、高级普通教

育证书和高级补充普通教育证书考试（general certificate of education of advanced subsidiary level，GCE AS-level）六个阶段。

（一）推荐+教会审查阶段

英国虽然是个十分重视考试评价的国家，但在19世纪前，由于大学数量和学生数量相对较少，大学对学生的来源、学习能力以及综合素质等方面的要求比较宽泛，具有竞争力和挑战性的选拔考试并不存在。例如，牛津大学和剑桥大学最初对学生的入学要求只有学生已注册这一项，而对学生的年龄、中学阶段的学业成绩和综合素养等方面均无明确要求。[①]英国大学出现于中世纪晚期，在大学创立初期，由于宗教势力比较强大，大学无可避免地被宗教势力所控制。大学采用“推荐+教会审查”的招生考试评价方法，教会有权检测、核实大学招生的各个环节。在这一时期，大学招生的唯一条件是申请者必须提供教会的洗礼证明，以表明其品行端正。到了中世纪后期，虽然尚未出现正式的书面考试，但大学逐渐对申请者提出宗教测试、口头问答等要求。

（二）大学入学考试阶段

19世纪初，牛津大学和剑桥大学逐渐停止“推荐+教会审查”的招生模式，启用新的招生考试方法来检测考生的实际水平。19世纪50年代，由于部分公学和文法中学对大学招生要求存在疑惑，剑桥大学和牛津大学陆续组建了区域考试委员会，来负责选拔和录取学生的工作。1873年，为了满足社会各群体的诉求，牛津大学和剑桥大学又专门组建了联合学校考试委员会。[②]在此之后，伦敦大学入学及学校考试委员会（1880年）、南方各大学联合考试委员会（1900年）、威尔士联合考试委员会（1900年）、北方五大学联合考试委员会（1902年）等考试委员会仿效组建。[③]这种委员会负责管理中学毕业生的普通教育证书考试，凡是在该考试中取得优异成绩、荣获高级水平证书的考生均能借此机会进入大学就读。

---

① 李雄鹰，秦晓晴. 英国大学入学考试评价体系研究. 现代教育科学，2016（8）：98-105，120.

② 罗立祝. 大学招生考试政策研究. 武汉：华中师范大学出版社，2007：96.

③ 韩家勋，孙玲. 中等教育考试制度比较研究. 北京：人民教育出版社，1999：14-15.

（三）学校证书考试阶段

20 世纪初，由于地区考试委员会和大学考试委员会数量众多，且各种入学考试要求各异，中学授课内容难以应对不同考试的各种需求，越来越多的公众要求在不同考试类型的基础上形成一种“大一统”的入学考试形式。随后，英国政府组建了中学考试委员会。次年，该委员会对中学毕业生设立了学校证书（school certificate，SC）和高级学校证书（higher school certificate，HSC）考试。[①]其中，高级学校证书考试的内容和难易度类似于大学入学考试，其目的在于使大学入学考试不再烦琐复杂。而后二三十年间，英国大学在招生过程中，将学生在以上两种考试中取得的成绩共同视为招生选拔的重要参考。

（四）普通教育证书考试阶段

1951 年，为改变考试种类繁多、各种证书名称混乱的现象，中学考试委员会不再采用学校证书和高级学校证书考试，取而代之的是普通教育证书考试。普通教育证书考试主要分为三级：一般水平（GCE O-Level）、高级水平（GCE A-Level）、奖学金水平（GCE S-Level）。凡通过 GCE 考试并取得证书者，只要满足相关要求便达到了大学录取的最低标准。[②]以往的学校证书考试实行的是学科分组制，学生只有顺利完成每一门课程的测试后方能取得相关证书，无一例外。但是普通教育证书采取单科证书制，学生每通过一门课程，即可获得相应的单科证书。相比以前，考生可以根据自己的兴趣爱好和特长选择不同的应试课程，充分调动了考生备考的主动性和积极性。

20 世纪 60 年代，通过实地考察和调研中学教学工作，英国中学考试委员会提出普通教育证书考试的适用范围过小[③]的问题。为解决这一问题，英国中学考试委员会建议增加另一类型的考试，于是，中等教育证书（certificate of secondary education，CSE）考试开始实施。通过该考试的学生可以获得申请就业的机会。换句话说，这一证书成为学生去职业教育机构就读的通行证。

---

① 李雄鹰，秦晓晴. 英国大学入学考试评价体系研究. 现代教育科学，2016（8）：98-105，120.

② 李雄鹰，秦晓晴. 英国大学入学考试评价体系研究. 现代教育科学，2016（8）：98-105，120.

③ 李雄鹰. 高考评价研究. 武汉：华中师范大学出版社，2014：176.

（五）普通中等教育证书考试阶段

GCE 和 CSE 这两种考试的科目和大纲各不相同，其成绩无法进行直接比较，这为学校和用人单位选拔人才造成了一定的困难。为了改变这一局面，1984年，普通中等教育证书考试制度正式建立，取代了以往实行的 GCE O-Level 和 CSE 考试，并在经历多次调整改革后保留了 GCE A-Level 考试。GCSE 的主要功能为检测和评估顺利完成义务教育后的学生的能力和综合素质，同时向大学、中学和家长等提供较为全面的学生能力信息和综合素质信息。《1988 年教育改革法》规定，凡是在公立学校完成义务教育的学生都必须参加 GCSE 考试。同年夏天，英国首次举行了此类型考试。[①]

（六）高级普通教育证书和高级补充普通教育证书考试阶段

GCSE 考试保留了 GCE A-Level 考试，通过第六级学习的学生可以参加该考试。第六级是英国中等教育的一个特殊阶段，尽管第六级属于中等教育水准，但由于这一阶段的学生所学习的知识大多是大学专业课程中的基础课程，课程结构和难易度相当于大学阶段的水准，故其被广泛地认为是大学预科教育。[②] 1989 年，为进一步扩大 GCE A-level 考试课程内容的广度，大学考试委员会在英国政府的督促下，对已有的 GCE A-level 进行了补充，开设了高级补充普通教育证书考试，并分别对 GCE A-Level 和 GCE AS-level 的考试内容、考试范围、考试目标进行了明确。学生如想进入大学进行专业学习，则需通过这两种考试并取得优异成绩，各大学立足于本校的实际招生标准自行设定这两门考试的具体内容。

1997 年，英国政府发表《迪尔英报告》（Dearing Report），对已有的教学体制和教育绩效进行了反思，其中涉及大学招生考试评价方面。该报告指出，大学对补充水平证书的认可度不高，大多数学校仍以 GCE A-level 考试为招生的主要依据，导致参加 GCE AS-level 考试的学生比例一直比较低。鉴于此，1999年，英国出版了课程改革手册《2000 年课程指南：实施 16—19 岁资格的改革》，

---

① 韩家勋. 教育考试评价制度比较研究. 北京：人民教育出版社，2010：24-25.

② 李雄鹰. 高考评价研究. 武汉：华中师范大学出版社，2014：176.

增强了 GCE A-level 考试的灵活性，将具体的课程分为若干模块，学生只有在参加两次共 4—6 个模块的考试后方能获得证书。[①]也就是说，学生必须先参加 GCE AS-level 考试并获得证书，才能参加后续的 GCE AS-level 考试或 GCE A-level 考试，在获得后续考试证书之后，才能申请完整的 GCE A-level 考试证书。随着学生可多次报名参加考试的模块化考试模式越来越得到认可，不受限制的、可多次考试的制度设计导致部分学生反复参加 GCE A-level 考试，以提高考试分数，从而出现分数膨胀现象，同时，学生也开始利用两个 GCE AS-level 考试证书等于一个 GCE A-level 考试证书的设置，选择简单科目，规避困难课程和难度更大的 GCE A-level 考试。基于这些问题的出现，2015 年，英国再一次对 GCE A-level 考试进行了改革，考试重新回归线性模式，即 GCE A-level 考试在一门为期两年的课程学习结束后一次性完成，且不再区分模块，同时 GCE AS-level 考试不再纳入 GCE A-level 范围内。[②]虽然 GCE A-level 考试处于不断的改革和变化中，但 GCE A-level 证书始终是考生中学阶段学习表现的重要证明，成为英国大学招生考试评价和最终录取的基础参考。

二、英国现行的大学招生考试评价体系

经过长期的发展和实践，拥有悠久考试评价历史的英国最终建立起以证书认证为主要内容的大学招生考试评价体系。大学选拔人才主要根据各种教育证书展开，在此基础上加以各大学的具体要求。总体来说，目前英国大学实施的考试评价方法是“证书+综合评价”。[③]2013—2016 年，英国用于大学招生评价的考试证书发生改革，受诸多因素影响，逐渐形成了当前的英国大学招生考试评价体系。

（一）考试机构与招生机构

英国大学负责招生和考试的机构互相独立，各司其职。大学自行组织安排招生事宜，并成立专门的考试委员会机构负责招生的相关考试，不受其他考试机构干涉。受考试委员会认可的考试证书可以在全国范围内使用。此外，大学

① 汪霞. 21 世纪英国高中课程取向探究. 外国教育研究，2002（1）：34-39.
② 肖怡. 英国 A-Level 考试及其使用研究. 南昌：南昌大学，2019.
③ 李雄鹰，秦晓晴. 英国大学入学考试评价体系研究. 现代教育科学，2016（8）：98-105，120.

招生服务处负责学校所有应届生的招生事宜安排，服务全面周到，同时该机构也会组织录取接受大学预科教育的考生。[①]大学招生服务处无权干预学生的自由申请入学权和大学的办学自主权，它更像是英国大学与学生联系的纽带，多渠道为学生提供优质服务，助力提升学校的教育教学质量。

（二）英国大学招生的程序与办法

英国大学招生一般不单独举行招生考试，而是在综合考虑学生的学习状况和证书考试情况下，决定是否最终录取。在具体的招生过程中，大学的招生办公室等机构主要组织安排招生事宜，并依据学生参加的证书考试情况、学科爱好以及高中阶段的学业成绩等来综合考虑是否予以录取。学生参加的证书考试情况现已成为很多大学在招生录取时的重要参照。一般情况下，考生能顺利被大学录取的最低要求是：年龄要在 17 岁及以上；5 门 GCE 或 GCSE 成绩合格，且须 2 门以上科目达到 A 等水平。[②]同时，具体招生过程一般要按照学生填报入学申请书—大学初审—学生填报志愿—调剂申请这四个环节进行。

（三）考试内容与标准

英国大学招生依据学生的 GCE A-level 和 GCE AS-level 考试成绩，大学考试委员会可以自行制定这两种考试的考试要求和考试内容。[③]另外，鉴于学生应试能力和学习水平不一致，大学考试委员会还会编制出多份不同类型的样卷，这些样卷的难易度、试题内容与形式均有所差别。试卷命题的要求是应有助于考查学生对考试大纲中规定的知识、技能的掌握情况，同时有助于大学选拔具备发展潜力的学生，并更重视对学生能力的考查。大学在招生过程中将学生在这两种考试中取得的成绩作为重要参考，至于两种考试的具体内容则由各大学考试委员会自行安排。通常情况下，大学各专业要求学生必须选择 3 门以上的必考课程。[④]

---

① 刘培军，高耀明. 调整大学自主招生时间的政策建议——英、美、日三国大学自主招生的启示. 上海教育科研，2013（11）：17-20.

② 李雨诺. 英国高校证书型招生考试制度变迁史研究. 南京：南京师范大学，2016：40.

③ 李雄鹰，秦晓晴. 英国大学入学考试评价体系研究. 现代教育科学，2016（8）：98-105，120.

④ 李雨诺. 英国高校证书型招生考试制度变迁史研究. 南京：南京师范大学，2016：47.

三、特点与启示

英国大学招生考试评价体系建立在各类教育证书考试的基础上，同时重视对考生的综合评价，体系完备，科目众多，为考生提供了较大的选择余地。各大学的考试委员会依据政府要求自行决定考试要求和考试内容，既有利于政府的宏观调控，也有利于大学自主性和积极性的发挥。

（一）英国大学招生考试评价体系的特点

1. 政府宏观调控

英国政府一方面从宏观上优化配置高等教育资源，制定权威的高等教育管理体制；另一方面合理放权，给予大学办学自主权。[①]大学享有高度的办学自主权，实行自主管理，自觉遵守国家制定的相关教育法律法规，自主创新人才培养模式，提高学校教育教学质量。政府不能直接对大学下达命令，但可以通过资金支持和教学评估等对大学的招生和办学产生一定影响。对于大学而言，政府的主要作用在于确定教育目的和教育规划，制定大一统的教育管理体制，强化社会问责，但具体的运作及实施权利交由大学负责。各大学则在政府的宏观管理体制下合理组织安排招生工作、完成招生任务。

2. 以各类教育证书为基础的考试评价体系

通过分析英国大学招生考试评价体系，可以发现该体系建立在多种类、多层次的证书考试的基础上。英国大学在招生过程中将学生在一些证书考试中取得的成绩作为重要参考，大学据此了解学生对基础知识的掌握和熟练程度以及学生在学术方面的潜质。例如，世界著名学府牛津大学和剑桥大学在招生录取时极其看重申请者的证书考试成绩，将其作为重要参考依据。所以，英国大学招生选拔最基本的实现形式就是各级别、各类型的证书考试。[②]

3. 考试科目设置广泛，学生选择余地充分

英国大学的招生选拔模式为学生提供了极大的选择自主权。英国开设了多

① 刘培军，高耀明. 调整大学自主招生时间的政策建议——英、美、日三国大学自主招生的启示. 上海教育科研，2013（11）：17-20.

② 李雄鹰，秦晓晴. 英国大学入学考试评价体系研究. 现代教育科学，2016（8）：98-105，120.

类型、多层次的证书考试，各种考试也相应地设置了一些应试科目，使得学生可以根据自己的兴趣爱好、现时水平以及未来的职业规划等自由选择和组合考试科目。[①]这充分考虑到了学生发展的个性差异，也极大地调动了学生学习的积极性。

4. 教育证书与综合评价相结合

除了将学生在各种证书考试中取得的成绩作为重要参考之外，英国的许多大学还将学生在中学阶段的学业成绩及个人表现、推荐人评价和集体活动参与度等内容作为招生考试评价的重要参照。也就是说，英国大学的招生考试充分采用了综合评价的方式，考生需要经历重重检测和审核，整体来看具有很大的挑战性。经过重重遴选的考生无疑具有较高的素质，这为英国大学选拔和培养高素质人才提供了充分保障。

（二）对我国高考招生评价体系改革的启示

随着时间的推移和实践的检验，英国大学“证书+综合评价”的招生录取形式最终形成，这一形式对世界上诸多国家探索大学招生考试评价新模式以及有效实施招生改革提供了重要的蓝本。

1. 大学拥有充分的招生考试自主权

在英国的大学招生考试评价体系中，招生与考试两项职能虽然是分开进行的，但大学在招生和考试两项活动上都享有充分的自主权。大学能够在参照政府意见的前提下，依据自己的办学定位、学校等级、专业设置，制定考试内容和考试要求，以及符合本校或本专业的招生计划，并设定不同的招生要求，从而遴选和招收到满足自身办学要求的优秀人才。这样做不仅有利于学生的个性化发展，而且有利于学校创新人才培养模式，提高人才培养质量。尽管我国国情与英国不同，但我国的高考评价改革仍应该适当地借鉴英国的模式，扩大大学的自主权，促进大学参与到考试内容和考试要求的制定过程中，允许大学设定多样化的、个性化的招生要求，提高大学在招生选拔过程中的主动性和积极性。

① 李雄鹰，秦晓晴. 英国大学入学考试评价体系研究. 现代教育科学，2016（8）：98-105，120.

2. 招生服务机构完善

作为英国大学的专门化招生机构，招生服务处既是保障英国大学招生计划能够顺利实施、招生要求能够得到满足的关键，也是保证英国高等教育高效运转的机构。招生服务处的存在，可以确保大学集中资源办实事，为大学办学和学生学习提供可靠保证。①尽管我国高等教育系统中各要素间的关系较为复杂，但仍可以从英国大学招生服务处的设立及其功用中获得启示。

3. 政府进行有效的宏观调控

与美国不同，在英国的大学招生考试评价体系中，政府发挥着宏观调控的重要作用。英国政府合理地把控了“度”的问题，既给予了大学一定的自主权，充分调动了大学的积极性，又从宏观的国家角度对高等教育资源进行了规划和配置，不断倾听社会的呼声，推动大学招生考试评价体系的变革，并以法律法规的形式给予保护。这启示我们，高考评价无论怎么改革，依旧要坚持政府的宏观调控作用。政府是“舵手”，高考评价改革离不开政府来把握方向和稳定航线，当然，政府的宏观调控需要控制在一个合理的范围内。

第三节　日本大学招生考试评价体系研究

与我国相似，日本十分重视考试的作用，重视教育在社会流动中的作用。日本经济水平的迅速提升与国家上下对教育发展的重视密不可分。②日本大学的招生模式并非经过自身的不断演变、改革和完善而形成的，而是受到中国、德国和美国的多种招生考试评价体系的影响而形成的。研究具有相似文化背景的日本的大学招生考试评价体系，在某种程度上对我国建立健全高考评价体系具有重大意义。

一、日本大学招生考试评价体系的历史演变

始于 1868 年的“明治维新”对日本社会发展的方方面面产生了巨大影响。

① 张文军. 英国的大学招生制度及其启示. 湖北招生考试，2004（6）：60-63.

② 李雄鹰. 基于公平的自主招生考试评价体系建构. 厦门大学学报（哲学社会科学版），2017（3）：18-26.

由于教育之于政治、经济发展具有十分重要的作用，教育特别是高等教育无法避免地成为“明治维新”改革的重要组成部分。日本的高等教育尤其是大学招生考试评价体系发生了天翻地覆的变化，从此迈向近代化。整体而言，日本大学招生考试评价体系的演变可以分为“明治维新”后、“第二次世界大战”后、20 世纪 60—70 年代、20 世纪 90 年代后四个阶段。

（一）“明治维新”后的大学招生考试评价

1872 年，日本政府颁布《学制令》，日本近代高等教育制度随之建立。在这一时期，日本政府把学习西方、兴办教育作为基本国策，积极吸取并借鉴欧美国家发展优秀科学技术文化的超前理念和经验，为己所用。1877 年，日本第一所大学——东京大学成立，大学招生考试制度由此开启。[①]20 世纪前，由于大学数量较少，日本没有统一的大学入学考试，大学招生工作均由各大学自行组织安排。随着高等教育的发展，大学数量和考生数量均不断增加，考虑到诸方面的因素，日本文部省出台了《高等学校、大学预科试验规程》，指出大学必须统一筹划并开展大学入学考试，统一测试、统一命题、综合选拔。统一的大学入学考试推行若干年后，到 20 世纪初遭到废止，日本各大学依旧独立安排招生选拔考试。但与之前大学实行的自主招生考试不同，此次文部省统一限定了大学入学考试中的笔试科目，所有大学必须遵守，不得更改。不过这种大学自主选拔学生的体制不久后又被废止，文部省颁布了《高等学校、大学预科入学者选拔规程》，国家再次举行统一的大学入学考试，统一选拔人才。1919 年，《改正高等学校令》出台，要求国家必须集中力量发展高等教育，统一考试再次遭遇废止，招生考试评价制度调整为国家统一组织安排招生考试，大学自主选拔人才。[②]1927 年，日本又对这种招生模式进行了改革，大学招生更加关注学生在中学阶段的学业成绩，考试科目统一为国语与汉文、外语、数学，同时准许大学独立命制招生选拔的笔试试题。1941 年，日本大学遵循“共同考试、单独选拔、综合评价、择优录取”的十六字方针，具体措施为：考生从中学必修科目中选取三科作为必考科目；文部省编制笔试题目；重视口试；录取依据为

① 刘海峰. 大学招生考试制度改革研究. 北京：经济科学出版社，2009：285.
② 李雄鹰，王颖. 日本大学入学考试中的综合评价研究. 当代教育科学，2016（18）：48-51，64.

中学校长的调查书、综合成绩（笔试和面试）以及体检结果，以全面考核学生的综合素质。

这一时期的日本大学招生考试评价体系集中服务于满足国家选拔干部、培养科技人才的需求，且考试权高度集中于中央，国家对高等教育实行严格控制。日本的“学历社会”在这一时期形成，在考试的刺激下，中学教育变为升学教育，大考小考不断，被称为“考试地狱”。[①]

（二）“第二次世界大战”后的大学招生考试评价

“第二次世界大战”结束后，在美国的影响下，日本开始进行大学招生考试评价体系改革。在美国教育使节团的启发下，日本文部省参考并学习美国的SAT，创新出一种新式的大学招生形式——“学术智力测验”。学生一方面须参加国家统一组织的“学术智力测验”；另一方面须积极准备大学自行组织的考试。1948年，大学招生又改为使用升学适应性测验与知识测验并重的招生考试评价方法。其中，升学适应性测验重在检测学生是否有能力进入大学继续深造学习，测试内容包括三部分，即一般能力、文科能力和理科能力，该测验由国家统一组织实行。[②]知识测验科目为包括理科和英语在内的5门，大多是应用型题目，主要检测考生理论联系实际的能力，以及能否运用所学知识解决现实生活问题的能力。大学在具体录取环节实行“三项等价单一指数”法，该方法指的是将学生高中阶段的学业成绩、知识考试以及升学能力测验三个方面的成绩按比例合为一个整体，按照这个整体的情况予以录取。当然，大学的招生录取最后依旧会参照中学校长的调查书，在充分了解学生的综合素质情况后，合理、公平地开展人才选拔。[③]

（三）20世纪60—70年代的大学招生考试评价

由于在考试方法、评分标准、命题内容等方面存在诸多问题，升学适应性测验和知识测验并重的大学招生考试评价体系的效果不尽如人意，因此，该体

① 于钦波，杨晓. 中外大学入学考试制度比较与中国高考制度改革. 成都：四川教育出版社，2000：91.

② 李雄鹰，王颖. 日本大学入学考试中的综合评价研究. 当代教育科学，2016（18）：48-51，64.

③ 樊本富. 中国大学自主招生研究. 武汉：华中师范大学出版社，2010：29.

系在20世纪中期被废止，日本大学又踏上了以考试为主的老路。[①]招生考试改为各大学单独组织，可是社会公众对此次改革的评价普遍不高。为进一步调整和完善大学的入学考试制度，20世纪60年代，文部科学省成立能力开发研究所，开发出了全国性大学考试能力测验，但大学对该测验的反应比较冷淡。鉴于此，1968年，文部科学省迫不得已废止该测验，各大学又回到集中开展学科知识考试的模式上。[②]1975年，通过对各大学的实地考察和经验总结，国立大学协会要求实行国家统一考试，于是，1977年，日本设立大学入学考试中心，作为统一组织大学入学考试的核心机构，颁布了统一的考试大纲。[③]1979年，日本开始在全国实行大学入学考试与各大学第二次录取相结合的制度：第一阶段为“全国共同学力第一次考试”，第二阶段为各大学自行组织的考试。这样的招生制度在日本实施了11年。

（四）20世纪90年代后的大学招生考试评价

随着时间的推移，全国共同学力第一次考试与各大学自行组织的考试相结合的制度逐渐出现了越来越多的弊端，很多大学过分重视考生在第一阶段的考试成绩，而忽视考生在第二阶段的表现，这不利于合理评价考生的真实水平。为消除这一制度带来的弊端，20世纪90年代初，日本停止了原有的“全国共同学力第一次考试”，改用“大学入学中心考试”。“大学入学中心考试”并没有调整“统单结合”的模式，而是针对两次考试的具体科目内容、所占总分的比例等录取标准做出了新的规定，在相对统一的录取标准的基础上增加了多个个性化标准。[④]这次改革不仅更加注重对考生能力的考查，而且制定了能充分张扬学生个性的考核标准，给了大学更多的招生自主权。现今日本国内仍采用这种考试评价方式。

二、日本现行的大学招生考试评价体系

目前，日本大学招生考试评价采用的是“统单结合”的模式，即国家统一

① 于钦波，杨晓. 中外大学入学考试制度比较与中国高考制度改革. 成都：四川教育出版社，2000：99.
② 李雄鹰，王颖. 日本大学入学考试中的综合评价研究. 当代教育科学，2016（18）：48-51，64.
③ 李雄鹰，王颖. 日本大学入学考试中的综合评价研究. 当代教育科学，2016（18）：48-51，64.
④ 任鑫. 日本战后国立大学招生录取标准的研究：以三所大学为例. 大连：辽宁师范大学，2016.

组织招生考试与大学自主选取学生相结合的方式。

（一）全国共同学力第一次考试的内容

全国共同学力第一次考试由“大学入学考试中心”统一安排和实行，是第一阶段的考试。“大学入学考试中心”是日本文部科学省下设的直属机构，负责考试命题的制定、考试的组织、试卷的运送、应考指南的制作、向高中进行宣传和指导、接受报名、整理信息、分配考场、发放准考证、阅卷和评分、公布成绩，即承担从考试到录取的所有程序的工作。[①]与过去执行类似责任的组织不同，“大学入学考试中心”更重视服务的功能。这一阶段的考试着力于考核学生对高中阶段所学基础知识、基础技能的掌握程度。[②]考试科目主要有包含国语、地理历史、公民、数学、理科、外语在内的6教科31科目，如地理历史下设世界史、日本史和地理，考生可以依据报考大学和报考专业的具体要求来选择考试科目和数量。当然，由于考试科目和数量的不同，相应的录取标准也会随之发生变化。全国共同学力第一次考试主要以成绩分数排名为录取标准，满足基本分数线的考生即被视为通过录取，并获得进入第二阶段各大学组织的个别考试的资格。

（二）各大学组织的第二次考试内容及评价选拔方式

学生参加并通过全国共同学力第一次考试之后，便能依据自己的考试成绩和大学招生要求，选择参加目标大学自行安排的第二次考试。第二次考试即不同大学和学部依据各自要求对考生进行的个别性测验，由大学自行命题、自行组织考试、自行制定考试方式等。这一阶段的考试由大学控制，“大学入学考试中心”只给予充分的配合和适当的监督。

由各大学分别组织的第二次考试遵循以下原则：第一，考试科目以专业适应性为目的；第二，考试方式以论述或论文为主，重点考查考生的观察能力、表达能力、叙述能力；第三，突出学校和专业特色，采用小论文、口试和实践操作等方式；第四，考试科目以1—3科为宜；第五，必须综合两次考试成绩全面衡量考生，严格规定两个阶段的成绩在最终录取中的合理占比，不可偏废于

① 黄涛. 日本高校入学制度的现状及其对我国高校招生考试制度改革的启示. 教育与考试，2012(3)：15-19.
② 李雄鹰. 国外大学入学考试综合评价改革的特点与启示. 考试研究，2016（2）：42-48.

某一阶段。[①]

第二阶段的考试依旧以考试分数为主要录取标准。但由于以考试分数为录取依据逐渐难以满足大学选拔多样化人才的需求，越来越多的大学开始采用非定量方法作为分数标准之外的补充形式对学生进行考量。也就是说，大学在综合考虑学生两个阶段的考试成绩后，还会参考学生高中时期的调查书、体检表、校长推荐信、大学面试成绩等材料，对考生进行择优录取。这样的录取标准既有利于大学全面掌握考生情况，甄选到最符合选拔要求的学生，也有利于学生展示自己的优势学科，培养学业成绩之外的更多能力，还有利于加强高中和大学的联系，大学对学生在高中的表现的参考是对高中学校及其教育质量的极大肯定，大学也能从高中获得更多的信息。目前，第二阶段的考试主要有个别学力检测、入学选拔办公室（admissions office，AO）考试和推荐入学三大类。

1. 个别学力检测

大学在全国共同学力第一次考试之后单独组织的测试被称为个别学力检测，是第二次考试的主要类型。个别学力检测由各个大学单独组织，考试内容和考试方式有很大不同，集中反映不同大学的办学定位和人才选拔理念。考试科目有4门，各门科目下设不同的选考科目，学生可以根据自己的报考需要自行决定参加哪几门科目的考试。个别学力检测的目的在于鉴别考生的学力、适应性与能力。[②]

2. AO 考试

AO 考试不同于其他的考试，主要用于选拔优秀人才。AO 考试由大学招生考试机构统一安排，重在考查学生的综合素质，侧重于多元化地评价考生的实际水平，综合考查学生的研究能力、适应性、学习意愿和发展潜力等。

3. 推荐入学

推荐入学类似于我国的保送生制度和北京大学自主招生中的“中学校长实名推荐制”。推荐入学是以中学校长的推荐信、高中学习成绩、健康状况、行

① 于钦波，杨晓. 中外大学入学考试制度比较与中国高考制度改革. 成都：四川教育出版社，2000：181.
② 李雄鹰，王颖. 日本大学入学考试中的综合评价研究. 当代教育科学，2016（18）：48-51，64.

为表现等为主要依据的录取方式，一般有三种方式：其一，具有保送资格的学生需要参加全国共同学力第一次考试，并对此成绩+中学校长推荐信+调查书+面试情况等进行综合评价后择优录取；其二，考生总共要参加两个阶段的考试，首先是纸质测试，然后是提交小论文或进行面试，最后依据多种成绩择优录取；其三，考生可以不参加全国共同学力第一次考试，仅凭校长推荐信等录取。推荐入学制不仅有利于协调高中与大学之间的教育目标，同时也有利于大学招录到优秀的人才。

三、特点与启示

（一）日本大学招生考试评价的特点

日本是一个典型的“学历社会”，各类考试竞争十分激烈，日本也一直在努力通过各项高等教育改革措施来缓解大学入学竞争激烈的局面，以实现高等教育公平。在此过程中，大学招生考试评价得到了不断发展，形成了鲜明的特点。

1. 大学拥有招生自主权

日本大学拥有受法律保护的自治权，拥有不可侵犯、不受行政干涉的招生权，因此，会不会采用大学入学考试成绩、采用比例为多少以及如何采用等，均由大学自主决定。与此相对，大学对后期自行统一安排的考试也享有绝对的自主权，大学可以根据本校特色和专业特点等自行决定选拔标准和要求。

2. 入学通道多样化

全国共同学力第一次考试、各大学单独组织的个别学力检测、推荐入学、AO 考试、特殊考试等共同构成了日本多样化的入学通道。[①]入学通道的多样化不仅适应了不同考生的个性化需求，为考生提供了多种可能性，同时也给予了大学更大的招生自主权。

3. 评价指标多元化

实际招生过程中，日本大学既会参照学生的大学入学考试分数，还会参照

① 李雄鹰，王颖. 日本大学入学考试中的综合评价研究. 当代教育科学，2016（18）：48-51，64.

学生的高中成绩与学习活动表现等，多方面、综合性地评价学生的实际水平。此外，日本也在积极地探索如何改革国家统一考试和大学自主组织的考试，以求更加多元化、多角度地衡量考生的能力。

（二）对我国高考招生评价体系改革的启示

虽然我国与日本的国情不同，社会制度也不同，但因中国儒家文化对日本有着深远的影响，日本与中国有着相似的传统文化背景，且在高等教育发展过程中，中日双方同时是后起国家，也同时受到欧美国家高等教育的影响，往往会遇到较多类似的境遇与挑战。因此，了解日本的大学招生考试评价体系，并借鉴其成功经验，对我国有着极其重要的意义。

1. 国家统一组织考试与大学独立安排考试相结合

日本采用国家统一组织考试与大学独立安排考试相结合的大学招生考试体系，既有利于国家集中力量统筹安排考试，确保考试公平、公正，也有利于保证大学招生的自主权。大学拥有组织第二次个别考试的权利，可以自行决定是否在录取过程中采用国家统一考试的成绩，有利于发挥大学的主动性和积极性。我国的高考同日本的大学招生考试一样，竞争一直比较激烈，虽然高考存在一些问题，受到一些批评，但无论如何，高考是保证招生公平的重要途径，未来我国的高考改革应在统一考试的前提下进行多样化尝试，给予各大学更多的自主权，允许多元的评价方式，多方位考查学生，使大学更加深入地了解学生，同时促进学生的个性化发展。

2. 考试科目和考试内容的多样化

日本大学招生考试体系在考试科目的设置上具有多样化的特点，以 3 门固定科目和 3 门选考科目为基础，为考生提供了一定的可选择范围，满足了不同考生的个性化需求。同时，大学拥有按照专业要求自主规定考试科目的权利，能够依据专业知识结构选拔更符合本专业要求的学生。在具体的考试内容上，日本大学招生考试更多的是智能性考题，旨在考查学生的学习能力、理解能力和应用能力，而非死记硬背能力。这启示我们，在改革高考考试科目的过程中，可以合理增加考试科目的可选择性，满足大学和学生的个性化需求，促进高等教育普及化背景下人才选拔的多样化趋势。

3. 建立配套的面向高中的职业规划指导体系

日本大学招生考试的第二阶段，需要考生自主选择和参加目标大学组织的个别考试。为避免学生在升学选择和专业选择上的盲目性，有导向地分流学生，日本在高中阶段建立了相应的升学就业指导体系，配套专门的生涯规划指导老师，将学生生涯规划指导工作规定为学校日常教学计划的一部分，定期为学生开展职业兴趣测验和适应能力测验等，为学生介绍各大学和专业的设置情况。① 基于高中阶段完善的升学就业指导体系，日本学生普遍在大学招生考试前就已基本确定自己的目标大学和目标专业，因此学生在备考阶段的目标就更明确，日本各大学和“大学入学考试中心”也相对节省了资源、提高了效率。反观我国，高中的学生升学就业指导体系并不完善，学生对高考以及大学各专业的认识还停留在比较浅显的层面。在高考改革“3+3”模式的推进下，高校的每一个专业都对学生提出了报考要求，这就要求学生在选择专业时对学科特长、自己的兴趣爱好乃至未来的生涯规划有一个全面而清楚的认知。做到这一点并不容易，盲目的选择往往既不利于学生的长远发展，也浪费了大学和国家的资源。为了配合高考改革的顺利推进，建立完善的高中职业规划指导体系十分必要。

① 王等等，赵康燕. 日本大学招生考试制度：沿革、特征及启示. 山东高等教育，2019（3）：52-58.

第四章　高考评价科学性与公平性的理论研究

高考作为连接中学教育与高等教育的关键一环，肩负着高素质人才选拔的重要使命。1952 年，新中国开始实行普通高等学校招生全国统一考试。“文化大革命”期间，高考被废止，1977 年后得到恢复，迄今已有几十年。作为一项重要的国家级教育考试，高考经历了多次改革。改革要推行，理论须同行，对于这项广受关注的高竞争和深影响的高考评价改革，不仅要在制度的指导下积极实践，而且要从理论视角深化对高考制度的认识、思考与研究；一方面要为确保高考的顺利进行、化解高考存在的难题提供理论依据，另一方面要丰富和深化相关理论。考试理论研究是考试改革实践的指导。本章以现代教育测量与教育评价理论为基础，拟从学生综合素质评价理论与教育公平理论视角对高考评价的核心问题进行理论分析和思考，以期为高考评价体系的建构奠定理论根基。

第一节　现代教育测量与教育评价理论

高考评价本质上是一项测量、甄别、选拔和评价考生的教育测量与评价活动，教育测量与教育评价理论是其最基本的理论基础。教育测量与教育评价理论是保持考试科学性的重要保障，高考评价正是依凭这些理论来确定考试目标、建立考试评价体系、选择考试内容与评价形式、分析应用考试结果的。

教育测量与教育评价是两个既有关联又有区别且极易混淆的概念，一般而言，教育测量是教育评价的重要组成部分，是科学、客观、标准化地测试学生知识和能力的手段，是提高教育评价水平及科学性的有效保证。[①]教育评价既能以教育测量为基础，也能通过非测量方式展开评价。在早期发展阶段，教育测量与教育评价交织在一起，经历了“测量”=“评价”的发展时期，评价在本质上被认为是以测量为手段对学生的知识掌握情况进行测定的手段。随着人们对测量与评价的研究及对其功能的认识的加深，二者开始独自发展，各自形成了完备的理论体系。

一、教育测量理论

根据麦斯雷弗的划分，教育测量理论的发展经历了两个阶段：第一个阶段是标准测量理论阶段，包括经典测量理论、项目反应理论、概化理论；第二个阶段是以认知诊断为核心的新一代测量理论，即认知诊断理论阶段。这里主要介绍经典测量理论、项目反应理论和认知诊断理论。

（一）经典测量理论

经典测量理论是以真分数理论为核心的理论假设，真分数是测量中不存在测量误差时的真值或客观值。真值无法直接获得，因此将真分数操作定义为对同一对象经过无数次测量后得出的平均值，通常用 T 表示。[②]经典测量理论的数学模型为

$$X=T+E$$

其中，X 代表观测值，T 代表真分数，E 为测量误差。

将经典测量理论应用于考试，可理解为学生的实际得分等于真分数与误差分数之和。实际得分的变化是由测量误差造成的，误差越小，实际得分就越接近于真分数。然而，由于测量误差不可消除，实际得分永远不可能等于真分数。

经典测量理论有三个基本假设：第一，真分数固定不变，是一个常数。从本质上讲，真分数是指被测者在一定程度上具有某种稳定性的心理特质，至少

① 涂艳国. 教育评价. 北京：高等教育出版社，2010：134-135.
② 金瑜. 心理测量. 上海：华东师范大学出版社，2001：175.

在特定的时间或范围内，个体的某个特质保持恒定，为一个常数。第二，误差是完全独立的、期望为 0 的正态随机变量，即多次测量的误差的平均数为 0，或误差分数与真分数的相关为 0。在多次测量中，误差值有正有负，若误差值为正，则观测分数高于真分数；若误差值为负，则观测分数低于真分数。但是当进行足够多次的重复测量时，这种正负偏差会相互抵消，得到平均数为 0 的测量误差分布。第三，人们能够编制出平行测验，当两个测验能够测量同等特质且具有同等控制误差的能力时，就被视为平行测验，平行测验的分数的平均数和方差相等。

以上假设共同构建起经典测量理论的理论基础，即信度、效度、项目分析（难度、区分度）、常模、标准化等，并提出了简便易行的信度、难度、区分度的各种计算方法。经典测量理论的理念和方法对试题质量分析和科学性分析、考试的标准化、考试分数的解释等发挥了重要作用，且具有重要的意义。目前，这些概念、理论和方法已为人们所熟知，且仍然被广泛使用。

但经典测量理论也有其无法克服的局限性。第一，项目的难度、区分度及信度等统计量与样本存在紧密的联系。项目的难度多以通过率为指标，对于一个测量项目而言，当所选取的被试样本能力高时，项目通过率就高，项目的难度便低；当所选取的被试样本能力低时，项目通过率就低，项目的难度便高。项目的区分度通常以项目与总分的相关或高低能力组的通过率之差来表示，相关系数的绝对值越高或两组间能力差别越大时，项目区分度越高，反之则低。项目的信度也依赖于被试样本，当所选取的被试样本能力水平的差异较大时，测验分数的分布范围较广，信度值便较高，反之信度值便较低。因此，当被试样本不同时，项目统计量也不同。[①]第二，经典测量理论无法回答可观察的测量分数与不可观察的学生能力之间究竟存在怎样的关系这一问题，所谓“测量分数=真分数+测量误差”这一模型只是从外部进行现象描述，把真分数假定为反复测量的平均值，并未能从本质上揭示测量分数与学生能力之间的关系。同时，经典测量理论的信度测量是以平行测验假设为基础进行的，但在实践中严格的平行测验几乎是不存在的。第三，测量编制的指导策略单一。经典测量理论建立在考生的能力水平近似或是正态分布的前提下，但多数情况下，考生的

① 杜洪飞. 经典测量理论与项目反应理论的比较研究. 社会心理科学，2006（6）：15-17.

某些能力或心理特质并不一定接近或是正态分布，以此为假设的测验会因为考生能力水平的不同而产生测量误差。[①]因此，经典测量理论对测验等值、适应性测验、标准参照性测验的编制问题不能给出满意的解决方案。

（二）项目反应理论

项目反应理论也被称为潜在特质理论或潜在特质模型，是为弥补经典测量理论的局限而产生的。20 世纪 60—70 年代，以项目反应理论为核心的现代考试理论代替了古典考试理论，开始着力揭示学生能力水平与外部观察分数之间的关系。项目反应理论是一组具有共同基本思想的试题应答模型或项目反应理论模型的统称，其基本思想是学生对一道题目的应答可以看作学生的特征和试题特征的函数。项目反应理论假设学生有一种潜在特质，在测验中，潜在特质一般是指潜在的能力，学生在测验项目中的反应和取得的成绩与他们的潜在特质有特殊的关系。最简单的项目反应理论模型假定学生在某道题目上的表现只依赖于某一潜在特质，学生在该题目上的表现以及测量的特质之间的关系可以描述为增函数关系，这个函数通常称为试题特征函数，其图形称为试题特征曲线，其数学表达式为

$$p(\theta)=c+\frac{1-c}{1+e^{-1.7a(\theta-b)}}$$

其中，$p(\theta)$ 为答对概率，θ 为学生能力水平，a、b、c 分别代表区分度、难度和猜测系数。

该函数的图形如图 4-1 所示，随着考生能力的不断提高，题目答对概率也随之提高。曲线的对称点是曲线的拐点，它在能力水平轴上的取值为 b。随着拐点位置向右移动，b 值越大，意味着较高的答对概率对学生的能力有更高的要求。因此，b 代表项目的难度。a 是曲线拐点处切线斜率，是曲线最大的斜率值，当切线斜率增大，曲线变得陡峭，试题的区分能力增强；若切线斜率减小，曲线变得平缓，则试题的区分能力减小。因此，a 代表区分度。c 值是单凭猜测答题而成功的概率，直线 $p(\theta)=c$ 是试题特征曲线的下渐近线，是能力水平为

① 李金波. 让考试更科学——基于命题视角的研究. 武汉：武汉大学出版社，2012：14.

$-\infty$的学生答对试题的概率，称之为猜测系数。[①]例如，五选一的题目的猜对概率是0.2，则c值为0.2。项目反应理论中的三个参数都沿用了经典测量理论中的名称，但其定义的角度与方式都有了质的变化。

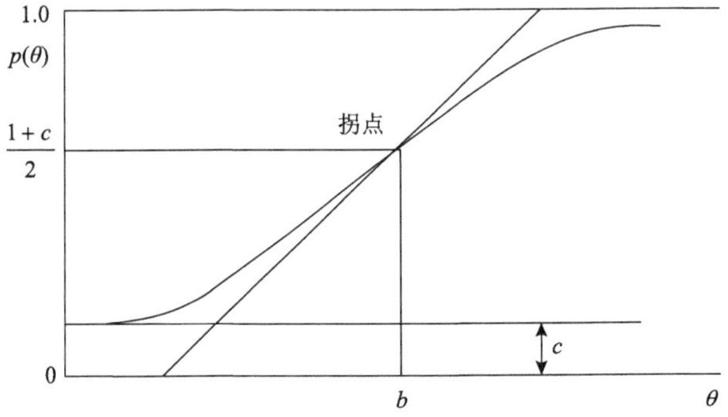

图 4-1　试题特征曲线示意图

项目反应理论有三个基本假设：第一，测量的单维性假设。项目反应理论假定一道题目只能测量考生的一种能力或特质，而且考生正确回答题目的概率仅与该题目所要测量的能力水平有关。第二，局部独立性假设。项目反应理论认为每一个学生对试卷各项目的回答概率是独立的，不受其他问题的影响，学生对某道题目正确应答的概率完全取决于学生的能力水平和试题特征。第三，项目特征曲线假设。试题特征曲线是正确回答试题概率函数的图形，是正确回答试题概率与能力特质间的函数关系或其图形形式所做的假设。对于同一试题反应模型，有唯一的试题特征曲线假设与之对应。

项目反应理论的优点有三点：第一，试题不影响对学生能力水平的估计，只要试题符合试题应答模型，无论用哪些试题测试学生，所获得的学生能力参数不变，这一特性被称为能力参数不变性。因此，即便学生参加不同考试，能力水平也可以被比较，这弥补了经典测量理论中试题难度与考生能力不可比较的缺陷。第二，试题参数的跨群体不变性。在经典测量理论中，试题的难度、区分度等都受到参与测试的样本的影响。在项目反应理论中，用同一批试题测试来自同一总体的不同样本，只要样本覆盖面足够广，则估计出的试题参数是

① 李金波. 让考试更科学——基于命题视角的研究. 武汉：武汉大学出版社，2012：15.

一样的，这一特性被称为试题参数的跨群体不变性。[①]第三，能力参数与项目难度参数的配套性。在经典测量理论中，学生的能力参数与试题的难度参数不在同一个量尺上，无法进行直接比较；而项目反应理论则在同一量尺上定义学生的能力参数与试题的难度参数，使之相互匹配，可以进行直接比较。[②]

在国外，项目反应理论已在考试中得到广泛应用。目前一些大型的考试如托福（test of English as a foreign language，TOEFL）、美国研究生入学考试（graduate record examination，GRE）等都相继采用了以项目反应理论为基础的计算机化适应性测验（computerized adaptive testing，CAT）[③]，一些传统的智力测验如比奈智力测验、韦氏智力测验、瑞文智力测验等也使用项目反应理论作为分析的理论依据。在国内，虽然项目反应理论的发展较晚，但近年来将其应用于考试的研究和实践发展迅速。具体而言，由于项目参数估计独立于样本信息，将项目反应理论应用于考试项目分析来估计项目的难度、区分度等参数的效果优于经典测量理论。此外，项目反应理论引进了信息函数的概念，可以根据不同测验的需要设计不同的测验目标信息函数，从而达到精确控制测验误差的目的，因此还能较好地应用于测验等值计算，以便揭示两等值测验的等值关系。例如，应用于题库建设，便于高效地编制纸笔形式的测验；应用于编制计算机化适应性测验，便于形成一套题库建设、选题策略等的理论和方法；应用于项目功能差异（differential item functioning，DIF），便于检测项目功能偏差。[④]从以上应用领域可以看出，项目反应理论几乎可以全方位地应用于考试评价的各个环节，涉猎范围极其广泛。

项目反应理论构建于复杂的数学模型之上，其概念和理论推导较经典测量理论更加严谨和科学，包含更多的项目信息。但在实践中，项目反应理论也存在一定的局限性，实质上并未超越经典测量理论的框架。第一，很难找到符合

---

① 王后雄. 教育考试的理论与方法. 北京：北京大学出版社，2011：48.

② 罗照盛. 项目反应理论基础. 北京：北京师范大学出版社，2012：6.

③ CAT 以项目反应理论为基础建立题库，并由计算机根据被试能力水平自动选择测题，最终对被试能力作出估计的一种新型测验。CAT 不同于传统的纸笔测验，它的测验试题的呈现和被试对试题的解答都是通过计算机完成的。CAT 也不同于一般的计算机化测验，计算机在测验过程中不只是呈现题目，输入答案、自动评分、得出结果，而且能根据被试对试题的不同回答自动选择最适宜的试题让被试回答，最终对被试能力作出最恰当的估计。

④ 戴海崎. 国内项目反应理论（IRT）应用研究述评. 考试研究，2005（11）：16.

项目反应理论单维性假设的条件，这是其主要缺陷。项目反应理论的单维性假设只能在测验中测量考生单一的能力或特质，但严格的单维性是难以满足的。实践中的难点在于单维性标准的确立，即使用项目反应理论时需要确立什么程度的单维性，目前尚缺乏充分的理论依据。第二，依赖于复杂的数学模型而建立起的项目反应理论的理论假设更可靠，计算过程复杂，不易人为掌握，理论研究尚可，实践应用会受到极大限制。第三，两级记分模型是当前项目反应理论主要的应用模型，但其局限于单维反应模型，理论界正在探寻更高级的项目反应理论模型，尚难以结合具体实践。第四，项目反应理论有严格的测验条件，需要充足的样本容量、广阔的被试能力分布范围、足量的测题数量，因此项目反应理论的精确性会受到以上条件的影响。[①]由此看来，项目反应理论只有在克服自身的局限之后，尤其是其操作变得相对简单容易之后，才有可能更加广泛地应用于考试实践中。

（三）认知诊断理论

随着个体的成长需求与教育的发展，单将一个简单模糊的测验结果或考试分数提供给学生的方式已难以满足教育测量的目的。诊断学生的认知结构及其变化情况，以更丰富、全面、直观、详细的评价结果反映学生的学习过程和认知结构的变化，并将这一评价结果反馈给学生，这是学生对教育评价的新诉求。对学生的认知结构及其变化情况进行诊断，一方面有利于深化学生的自我认知，促使学生形成确切的自我概念；另一方面有利于为教育教学提供准确的反馈信息，增强后续教育教学的针对性。为了实现对学生内部心理过程进行诊断的目标，弥补经典测量理论和项目反应理论的不足，伴随认知心理学的发展，教育测量逐渐与认知心理学相结合，形成了认知诊断理论。1993 年，*Test Theory for a New Generation of Tests* 一书的出版标志着认知诊断理论的诞生。到 2001 年，美国《不让一个孩子落后法案》明确规定，美国所实施的考试评价必须为老师、家长和学生提供足够的诊断信息，并指出只考试不诊断或只诊断而不做补救措施的考试评价都是不负责任的行为。[②]从此之后，考试评价日益强调诊断对于

① 杜洪飞. 经典测量理论与项目反应理论的比较研究. 社会心理科学，2006（6）：15-17.

② No Child Left Behind.（2015-08-21）. http://www.ed.gov/category/keyword/no-child-left-behind-nclb.

学生发展的重要性。

传统的测量理论如经典测量理论和项目反应理论关注的焦点是测量分数，但测量分数无法反映和提供学生内部的心理加工过程、加工技能、认知结构等信息，且由于学生的心理结构和认知结构存在个体差异性，即便获得相同分数的学生，其心理加工过程往往也不一样。认知诊断理论正是为了克服这一缺陷而被提出的。

认知诊断是对个体认知过程、加工技能和认知结构进行诊断、评估的测量评价。大脑的运转模式及思维过程难以被直接观测，要实现测量、诊断和评估个体的内部心理加工过程并非易事，因此，测量学家与认知心理学家将测量学、认知心理学、数学等学科的理论与方法融合在一起，开发出了具有认知诊断功能的心理计量模型，通过学生对测验项目的应答结果来间接测量学生的内部心理加工过程，并提供相应的诊断信息。[①]

认知诊断理论建立在认知心理学和心理测量学两大理论与方法的基础之上。一方面，认知诊断必须借助于认知心理学的研究方法，对测量任务所涉及的知识、技能、策略、加工过程与成分等各类认知变量进行认知分析，获得测量任务的实质性的心理模型，这是认知诊断工作的起点；另一方面，实现认知诊断离不开以测量学为基础的测验设计，即根据测量对象的实质性心理模型来选择、编制项目和测验，以达到详细描述被试间差异的目的。[②]通过基于良好的项目设计所测验出的外在表现来了解考生的内在认知特点是认知诊断测验设计的核心要点，这有利于获得学生内在认知的特征，进而了解学生的内部心理过程。

此外，认知诊断还需要以数学和计算机科学为强大后盾。认知诊断理论的模型一般都比较复杂，而且在形式上呈现出高度数字化的特点，因此，认知诊断理论模型的构建极为关键。学生模型、概念网络模型和心理测量属性模型是当前比较成熟的三种诊断模型。其中，学生模型主要用来诊断学生是否掌握了某一知识领域的产生式规则；概念网络模型主要用来诊断学生对某一知识领域中或某个特定问题的解决过程中所涉及的关键概念及其关系的掌握情况；心理

① 涂冬波，蔡艳，丁树良. 认知诊断理论、方法与应用. 北京：北京师范大学出版社，2012：2-3.

② 刘声涛，戴海崎，周骏. 新一代测验理论——认知诊断理论的源起与特征. 心理学探新，2006（4）：73-77.

测量属性模型又可分为潜在特质模型和潜在分类模型，前者旨在通过学生获得的分数分析其所具备的潜在特质，后者则按照分数判断学生间潜在特质的差异，并根据差异对学生进行分类。①

认知诊断是一个复杂的流程，具体如图 4-2 所示。②

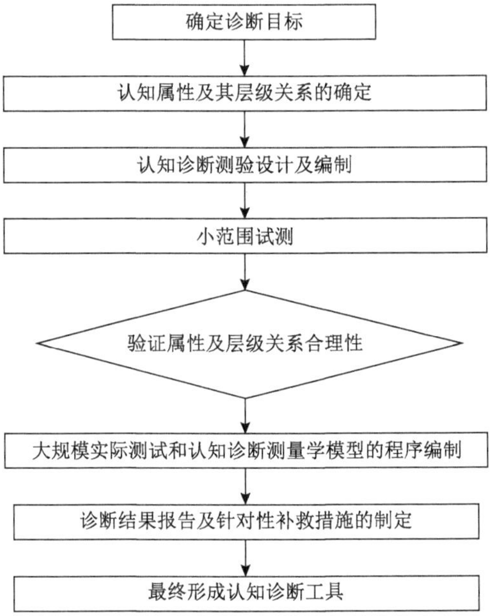

图 4-2 认知诊断的基本程序

第一步，确定诊断目标。即确定对哪个学科、哪个单元、什么内容进行诊断，进行什么类型的诊断，是生成性诊断、过程性诊断还是终结性诊断。例如，对语文科目第三单元的阅读部分和写作部分进行终结性诊断。第二步，认知属性及其层级关系的确定。以已确立的诊断目标为基础，进一步分析学生在解决相应问题时所需要的知识及心理加工过程，从而确定这一诊断目标所涉及的知识结构和认知技能，建构问题解决的认知加工模型。属性的确定主要包含专家确定法、口语报告法和回顾文献法三种方法。其中，专家确定法指由对某个学科内容十分熟悉的专家从学科知识的关系角度给出学习内容的认知属性；口语

① 李金波. 让考试更科学——基于命题视角的研究. 武汉：武汉大学出版社，2012：17.

② 涂冬波，蔡艳，丁树良. 认知诊断理论、方法与应用. 北京：北京师范大学出版社，2012：11-14.

报告法指学生在解答问题时出声报告思维过程或在实验结束后汇报思维过程；回顾文献法指通过分析已有的研究成果来使认知属性得以确立的方法。第三步，认知诊断测验设计及编制。在以上基础上编制测验时，一方面要尽量使属性掌握模式与理想反应模式间存在对应关系，增大不同认知属性测验项目间的区分度；另一方面要保证每个属性均有3道以上的测验题目，以减少随机误差。第四步，小范围试测。即用初步编制好的认知诊断测验进行预测，根据学生应答数据来分析测验是否达到了事先拟定的诊断目标，是否反映了属性间的关系，属性关系是否合理。这一步通过后，方可进入第五步，若未通过，则需要返回到第二步，重新分析和确定属性关系。第五步，大规模实际测试和认知诊断测量学模型的程序编制。通过样本足够大的认知诊断测试获取测量数据，并根据所获数据编制认知诊断测量学模型的程序，测算相关参数。第六步，诊断结果报告及针对性补救措施的制定。诊断结果报告应遵循定量与定性相结合的原则，并针对实际存在的问题给出相应的问题解决方案。

认知诊断理论的产生与发展对教育测量与教育评价具有十分积极的意义。首先，认知诊断最主要的功能是促进发展，这也是进行教育测验的最重要目的。认知诊断通过认知分析的方法实现对学生内部心理机能的测量，依据此方法设计出的测验可以探测学生的心理活动机制与相应机制之间是否一致或存在缺陷，若存在缺陷，则依据缺陷提出相应的补救措施，促进学生发展。其次，认知诊断有利于提高测验的内容效度。内容效度是衡量测量准确性及科学性的常用指标，也是重要指标。不同于以经典测量理论或项目反应理论为指导编制的标准化测验，依据认知心理学研究成果所编制的认知诊断测验不仅重视学生的知识结构，而且能够保证测验的内容效度。[①]另外，认知诊断还有利于推进个性化教育。认知诊断能够对学生在学习中存在的认知特点与问题进行诊断，并对其做出较精准的判断，进而为制定具有针对性的补救措施及下一阶段的教育活动提供充分依据。[②]认知诊断理论被提出以来，不仅大量的理论研究与认知模型被开发和研究出来，而且这些模型还不断被尝试着应用于实践。美国的初步学术评估测试（preliminary scholastic assessment test，PSAT）就是根据认知诊断理

① 刘声涛，戴海崎，周骏新. 新一代测验理论——认知诊断理论的源起与特征. 心理学探新，2006（4）：73-77.

② 涂冬波，蔡艳，丁树良. 认知诊断理论、方法与应用. 北京：北京师范大学出版社，2012：14.

论编制的大规模认知诊断测验。基于计算机自适应考试理论与技术的发展，一些研究者也在尝试建立用于认知诊断的计算机自适应考试。[①]在国内，认知诊断理论处于研究和模型开发阶段，有一些小规模的实验与实践，已对考试命题的理念产生了重要影响，且未来还有较大的发展空间。

不过，作为一种新的测量理论，认知诊断理论依旧存在很多值得深入思考与探讨的问题。认知诊断理论在探讨学生认知结构与内部心理机制方面形成了很好的理论建构，不仅具有明确的目标，还构建了清晰的流程图和理论框架。但将认知诊断理论应用于实践且大规模地推广实施并取得理想研究结果的过程仍旧十分困难。认知诊断理论以认知心理学、心理测量学、数学为理论基础，但目前认知心理学家对大脑和认知的研究，仍然使用计算机作为工具来模拟人脑的内部加工过程，所取得的研究结果大多是解释性的和描述性的，在依据理论进行实践测量时并不具有很强的可操作性。同时，心理测量学要开发出合适的、实用的统计模型也很困难。复杂的模型更能贴合有关个体的认知心理，得到的参数更能精确地解释个体的心理特质，但难以解决参数估计等技术难题。此外，认知诊断研究与应用中复杂的数学模型也令大多数人望而却步，并在一定程度上给理论的理解、实践和推广带来了困难。[②]

以上介绍的经典测量理论、项目反应理论和认知诊断理论代表了测量理论的不同发展阶段。从理论、技术及应用角度来看，前两者仍在现代考试评价中有着广泛的影响与应用，仍然是考试内容选择、命题、考试质量分析与评价、考试分数解释的核心理论。但从前景来看，认知诊断理论虽然距离大规模应用还有一段时日，但它提出了很好的理论构想，代表着测量理论的未来发展趋势。从教育测量角度来看，目前我国的高考评价主要体现的仍是经典测量理论和项目反应理论，即更关注难度、区分度、信度等内容，而对学生认知结构及其变化的关注不够，测量结果的科学性和公平性有待进一步提高。未来，基于认知诊断理论的测试模型应是提高教育测量科学性和公平性的突破点和关键。

① 李金波. 让考试更科学——基于命题视角的研究. 武汉：武汉大学出版社，2012：22.

② 刘声涛，戴海崎，周骏新. 新一代测验理论——认知诊断理论的源起与特征. 心理学探新，2006（4）：73-77.

二、教育评价理论

泰勒最早对教育评价做出定义，自此开创了教育评价领域的研究。此后经由克龙巴赫、斯塔弗尔比姆、斯克里文、古巴及林肯等的研究，教育评价理论得到不断扩展和完善。迄今为止，不同的学者仍从不同的角度或方面来定义教育评价，其定义尚无统一定论。自教育产生以来，便有了教育评价活动，虽然目前尚未形成客观的、科学的及标准的评价体系，但教育评价理论仍在不断地应用和发展过程中。回顾教育评价理论的发展历程，多数学者将其划分为四个时期，即测量时期、描述时期、判断时期和强调心理建构时期。

（一）测量时期

教育界最早利用测量工具进行教育评价是在 19 世纪，19 世纪末至 20 世纪 30 年代被称为测量时期，这一时期的教育评价等同于“测量”，测量理论的形成以及测验技术的广泛运用是这一时期的显著标志。这一时期的教育评价追求评价的客观性，将测量作为工具来了解学生对知识的掌握程度等情况。19 世纪末 20 世纪初，流行于世界的科学管理运动对学校教育及教育评价产生了重要影响，这一运动将学校视为工厂，将教师视为产品加工者，将学生视为学校教育的产品。同时，这一运动还认为教师的教学水平、学生的学习情况以及学校的教育活动都是可以量化的。美国著名心理学家桑代克的《心理与社会测量导论》一书，较为系统地介绍了统计方法在测量中的应用和编制测验的基本原理，指出“凡是存在的东西都有数量”[①]。之后，麦柯尔进一步补充道：“凡是有数量的东西都是可以测量的。”[②]这一断言极大地推动了当时教育测量的发展，加之当时自然科学的发展，各种统计、测量技术得到长足发展，为教育测量提供了相对可靠的测量工具。在此背景下，一批心理学家致力于测量技术的研究运用，代表人物有高尔顿、冯特、桑代克等。1905 年，在法国诞生了世界上第一个智力测验量表——“比奈-西蒙智力量表”，此后，智力测验、人格测验如雨后春笋般涌现，并被广泛运用于教育、军事、管理等领域。截至 1928 年，国

① 转引自田中耕治. 教育评价. 高峡，田辉，项纯，译. 北京：北京师范大学出版社，2011：16.

② 转引自罗黎辉，高翔. 教育测量与评价. 昆明：云南教育出版社，1996：14.

际上已有标准心理测验和标准学历测验 3000 余种。[①]教师不仅在学业检查、教育诊断、课程调查等方面应用客观测验，而且在平时教学中也开始运用。纵观这一时期的教育测验，内容上由单科向综合发展，测验范围上由小学向其他层级学校延伸，教育测量的客观化和标准化得到加强。但以测量代替评价，也使这一阶段的教育评价局限于感知觉、记忆等认知方面，难以涉及对兴趣、动机等非认知因素的测量。[②]

（二）描述时期

描述时期（20 世纪 30—50 年代）注重对测验结果进行描述，将教育目标与教育结果进行对比，侧重二者的一致性程度，力求形成标准化的教育评价。这一时期开始区分教育评价与教育测量的概念，并明确提出了教育评价的概念。以泰勒提出的以教育目标为核心的教育评价原理，即泰勒原理的出现为标志，诞生了实质意义上的教育评价，泰勒也因此被称为“教育评价之父”。

泰勒的教育评价思想来自美国著名的“八年研究”。20 世纪 30 年代，美国的经济大萧条严重影响了教育的发展，许多学校被迫关闭，继续开办的学校也大多减少了班级数量，同时青少年的犯罪率上升。为化解种种社会问题，1930 年，美国成立了课程改革委员会，展开了为期八年的课程研究。由于新的课程目标和内容与原有的以测量为主的评价方式不相融合，1934 年，以泰勒为组长的专门评价小组成立，主要研究新的评价方法，以检测学生学习新课程之后的变化。针对当时学生评价存在的问题，泰勒打破了教育测量的框架，明确提出了新的评价理念。他认为所谓教育，就是使人的行为方式发生变化与改进的过程；学生形形色色的行为方式的改进就是教育目标；教育评价就是对预定结果与实际结果进行比较，看其在多大程度上实现了教育目标；人的行为是复杂的，因此要从各方面对其进行评价；评价方法只靠纸和笔是不够的，还应该使用包括行为观察在内的多种手段。[③]在此基础上，泰勒进一步指出：“教育评价的历程在本质上是一种测定教育目标在课程和教学方案中究竟被实现多少的历

① 李雄鹰. 高考评价研究. 武汉：华中师范大学出版社，2016：215.
② 涂艳国. 教育评价. 北京：高等教育出版社，2010：27.
③ 洪其华. 泰勒的教育评价观述评. 高教评估，1992（2）：19.

程。”[1]由此看来，泰勒提出的教育评价就是根据预定的教育目标，通过系统地、有目的地收集资料信息，来判断课程活动是否实现了课程目标的活动过程。

泰勒认为，必须根据知识、学生、社会三种信息来确定学校教育目标，学校教育目标包括获得信息，培养工作习惯和学习技能，培养有效的思维方式，内化社会态度、社会价值标准和社会评价标准，保持身体健康，发展生活哲学六个方面。[2]在这一思想的指导下，教育评价被分为八个步骤：拟定教育目的和目标；对教育目的和目标进行分类；将教育目的和目标转换为适合课程实施的形式；创设可以实现具体目标的情境；选择和编制客观性、可靠性、有效性较高的测验；收集学生行为表现的资料；把学生的行为表现与既定目标进行比较；根据评价结果修改教育方案。[3]

泰勒的观点在教育评价研究领域激起了巨大的波澜，其理论影响一直延续至今。他提出的教育评价模式不再局限于对学生进行测量，而是强调通过教育评价来促使学生实现更有效的学习，具有评价结构严谨、目标具体明确、可操作性强、实用性强的优势，并对教育评价的功能进行了优化。但他提出的教育评价模式重视对结果的评价，忽视了对教育过程的评价；过于强调目标，给学生的学习预设了一定目标，而未重视学生的主体性，隐含消极和被动的观念；在进行教育评价时多采用可量化和可行为化的目标，无法量化的目标难以被评价。但总体来看，瑕不掩瑜，直至今日，教育活动中仍可窥见泰勒的评价理论的踪影。

（三）判断时期

20 世纪 50—70 年代是教育评价的判断时期，这一时期强调价值判断，除了运用测量手段收集评价信息外，还根据一定的价值取向评判教育。1957 年，苏联第一颗人造卫星上天给美国以强烈刺激，促使美国投入大量的人力、物力和财力进行大规模的教育改革研究，其中就包括教育评价研究。教育评价因此迎来了一个快速发展期。

---

① 泰勒. 课程与教学的基本原理. 黄炳煌，译. 香港：桂冠图书公司，1981：119.

② 转引自 Worthen R B, Sanders J M. Education Evaluation: Alternative Approaches and Practical Guidelines. New York: Longman Inc, 1981: 63.

③ 李雄鹰. 教育评价理论发展视角下的高考评价改革审视. 石家庄学院学报，2018（5）：141-145.

1963年，克龙巴赫发表了《通过评价改进课程》一文，质疑了泰勒的评价模式。他认为，首先，评价者不仅应关心教育的目标，检验教育目标达到的程度，更应关心教育的决策；其次，评价的重点应放在教育过程之中，而不是在教育过程结束之后；最后，评价不是决定优劣的过程，而是一个收集和反馈信息的过程。[①]克龙巴赫将教育评价界定为一种收集和反馈信息的活动，这一活动有益于对教育方案进行决策。1966年，斯塔弗尔比姆指出，评价不应局限于评判者所确定的教育目标预期效果的达到程度，而应收集有关教育方案实施全过程及其成果的资料，以为决策提供信息。[②]1967年，斯克里文发表了《评价方法论》一文，提出形成性评价与终结性评价、比较评价与非比较评价、专业评价与非专业评价等概念是存在区别的。他认为教学评价的目的是形成适合于教育对象的形成性评价，还提出旨在评价非预期教育目标的目标游离评价模式。[③]1977年，毕比将教育评价定义为"系统地收集和解释证据，并以此作为评价过程的一部分，进而以行动为取向进行价值判断"[④]的活动。毕比首次提出教育评价要进行价值判断，认为教育评价就是对包括教育目标的价值在内的教育活动做出评判。

这一时期还先后出现了斯塔弗尔比姆的CIPP模式（亦称决策导向或改良导向评价模式）等多个教育评价模式，评价的多元化趋势开始出现。斯塔弗尔比姆创建的CIPP模式以决策为中心，包括背景评价（context evaluation）、输入评价（input evaluation）、过程评价（process evaluation）、结果评价（product assessment）四个部分。其中，背景评价旨在为确定教育目标提供信息；输入评价是对达到教育目标所需的条件和资源等所做的评价；过程评价旨在跟踪方案实施过程，以监督、检查和反馈实施效果；结果评价是对教育目标达到的程度所做的评价。CIPP模式主张评价是一项系统活动，旨在为评价者提供系统有用的信息。CIPP模式的优点在于其重视形成性评价，突出了教育评价的发展性功

① 转引自肖远军. 教育评价原理及运用. 杭州：浙江大学出版社，2004：35-36.

② 转引自潘玉驹，等. 学生评价的理论与实践——基于教学型本科高校的视角. 北京：中国社会科学出版社，2015：58-60.

③ 转引自卢立涛. 测量、描述、判断与建构——四代教育评价理论述评. 教育测量与评价（理论版），2009（3）：4-7，17.

④ 转引自T. 胡森，T. N. 波斯尔斯韦特. 教育大百科全书（1）. 张斌贤，译. 重庆：西南师范大学出版社，2006：613.

能，将评价作为提高教学质量和调整教育目标的工具。这一模式的局限性在于缺乏价值判断，过于重视信息收集，尚未将评价视为价值判断的过程，以及仅仅适应于大型评价活动，需要全面、充分的信息和充沛的资源才能实施。[①]

基于泰勒模式的弊端，斯克里文提出了目标游离评价模式。在他看来，泰勒模式忽视了非预期效应，仅从教育的预期效应入手构建教育评价模式。但他认为，评价者应该注意的是课程计划的实际效应，而不是囿于预期效应，因此他提出了目标游离评价模式，并把评价的重点从“课程计划预期的效果”转向“课程计划实际的效果”。但脱离教育目标、过分强调课程的实际效果的目标游离评价模式，极易脱离课程设计的初衷、背离评价的主要目的。

综上所述，不满足于对教育成果进行描述，而将评价视为价值判断的过程是教育评价在这一时期最显著的特点。这一时期诸多学者明确提出了评价为决策服务的思想，极大地增强了教育评价的影响力和作用。此外，这一阶段提出的过程评价以及形成性评价理念与方法意义深远，但这一时期的教育评价未能实现多元化，仍将评价对象及相关人员排除在外，而且虽然这一时期的教育评价强调价值判断，但价值判断是由评价者做出的，受到评价者自身经验与观念的影响，评价结果的客观与公正难以得到保障。最后，以科学实证主义方法为中心的教育评价，具有严格的程序或流程，缺乏灵活性与弹性，评价方案的适应性较弱。[②]

（四）强调心理建构时期

20 世纪 70 年代以后，教育评价进入了强调心理建构时期，开始强调评价是一种心理建构过程，提倡价值多元化、全面参与和共同建构，也被称为第四代教育评价理论。建构性评价的创立者是美国印第安纳大学教育学院的古巴和范德比尔特大学的林肯，1989 年，他们正式出版《第四代教育评价》一书，集中论述了建构性评价的基本观点和理论框架。前三个时期的教育评价理论在 20 世纪 70 年代初遭遇了猛烈的抨击，心理实验或心理测验曾在教育评价中占据中

① 冯生尧．CIPP 评价模式的理论进展及其启示．(2010-08-24)．http://www.pep.com.cn/kcs/kcyj/ztyj/xsyt/201008/t20100824_708329.htm.

② 肖远军．教育评价原理及运用．杭州：浙江大学出版社，2004：35-36.

心地位，但这类方法使用范围有限，面对教育评价中出现的日益复杂的问题越来越乏力。古巴和林肯集中阐述了前三代教育评价理论的不足和缺陷：第一，对价值多元化的排斥。他们认为，早先的教育评价理论要么缺乏价值判断，要么坚持关于评价目标、内容、体系等的唯一价值标准，这与逐渐流行的多元价值观和多元化思潮格格不入。[①]第二，对已接受范式，即科学范式的过度推崇。前三代教育评价理论受科学化思潮影响而过度推崇科学评价范式，过度控制评价内容、过程及目标，将评价置于一个事先拟定好的框架内，缺乏弹性和变通性。特别致命的是，前三代教育评价理论还将评价对象视为静态的和被动的，将评价对象本身排除在评价外，这样得出的评价结论的价值及其应用范围都值得怀疑。第三，官僚主义弊端。在以往的评价中，管理者通过提供资助这一方式控制着教育评价，决定着评价的范围、任务和对象。这会造成管理者无责、管理者与评价者关系有失公允、评价者处于无权地位以及评价者与管理者之间寻求权利寻租等不利影响，从而影响教育评价过程及结果。[②]

这一时期发展起来的建构主义理论成为新的教育评价理论的基石，且这一时期的教育评价理论强调评价的多元化，认为描述或理解世界的方式并非只有一种，而是条条道路通罗马，在不同的情境下存在不同的教育评价，评价与情境相互关联，不可独立存在。这一时期，质的研究方法渐渐映入人们的眼帘，虽然量化研究仍占据着稳固的地位，但研究者开始有意识地注重质的研究方法，质的研究方法开始发挥更重要的作用。古巴和林肯对教育评价做了详细的勾画和设想，认为教育评价描述的是所有评价者与评价对象的共同心理建构，是评价者与被评价者心理互动过程的记述，是对评价对象的主观性认识。教育评价中应存在多元价值判断，认可评价者对评价对象褒贬不一的价值判断的事实，以体现价值多元化，而价值多元化被认为是产生心理建构的基础。他们鼓励学生参与教育评价过程，以体现以生为本的人本主义精神，认为没有学生的教育评价是僵化的和机械的，由此得出的教育评价结论是欠缺丰富性和准确性的。此外，他们还重视教育评价结论的推广与应用，认为教育评价不应终止于评价

① T. 胡森，T. N. 波斯尔斯韦特. 教育大百科全书：教育评价. 张莉莉，译. 重庆：西南师范大学出版社，2011：61-62.

② T. 胡森，T. N. 波斯尔斯韦特. 教育大百科全书：教育评价. 张莉莉，译. 重庆：西南师范大学出版社，2011：60-61.

结果的获取，为了评价而评价，而应使教育评价结论对学生的成长、教学的改进发挥实质性的作用。①

这一时期的教育评价有两种基本的方法，即回应性聚焦法和建构性探究法。其中，回应性聚焦法强调评价是一种心理建构过程，以及评价的价值多元化和反权威等理念，认为评价是一种民主协商、公平参与的过程，鼓励评价的利益相关方基于自身的价值，用自身的语言表达自己的态度、主张和意见；认为评价应在自然情境中开展，反对控制评价过程，重视评价服务于学生发展的功能。建构性探究法是第四代教育评价理论的核心主张和主要方法，该方法认为并不存在绝对的、客观的真实，我们对现实的认识基于我们在与其他对象交互作用中形成的心理建构物。评价在本质上是一种心理建构过程，而非一种外在于人的、纯客观的过程，它描述的并不是事物真正的和客观的状态，而是参与评价的利益相关者关于评价对象的一种主观认识。②

基于以上理论架构及方法预设，完整的第四代教育评价包括 12 个基本步骤（实际操作中会出现循环或跳跃一些步骤的情况）：第 1 步，与评价委托人或资助者建立契约；第 2 步，组织评价小组；第 3 步，明确评价的利益相关者；第 4 步，进行解释学练习，确保得到可信的评价信息；第 5 步，以新注入的信息为基础修改、完善甚至替换原有看法；第 6 步，尽可能多地化解评价中存在的分歧；第 7 步，将未解决的问题分出主次，确定优先协商的问题；第 8 步，收集与尚未达成一致的主张、担心和争议相关的信息；第 9 步，准备磋商议程；第 10 步，组建评价利益相关者代表，磋商并化解评价中的分歧，以达成共识；第 11 步，把经磋商达成的共识撰写进评价报告，让人们通过阅读评价报告熟悉评价过程，明确评价的对象、内容和方法，更关键的是明确存在的分歧及化解的过程；第 12 步，循环。第四代教育评价总是会提出比解答的问题更多的问题，因此，总是存在一些未被解决、需要进一步研究的问题。当时间和资源允许时，评价循环可返回到第一步③，由此可以看出，第四代教育评价的过程非常复杂，

① 转引自涂艳国. 教育评价. 北京：高等教育出版社，2010：39-40.

② 卢立涛. 回应、协商、共同建构——“第四代评价理论”述评. 内蒙古师范大学学报（教育科学版），2008（8）：1-6.

③ T. 胡森，T. N. 波斯尔斯韦特. 教育大百科全书：教育评价. 张莉莉，译. 重庆：西南师范大学出版社，2011：63-64.

工作强度很大，整个评价过程贯穿着多元开放、以生为本等理念。

然而，这一时期的教育评价理论也并非十全十美，仍然存在一些缺陷。一是这一时期的教育评价理论以建构主义哲学观和方法论为基础，强调知识和认识的相对性，忽视了客观性和绝对性，极易陷入相对主义和主观唯心主义的认识论误区。[①]二是这一时期的教育评价理论难以应用于实践，具体表现在理论建构多元化、操作流程复杂、操作要求较高、实施条件严苛以及对评价者和评价对象有较高要求等方面。三是这一时期的教育评价理论既强调价值多元，又强调达成共识，而现实中的"共识"往往很难达成，这会很容易导致整合评价信息资料与得出评价结论之间的冲突。

纵观教育评价理论的四个发展阶段可以看出，评价的目的经历了从注重测验结果到注重教育目标与测量结果的一致性，再到以决策为中心，最后发展到以人为中心的过程。评价的功能经历了从依据测量结果来选拔适合教育的学生到评价教育活动是否达到教育目标，再到通过评价来优化教育决策、提高教育质量、促进学生发展，最后发展到构建多元的评价方式的过程，强调根据具体的情境创设相应的教育评价。教育评价的方法经历了从单一的教育测量到全面收集信息、定量与定性方法相结合，从静态的终结性评价到动态的形成性评价的过程。评价内容则经历了从以课程内容为中心到关注学生全面发展的综合评价的过程。评价主体经历了由单一向多元演变的过程，学生逐渐成为与其他评价者平等的评价主体。四代教育评价理论及其演变对现行的高考评价具有诸多启发，也为建构兼具科学性与公平性的高考评价体系奠定了理论基础，提供了内容参照。

第二节　学生综合素质评价理论

近年来，无论是基础教育还是高等教育，都开始重视学生综合素质评价。本节从多元智能理论、学生发展核心素养、综合素质评价理论以及创造性理论这四个方面来进行阐述，并在充分了解各个理论基础的同时，来探讨其在高考评价中的应用与体现。

① 桑新民. 建构主义的历史、哲学、文化与教育解读. 全球教育展望，2005（4）：50-55.

一、理论基础

（一）多元智能理论

多元智能理论是智力因素说的一种，由美国哈佛大学教授霍华德·加德纳（Howard Gardner）于1983年在《智能的结构》一书中提出。多元智能理论认为，人的智力是多种功能独立的智力因素彼此联系、共同作用的一个系统[①]，这对各智力因素间互不相干、彼此割裂的观点产生了极大的冲击，且影响了全球的教育发展与改革，同时深刻地影响了中国的教育改革，表现在积极作用于新课程背景下的高考评价改革。

在大力推行素质教育、重视学生综合素质能力的时代背景下，如何更好地发掘学生的智力潜能，促进学生全面发展，已经成为全社会的焦点。加德纳的多元智能理论建立在神经生理学的基础上，打破了传统的静态智能学说，注重多元化和系统作用，重视社会文化作用。多元智能理论从多个角度证实了智能的存在，更具有说服力，并为教育改革提供了重要的理论支撑，同时有利于指导我国的高考评价改革。

1. 多元智能理论的提出

1967年，加德纳参与了美国的“零点项目”，这一项目由哈佛大学教育研究生院组织完成。加德纳通过研究，在对传统智能理论进行批判的基础上，提出了对智能的独特见解，并通过《智能的结构》一书进行了阐述，书中将智能定义为：“在某种社会或文化环境的价值标准下，个体用以解决自己遇到的真正的难题或生产及创造出有效产品所需要的能力。”[②]多元智能理论认为，智能的基本结构是多元的，不是一种能力而是一组能力，且这组能力中各种能力彼此独立，而非整合存在，但各种能力又相互关联、协同运作。此外，该理论还认为个体身上存在着相对独立的、与特定的认知领域或知识范畴相联系的九种智能。[③]

① H. 加登纳. 智能的结构. 兰金仁，译. 北京：光明日报出版社，1990：9. 加德纳是更普遍的译法。

② H. 加登纳. 智能的结构. 兰金仁，译. 北京：光明日报出版社，1990：77.

③ 霍力岩. 多元智力理论及其对我们的启示. 教育研究，2000（9）：71-76.

2. 多元智能理论的结构

经过不断的发展与完善，加德纳先后提出了个体差异、相互独立、多元存在的九种智能。[①]

语言智能（linguistic intelligence），指运用文字或语言表达和欣赏语言意义的能力，表现为能够顺利而高效地利用语言描述事件、表达思想并与人交流。诗人、记者、作家、演说家和政治领袖等表现出突出的语言智能。

音乐韵律智能（musical-rhythmic intelligence），指感受、辨别、记忆、改变和表达音乐的能力，表现为个人对包含节奏、音准、音色和旋律在内的音乐美感的感知度，以及通过作曲、演奏和歌唱等形式表达思想或情感的能力。作曲家、指挥家、歌唱家、演奏家等表现出突出的音乐韵律智能。

数理-逻辑智能（logical-mathematical intelligence），指运算和推理的能力，表现为对事物间各种关系（类比、对比、因果和逻辑等关系）的敏感度，以及通过数理运算和逻辑推理等进行思维的能力。数学家、侦探、律师、工程师、科学家等表现出突出的数理-逻辑智能。

视觉-空间智能（visual-spatial intelligence），指感知、辨别、记忆、重置物体的空间关系并表达思想和情感的能力，表现为对线条、形状、结构、方位和空间关系的敏感，能通过图形或者实物表达物体的三维立体关系。画家、设计师、建筑师、雕塑家、航海家等表现出突出的视觉-空间智能。

身体-动觉智能（bodily-kinesthetic intelligence），指运用四肢和躯干的能力，表现为能够较好地控制自己的身体，对事件能够做出恰当的身体反应，以及善于利用身体语言表达自己的思想和情感的能力。舞蹈家、运动员、外科医生、赛车手和发明家等表现出突出的身体-动觉智能。

自知自省智能（self-questioning intelligence），指能够洞察自身和自我反省的能力，表现为客观地评价自身的情感、动机、欲望、个性、意志，并在此基础上形成自尊、自律和自制的能力。哲学家、思想家等表现出突出的自知自省智能。

人际交流智能（interpersonal intelligence），指与他人交往并发展人际关系的能力，表现为觉察、体验他人情绪、情感和意图并据此做出适当反应的能力。

① 霍华德·加德纳. 多元智能新视野. 沈致隆，译. 北京：中国人民大学出版社，2008：8-19.

政治家、教师、律师、推销员、公关人员等表现出突出的人际交流智能。

自然观察智能（naturalist intelligence），指观察、认识、辨别自然世界的能力，能认识自然环境的变化规律，适应环境的变化。天文学家、狩猎者、耕作者、生物学家等表现出突出的自然观察智能。

存在智能（existential intelligence），指表现出的对生命、死亡和终极现实问题的思考，关注这些问题的倾向性，思考人们的生存方式及其潜在的能力。

加德纳认为，以上九种基本智能在每个人身上都或多或少地存在，但不同的人拥有的每种智能的程度不同。同时，他认为智能具有多元性，而非传统智能理论所认为的一元性，智能之间无高低之分，具有同等重要的作用。[①]另外，智能具有个体差异性，世界上不存在两个智能结构完全相同的人，具体到多元智能理论中，即每个人拥有不同程度的九种智能。各种智能受大脑中不同部位的控制，由不同的神经活动支配而独立存在，但在遇到问题时，却又能够相互作用，共同解决。

（二）学生发展核心素养

1985年，《中共中央关于教育体制改革的决定》的颁布是我国高等学校人才培养目标发展的关键转折点，促使我国高等学校的人才培养由“任务式”转变为“自主式”。此前，高等教育目标由国家制定，统一下达，各大学完全依照此目标来安排人才培养活动；此后，中央将高等教育人才培养方面的权力下放，大部分高等学校可以自行制（修）订人才培养方案（在当时被称为教学计划）以及人才培养目标。从此之后，人才培养目标开始在院校间呈现出一定的差异性。[②]

现今，人才培养目标依然是我国高等学校的重要内容，是学校办学理念与文化的重要体现，已然发展为各大学的重要标识之一，在各大学的官方网站上都会有关于本校培养目标的明确介绍。同时，为了满足社会需求、适应时代发展，各大学人才培养目标也在不断进行更新，但培养目标的修订都是经过反复考量、慎之又慎的，这也从侧面反映出人才培养目标在大学办学中举足轻重的地位。

① H. 加登纳. 智能的结构. 兰金仁，译. 北京：光明日报出版社，1990：9.

② 王严淞. 论我国一流大学本科人才培养目标. 中国高教研究，2016（8）：13-19，41.

人才培养目标的设立及人才培养方向的确立离不开学生发展核心素养的引领。学生发展核心素养是指为适应终身发展和社会发展需要，学生应该具备的关键能力。核心素养综合了价值、态度及情感、技能、知识等，是学生自我发展、适应社会发展以及获得成功生活的必要素养。学生核心素养的形成是一个持续的、不间断的过程，最初在家庭、学校中展开，而后又不断推进并自我完善。①

2016 年 9 月，北京师范大学林崇德教授携同多位专家学者对中国学生核心素养体系进行了反复论证与修改，在综合开展基础理论研究、国际比较研究、教育政策研究、传统文化分析、现代课标分析、实证调查研究的基础上，历时三年，正式发布《中国学生发展核心素养》。②

《中国学生发展核心素养》提出，培养学生发展核心素养是我国落实“立德树人”根本任务的一项重要举措，中国学生发展核心素养以培养具有国际视野和民族情怀的会学习、有能力、有担当的、全面发展的人为价值取向，以全面发展的人为核心，涵盖文化基础、自主发展、社会参与三个方面，具体分为六大素养，即人文底蕴、科学精神、学会学习、健康生活、责任担当、实践创新（图 4-3）。③

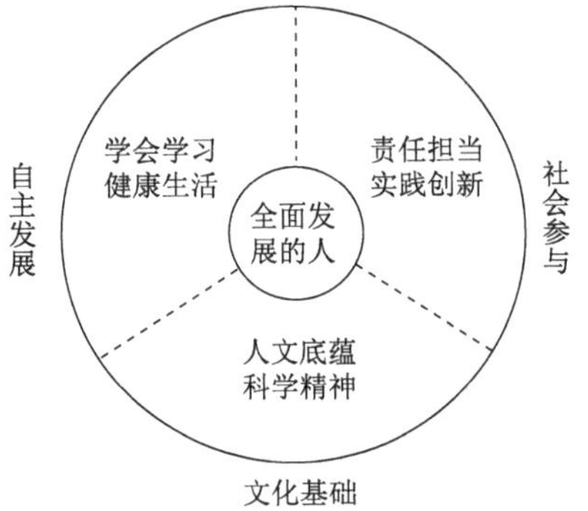

图 4-3　学生发展核心素养

在结合我国基本国情的基础上，中国学生发展核心素养体系坚持以马克思

① 核心素养研究课题组. 中国学生发展核心素养. 中国教育学刊，2016（10）：1-3.
② 核心素养研究课题组. 中国学生发展核心素养. 中国教育学刊，2016（10）：1-3.
③ 核心素养研究课题组. 中国学生发展核心素养. 中国教育学刊，2016（10）：1-3.

主义为指导，坚持正确的政治方向，落实党的教育方针，以立德树人为推进核心素养发展的契机，明确人才培养目标，并细化培养目标的具体要求，充分体现了社会主义核心价值观。学生发展核心素养这一崭新的、具有探索性的育人模式，植根于我国的传统文化，同时又与时俱进，契合时代发展的需求，由此构建出适合中国学生可持续发展的目标和方向。中国学生发展核心素养体系的提出为高考评价内容的选择和确定提供了重要依据，未来的高考评价内容完全可以以核心素养的六大素养和十八个基本要点为命题框架。

（三）综合素质评价理论

在高考实践中，评价标准的单一化会导致人才成长和选拔的片面化，“以分数论英雄”的单一标准化高考评价体系正日益受到挑战，改革的呼声此起彼伏。

1. 综合素质评价的内涵

目前，专家学者对综合素质评价的内涵各有见解，未能达成统一的看法。第一种是把“综合素质评价”看作“综合素质+评价”，即根据一定的标准对学生的综合素质进行测评或评定，并形成相应的价值判断。例如，涂艳国认为“学生综合素质评价是根据一定的评价标准，对学生的学习和发展进行系统分析，作出价值判断的过程”[①]；徐冰冰认为“综合素质评价指的是以学生素质为评价对象，进行价值判断的过程”[②]；陶西平认为“学生素质评价是以学生素质为评价对象进行价值判断的过程，侧重于学生的素质优化与提高，是促使学生身心和谐发展的一种评价”[③]。第二种是强调综合素质评价是通过观察、记录、分析等评价过程促进学生发展的活动，把综合素质评价看作发现和培育学生良好个性的手段和过程，体现了发展性的教育评价理念。例如，柳夕浪认为“综合素质评价通过观察、记录、分析学生的成长过程，发现和培育学生的良好个性”[④]；李雁冰认为“综合素质评价是个性发展评价”[⑤]。

① 涂艳国. 教育评价. 北京：高等教育出版社，2007：258.

② 徐冰冰. 从综合素质评价到核心素养评价——普通高中学生评价转型研究. 华东师范大学硕士学位论文，2015：8.

③ 陶西平. 教育评价辞典. 北京：北京师范大学出版社，1998：330-331.

④ 柳夕浪. 学生综合素质评价：怎么看？怎么办？. 上海：华东师范大学出版社，2015：3.

⑤ 李雁冰. 论综合素质评价的本质. 教育发展研究，2011（24）：58-64.

2. 综合素质评价的发展历程

（1）萌芽阶段（1999—2003 年）

这一阶段，随着新一轮基础教育课程改革的逐步推进，教育考试评价制度的改革开始受到关注。1998 年，教育部发布《面向 21 世纪教育振兴行动计划》，明确提出要整体推进素质教育。1999 年 6 月，《中共中央国务院关于深化教育改革，全面推进素质教育的决定》出台，首次提到“综合素质”一词。2001 年，《国务院关于基础教育改革与发展的决定》出台，第一次提出要建立促进学生全面发展的评价体系，并对全面发展的评价体系进行了具体解释。2002 年，《教育部关于积极推进中小学评价与考试制度改革的通知》印发，提出了在基础教育阶段实行综合素质评价，并对评价方式提出了建议，特别强调评价方式多样化问题，以文件的形式确立了学生评价的新理念，明确了综合素质评价的目的。2003 年，教育部印发了《普通高中课程方案（实验）》和语文等十五个学科课程标准（实验），在“课程实施与评价”部分进一步提出建立发展性评价制度，学校应根据目标多元、方式多样、注重过程的评价原则，综合运用观察、交流、测验、实际操作、作品展示、自评与互评等多种方式，为学生建立综合、动态的成长记录手册，全面反映学生的成长历程。文件中所体现的评价思路与《教育部关于积极推进中小学评价与考试制度改革的通知》一脉相承，进一步明确了评价方法，再次强调了建立成长记录的目的与方法。

通过对政策文件的梳理可以发现，综合素质评价源于我国新时代基础教育课程改革的需要，强调通过综合素质评价来实现评价的教育功能，这一时期可以看作综合素质评价政策与制度的萌芽时期。

（2）探索阶段（2004—2013 年）

这一阶段，综合素质评价政策与制度陆续出台，综合素质评价的实践探索从初中学校逐步推广到高中学校。2004 年，教育部办公厅印发的《国家基础教育课程改革实验区 2004 年初中毕业考试与普通高中招生制度改革的指导意见》指出“初中毕业考试与普通高中招生制度改革要改变以升学考试科目分数简单相加作为唯一录取标准的做法，力求在初中毕业生学业考试、综合素质评定、高中招生录取三方面予以突破”，“普通高中招生要坚持综合评价、择优录取的原则。学业考试成绩和综合素质的评价结果应成为普通高中招生的主要依据”。教育部关于综合素质评价的政策引导了此后十余年关于学校综合素质评价的实施，在一定程度上对综合素质评价的推进产生了积极影响。2004 年，普通高中新课程实验正式启动，率先实施高中新课改的广东、山东、海南和宁夏推出高中新课程一揽子方案，其中就包括综合素质评价。随后进入新课改的省区市也都探索建立了符合本地实际的综合素质评价制度。

为明确综合素质评价的定位，2008 年，《教育部关于普通高中新课程省份深化高校招生考试改革的指导意见》明确了综合素质评价与高校招生考试的关系。改革的主要内容是建立和完善普通高中学生的综合评价制度，并逐步将其纳入高校招生选拔体系。同时要求各地加快建设完善高中学生综合素质评价制度，切实做到可信可用，为大学招生选拔提供参考依据。鼓励高水平大学深化自主选拔制度改革，在选拔综合素质高、有创新精神和发展潜质的人才方面，进一步探索高考、高中学业水平考试和综合素质评价及大学测试相结合的综合性和多元化评价办法。2010 年，《国家中长期教育改革和发展规划纲要（2010—2020 年）》发布，要求“全面实施高中学业水平考试和综合素质评价”，“改革教育质量评价和人才评价制度”，“做好学生成长记录，完善综合素质评价”以及“普通高等学校本科招生以统一入学考试为基本方式，结合学业水平考试和综合素质评价”。2013 年，《中共中央关于全面深化改革若干重大问题的决定》的第四十二条“深化教育领域综合改革”中再次强调推行初高中学业水平考试和综合素质评价。

可以看出在这一阶段，综合素质评价制度逐步确立，并从义务教育阶段推进到了高中阶段，进入全面推进时期，是综合素质评价从制度到实践的重要探索时期。

（3）完善阶段（2014 年至今）

2014 年以来，综合素质评价进入新时期，《国务院关于深化考试招生制度改革的实施意见》《教育部关于加强和改进普通高中学生综合素质评价的意见》相继出台，前者提出深化考试招生制度改革以“规范高中学生综合素质评价”为重要内容，明确要求“完善和规范自主招生”“探索基于统一高考和高中学业水平考试成绩、参考综合素质评价的多元录取机制”；后者强调“综合素质评价是对学生全面发展状况的观察、记录、分析，是发现和培育学生良好个性的重要手段，是深入推进素质教育的一项重要制度”。可以看出，综合素质评价是一种过程性评价，而非终结式评价。在评价内容方面，后者强调“依据党的教育方针，反映学生全面发展情况和个性特长，注重考察学生社会责任感、创新精神和实践能力”，并将评价内容概括为思想品德、学业水平、身心健康、艺术素养、社会实践五大方面，并就每一方面的主要考察内容和重点都做出具体说明。《教育部关于加强和改进普通高中学生综合素质评价的意见》的出台，对以往的综合素质评价政策与实践偏差进行了纠正，是我国全面实施综合素质评价的纲领性文件，标志着综合素质评价作为一项评价制度在我国正式确立，具有重要的理论价值和实践意义。

综合素质评价成为学校教育教学的核心环节，不仅有助于挖掘学生潜能，促进学生认识自我、积极发展，同时还有利于促进评价方式的改革以及多元化招生录取模式的建立，更是为高考评价提供了直接的评价指标依据。

（四）创造性理论

1869 年，高尔顿的《遗传的天才》一书出版，并提及“创造力”一词。在吉尔福特的演讲后，“创造力”一词受到越来越多的关注。斯滕伯格在其智力研究的过程中也涉及了“创造力”研究。

斯滕伯格提出了智力三元论，以期揭示智力的加工过程和内在心理机制，并将超常智力人群分为三种类型：分析家、科学家和实干家。在此基础上，斯滕伯格开始研究成功智力，将成功智力分为分析智力（个体通过理解、比较、判断和评价等方式较好地解决较熟悉的问题的能力）、创造智力（个体解决新奇问题的能力）和实践智力（个体在日常生活中运用经验解决现实问题的能力）三种类型。根据斯滕伯格的观点，学生智力的各种表现形式都具有相同的“成分”，这些成分是指“对物体或符号的内部表征进行操作的基本信息加工过程”，是一种过程，而非一个实体。[①]因此，“授人以鱼不如授人以渔”，体现在教学过程中，就是应该教会学生学会反思、自学以及应用的能力，在培养过程中，促使学生的成功智力得到发展与完善，而非仅仅停留在模仿与学习特定知识与技能的层面。

① 严孟帅. 基于评价视角的斯滕伯格“三元智力”理论视野下学生创造力培养. 当代教育论坛，2017（3）：14-19.

国内对“创造力”较为公认的定义是：根据一定的目的和任务，运用一切已知信息，开展能动思维活动，产生出某种新颖、独特、有社会或个人价值的产品的智力品质。[①]注重对学科知识掌握程度的测试是我国学业成绩考试现今最突出的特点，但这样的考试过多关注分数和排名等直观可测的因素，忽略了学生自身的创造能力、实践能力和非智力因素，盲目追求高分，使学生各方面的能力难以均衡发展。[②]我国对学生的甄别、选拔是通过一场场的标准化考试得以实现的，这些考试始终贯彻着“唯分数论”的评价观念，深深地影响了我们的教育评价思维，而学生的创造意识和创新精神在这些标准化测验中渐渐消耗殆尽。未来需要在具体实践中不断地探索和深化，打破“唯分数论”的观念，构建出适合的高考评价体系，实现对优秀创新人才的合理甄选。

二、上述理论基础在高考评价体系改革中的体现与应用

自新课改以来，综合素质评价在高考综合改革中的地位日益提高，已成为不可或缺的制度设计之一。在此之前，我国的考试多带有浓厚的“唯分数论”色彩，综合素质评价的实行有利于打破“唯分数论”的禁锢，但也面临着难以大面积推行和公平公正性的问题。同时，国家实行以统一高考为主、多样性选拔方法为辅的大学招生考试改革试点，也在一定程度上体现了加德纳的多元智能理论。加德纳倡导人的智能是多元化的，由各种独立存在而在面临问题时又相互协作的能力组成，因此，在进行学生测评时要遵循差异，从不同维度对学生的综合素质进行评价，同时评价内容、评价标准、评价主体和评价模式也应该是多元化、多维度的。根据多元智能理论的理念，评价的目的不是选拔，而是诊断，通过评价为教育管理提供决策，从而为个体提供适合的教育。但目前的录取方式并不能完全展现出考生的视觉-空间、音乐韵律、人际交流、自知自省等方面的智能，最终可能会使有这些方面潜能的考生无法进入理想的大学，甚至落榜。

2001 年，江苏省 3 所高校实行了自主招生改革。2003 年，22 所部属重点

① 王凤霞. 创造力的实质与创新教育. 当代教育论坛，2005（2）：79-80.

② 严孟帅. 基于评价视角的斯滕伯格“三元智力”理论视野下学生创造力培养. 当代教育论坛，2017（3）：14-19.

大学推行自主招生，根据教育部的规定，大学自主招生的比例不得超过当年本校招生人数的5%。[①]2005年，高职院校开始自主招生改革试点，不再采取以高考成绩为主、自主招生考试为辅的自主招生方案，而是普遍采用笔试与面试相结合的方式来进行选拔录取。自主招生注重考察学生的综合素质、特殊才能和兴趣爱好，且各学校对选拔对象的综合素质和特殊能力的具体要求不一[②]，如研究型大学更加偏好具有学术研究潜能的学生，高职院校更加重视学生的职业素养。大学依据各自特色，采用不同考试形式和内容来遴选人才，体现了多元智能理论的理念。但在实际操作中，由于缺少完善的、科学的评价与选拔标准，自主招生在实施中仍存在重重困难，不利于办学特色的彰显，且具有明显的城市导向，不利于弱势群体和农村学生，没有充分彰显科学性和公平性。因此，2020年起取消了高校自主招生。

2014年，《教育部关于进一步完善和规范高校自主招生试点工作的意见》颁布，提出试点高校要结合本校相关学科、专业特色及培养要求，确定相应的考核内容，重点考察考生的学科特长、创新潜质。新一轮高考改革由此正式开启，新一轮高考改革重视高中与大学的衔接，对考试内容和考试形式等都进行了改革与创新。2016年，《中国学生发展核心素养》发布，指出“学生发展核心素养，是指学生应具备的、能够适应终身发展和社会发展需要的必备品质和关键能力”[③]。但人的发展具有很大的不确定性，是一个复杂的过程，受到多种因素的综合影响，且每个人都具有特殊性，所以《中国学生发展核心素养》对学校人才培养目标进行了细化分析，既规定了所有学生都应达到的发展目标，也关照了在某方面有特殊能力和发展需求学生的发展诉求，从而为大学人才培养目标指引了方向，同时也为高考评价提供了直接内容与指标依据。

2018年，《教育部关于做好2018年普通高校招生工作的通知》发布，要求大学“全面贯彻党的教育方针，落实立德树人根本任务，选拔和培养德智体美全面发展的社会主义建设者和接班人”，要“认真研究提出高中学业水平考试科目报考要求，促进招生和人才培养更加贯通衔接。强化对高中学生综合素质档案的使用”。因此，2018年，一部分大学在自主招生过程中，从试点专业

① 樊本富. 中国高校自主招生研究. 武汉：华中师范大学出版社，2010：157.

② 张亚群. 高校自主招生改革：动因、问题与对策. 北京大学教育评论，2010（2）：30-42，187-188.

③ 核心素养研究课题组. 中国学生发展核心素养. 中国教育学刊，2016（10）：1-3.

培养目标出发，在强调品学兼优、全面发展的同时，对考生相关学科潜质及有关情况提出了明确要求。例如，北京中医药大学 2018 年的招生条件为，高中阶段在中医药相关领域具有学科特长及培养潜质的或为中医药世家直系及三代以内旁系血亲具有培养潜质的考生。[①]再如，中国传媒大学对报考广播电视学、网络与新媒体的考生采取了面试、视频作品分析以及综合能力笔试的考核方式。[②]

2020 年，《教育部关于在部分高校开展基础学科招生改革试点工作的意见》印发，决定自 2020 年起，不再组织开展高校自主招生工作，并在部分高校开展“强基计划”。“强基计划”旨在选拔和培养有志于服务国家重大战略需求且综合素质优秀的创新型基础学科拔尖人才，并探索建立多维度考核评价学生的招生模式。学生在高考前提交申请，高考后依据高考成绩确定是否通过申请，通过申请后参加高校考核，最终高考成绩、高校综合考核结果及综合素质评价情况等按比例合成综合成绩，以此作为选拔评价标准。“强基计划”是加强创新人才选拔培养的实践之举，体现的是公平与效率相结合、成绩与素质相结合、选拔与培养相结合的评价目标[③]，反映的是对学生创新创造能力、核心素养和综合素质的重视，在一定程度上体现了多元智能理论、学生发展核心素养、综合素质评价和创造性理论所提倡的理念。

通过分析以上四种理论在高考评价中的体现与应用，可以看出，多元智能理论、学生发展核心素养、综合素质评价理论以及创造性理论四者相辅相成、相互影响，共同建构起当前高考评价的理论基础。当今社会处于一个多元、开放的时代，大学招生选拔和评价标准已从单一化逐步迈向多元化和全面发展化。在高考制度落到实践及不断改革的过程中，多元智能理论起到了一定的指导作用，但仍存在一些不足之处。如何科学、准确地对学生各种能力、潜能进行测量与检验，从而选拔符合大学或专业特质的人才，是目前高考评价所面临的重要挑战。

目前，高考评价从“知识立意”“能力立意”转向“价值引领、素养导向、

---

① 北京中医药大学 2018 年自主招生简章.（2018-03-22）. http://gaokao.chsi.com.cn/gkxx/zzzs/gxzc/201803/20180322/ 1671561480.html.

② 中国传媒大学 2018 年自主招生计划表.（2018-03-23）. http://education.news.cn/2018-03-23/ c_129834751.htm.

③ 钟建林，苏圣奎. “强基计划”政策解读及因应策略：兼析 36 所“强基计划”试点高校 2020 年招生简章. 教育评论，2020（5）：3-13.

能力为重、知识为基”，以实现选拔具有学科特长和创新潜质、良好政治素质和道德品质的全面发展的优异考生。高考评价开始重视综合素质评价，并不断探索全面化、多样化和有效性的考核方式。但在高考评价中，对学生综合素质评价的信效度具有重要影响的诚信机制与公平机制还有待完善。因此需要对综合素质评价制度进行不断的完善与规范，这不仅是建立科学的教育质量体系的一部分，也是教育评价制度和人才评价制度改革的重要组成部分。

此外，不同情境下的不同个体的智能也各不相同，未来高考评价应从多方面观察、记录、分析和了解每个考生的综合素质，由此来进行设计和选择适合学生特点的、不同的评价内容与方法，应用这些评价内容与方法为大学选拔优秀的学生。

第三节　教育公平理论

公平问题已经成为社会大众最为关注的教育问题之一，成为高考评价改革中的恒久话题。2010 年出台的《国家中长期教育改革和发展规划纲要（2010—2020 年）》对大学招生制度改革的总体设计是：“按照有利于科学选拔人才、促进学生健康发展、维护社会公平的原则，探索招生与考试相对分离的办法，政府宏观管理，专业机构组织实施，学校依法自主招生，学生多次选择，逐步形成分类考试、综合评价、多元录取的考试招生制度。”2013 年，十八届三中全会则进一步指出：“推进考试招生制度改革，探索招生和考试相对分离、学生考试多次选择、学校依法自主招生、专业机构组织实施、政府宏观管理、社会参与监督的运行机制，从根本上解决一考定终身的弊端。”[①]2017 年，十九大报告指出要“以人民为中心发展教育，是党的十八大以来习近平总书记关于教育的重要论述中的重要内容”，“以人民为中心发展教育，要不断深化体制机制改革，不断提高教育质量，不断推进教育公平”。目前的高考制度旨在兼顾科学与公平，但仍在自主、科学、效率和公平等方面存在一定弊端。如何在确保制度公平的基础上，科学合理地评价学生，成为高考评价的重要话题。

① 华北电力大学. 党的十八届三中全会精神解读.（2013-11-19）. http://news.ncepu.edu.cn/xxyd/llxx/27398.htm.

高考评价牵动着各方利益，其公平问题一直是民众注意的焦点。高考评价中的公平问题主要表现在考试机会、考试形式、评价标准与内容、评价过程、录取等有利于享有优势教育资源的学生，而不利于处于教育资源欠缺地区的学生。虽然高考评价开始重视对学生综合素质的考核，但还未能发挥出真正的评价作用。教育公平理论是深入认识和分析高考评价中的公平问题的理论工具，可为解决高考评价存在的教育公平问题提供指导。

一、西方社会的两种教育公平观

西方社会在对教育公平问题的长期探讨中，逐步形成了以约翰·罗尔斯为代表的自由平等主义和以罗伯特·诺齐克为代表的自由至上主义这两种教育公平观。前者要求教育面向社会大众开放，使社会各阶层都能受到平等的教育，获得均等的发展机会；后者捍卫个人自由，认为教育就在于个人基于能力的选择，重视培养社会精英。现实中的教育公平不断在公平与卓越之间寻求平衡，进而获得发展进步。

（一）罗尔斯的正义论

哈佛大学教授约翰·罗尔斯作为自由平等主义的代言人，是当代西方最具代表性的正义论者。他的思想集中表现在于 1971 年出版的《正义论》中，这部巨著对第二次世界大战后西方社会产生了广泛影响，引发了西方学界对公共理性与社会行为、个人价值与社会正义、自由与平等问题的深入讨论。[①]罗尔斯认为，正义一般是指所有的社会基本益品，如自由和机会、收入和财富、自尊的基础等都应被平等地分配，除非对某一种或所有社会益品的不平等分配将有利于最少受惠者。[②]在自由等众多社会美德中，正义排在首位，“每个人都拥有一种基于正义的不可侵犯性，这种不可侵犯性即使以社会整体利益之名也不能逾越。因此，正义否认为了一些人分享更大利益而剥夺另一些人的自由是正当的，不承认许多人享受的较大利益能绰绰有余地补偿强加于少数人的牺牲。

① 万俊人. 比照与透析：中西伦理学的现代视野. 广州：广东人民出版社，1998：160-161.

② Rawls J. A Theory of Justice. London: Oxford University Press, 1971: 303.

在一个正义的社会里，公民基于正义的权利是确定不移的”[①]。

基于对正义的认识，罗尔斯提出了著名的“正义原则”。第一个原则是每个人都享有平等的权利，享有类似于与其他人拥有的最广泛的基本自由制度的自由体系。第二个原则是针对社会和经济中存在的不平等，社会上的基本益品应该这样分配：①公职和职位应该在公平、平等的条件下对所有人开放；②应该有利于社会中最少受惠者的最大利益。[②]第一个原则被称为最大均等自由原则，用于确保公民的基本自由权利。第二个原则中的①被称为机会均等原则，②被称为差别原则。该原则用于收入和财富的分配，以及那些利用权利和责任方面的不均等或权利链条上存在巨大差异时进行的分配。罗尔斯认为两个原则有先后顺序，第一个原则优先于第二个原则，即首先要确保一切制度的自由平等，其次是维护社会经济利益；当二者冲突时，要优先维护第一个原则。[③]

罗尔斯认为，由个体自然的差异而导致的不平等待遇，是不具有道德合法性的。[④]根据罗尔斯的分析，社会中最需要帮助的是处于社会底层的人们，他们拥有最少的机会、收入和财富及最小权力，社会的不平等最强烈地体现在这些人群中，他们被罗尔斯称为“最不利者”。[⑤]出于保护社会不利人群的利益，罗尔斯提出了“补偿原则”，即补偿那些出身不利或自然禀赋不好的个体。

罗尔斯坚持分配的正义性，主张集体主义倾向的平等分配原则，以及实施平等的大众化教育。基于罗尔斯的正义理论的教育公平观认为，应公平分配教育资源，保护社会不利群体的利益，即首先必须确保每个人都应该享有平等的接受教育的自由权利和机会，其次保证每个人在资源分配中具有平等的份额，当分配不平等教育资源时要保护不利人群的最大利益。这种教育公平观体现的是教育资源分配的正义。

首先，罗尔斯强调一切个体的自由权利和在社会资源分配中的机会均等，同时他站在社会不利人群的立场上，主张在自由平等的基础上关注“最不利者”对社会公共资源的分享，意图通过公平的分配来消除家庭等不利因素对儿童的

① 约翰·罗尔斯. 正义论. 何怀宏，译. 北京：中国社会科学出版社，1988：1-2.
② 约翰·罗尔斯. 正义论. 何怀宏，译. 北京：中国社会科学出版社，1988：56-57.
③ 约翰·罗尔斯. 正义论. 何怀宏，译. 北京：中国社会科学出版社，1988：59.
④ 约翰·罗尔斯. 正义论. 何怀宏，译. 北京：中国社会科学出版社，1988：63.
⑤ 姚大志. 何谓正义：当代西方政治哲学研究. 北京：人民出版社，2007：32.

不平等影响，从而实现社会公平，体现社会正义。他提出的“补偿原则”旗帜鲜明地保护社会弱势人群的权益，得到相关人群的广泛支持。但由于教育资源的量是恒定的，对“最不利者”进行教育资源的补偿只能通过抵消自然禀赋占优势者的教育资源的途径实现，这一观点被认为是一种“反向歧视”，而受到广泛的指责。①

（二）诺齐克的正义论

哈佛大学教授罗伯特·诺齐克作为自由至上主义的代言人，他的思想集中反映在其于1974年撰写的《无政府、国家与乌托邦》一书中。诺齐克的正义观属于持有正义论，是在批判罗尔斯的分配正义观念的基础上演变而来的。诺齐克认为罗尔斯的正义论是不正义的，因为其主张国家进行再分配的方式必然会侵犯到个人的权利，而他认为个人权利神圣不可侵犯，坚决捍卫市场自由，反对运用再分配的税收机制去贯彻自由主义的平等理论。②

根据持有正义的基本前提，诺齐克提出了持有正义的三原则：第一，一个符合获取的正义原则，即获得一个持有的人对那个持有的权利；第二，一个符合转让的正义原则，即一个人从其他对持有拥有权利的人那里获得持有后，对这个持有是有权利的；第三，除非是通过上述两条获得的持有，否则无人对一个持有拥有权利。③持有的获取原则、转让原则和矫正原则构成了诺齐克的持有正义理论的一般纲要，即如果一个人按获取、转让或者矫正的正义原则获得持有，则其对持有是有权利的，也是正义的。如果每个人的持有都是正义的，那么持有的总体，即社会分配也便是正义的。社会正义实现的根本途径是让每个人得其所应得，公平与否的关键在于有没有人的权利受到侵害。

诺齐克基于持有正义的教育公平思想体现在个体对教育资源的自我所有权不容侵犯，任何人具有同等的接受教育的权利上。教育面向所有人开放，天赋与能力是分配教育资源的依据，个人根据天赋与能力获取应得的教育资源。诺齐克批判差别原则，即将天赋高者的教育资源与机会通过再分配的方式补给天

① 冯建军. 三种不同的教育公正观——罗尔斯、诺齐克、德沃金教育公正思想的比较. 比较教育研究，2007（10）：36-40.

② 罗伯特·诺齐克. 无政府、国家与乌托邦. 何怀宏等，译. 北京：中国社会科学出版社，1991：87.

③ 罗伯特·诺齐克. 无政府、国家与乌托邦. 何怀宏等，译. 北京：中国社会科学出版社，1991：157.

赋低者，这种分配方式有悖于个人权利的优先性，侵犯了个人权利。同罗尔斯一样，诺齐克认为受教育权利作为一项基本的人权不能被任何人以任何理由侵犯，不同之处在于诺齐克认为不能牺牲个人对教育资源的享有权利，即将天赋较高者的利益转让给“最不利者”，而将较多的资源花费在智力较低而非较高的个体身上。[①]这种做法侵犯了个人自由发展天赋的受教育权利。教育机会的多少应视学生课程学习水平的高低而定，对某些学生来说，其所达到的课程学习水平越高，所获得的机会就越多，教育就是给才智优秀的精英进行更多更好的教育，促进其更好地发展。[②]

总之，诺齐克坚持的是持有正义观，强调个人权利的不可侵犯性，认为应按照个人天赋与能力分配社会资源，个人享有资源的多少决定其发展的机会。因此，诺齐克提出实施精英主义教育的主张。诺齐克的分配正义原则含有程序正义的色彩，强调在普适一切人的普遍化规则的基础上，不对分配结果加以约束。自由至上主义强调教育公正因个体才能而不同，应使有能力有天赋的人得到更好的教育，从而培育出一批精英，而不能因为普遍的平等去抑制天才的发展。[③]

罗尔斯和诺齐克的正义观是现代西方社会具有代表性的公平理论，两者有共同之处，如认为每个人都有平等的权利和享有同等的机会。但二者也有不同之处，罗尔斯站在分配正义的立场上维护社会弱势人群的权益，认为应通过社会再分配来平衡天赋等因素造成的不公，将较多的社会资源投向不利人群。这有利于维护不利人群的利益，但是也会影响卓越人才的发展。诺齐克从持有正义立场出发，认为任何人的权利不容被侵犯，以天赋才能作为分配社会资源的凭据。这一观点有助于精英人才的成长，但却忽视了社会不利人群的利益。因此，将罗尔斯和诺齐克的公平理论结合在一起，更有助于全面地认识教育公平问题。在精英教育与大众化教育并存的当今社会，确保所有人拥有接受教育的机会是教育公平的底线，同时应在科学、卓越、平等、适切的框架下，考虑社会不利人群的利益，促进卓越人才的发展，考虑个体差异性，关照不同人群的发展权益。

---

① 冯建军. 教育公正：追求卓越，还是追求平等. 大学教育科学，2007（6）：5-10.

② 冯建军. 教育公正：追求卓越，还是追求平等. 大学教育科学，2007（6）：5-10.

③ 冯建军. 三种不同的教育公正观——罗尔斯、诺齐克、德沃金教育公正思想的比较. 比较教育研究，2007（10）：36-40.

二、高考评价中的公平问题

西方发达国家的教育公平理论对我国教育公平问题的探讨与解决极具启发意义，我国教育发展中的公平问题应该充分研究与借鉴西方教育公平理论的经验和思路。但是，在借鉴西方理论和经验的同时，也应特别注意到我国作为发展中的社会主义国家所面临的教育公平问题的特殊性。

（一）我国对教育公平的认识及教育公平问题的表现

《国家中长期教育改革和发展规划纲要（2010—2020 年）》对教育公平问题的基本认识是“教育结构和布局不尽合理，城乡、区域教育发展不平衡，贫困地区、民族地区教育发展滞后”。这是目前我国教育公平问题的主要方面，也是引起教育不公的根本原因。除此之外，地位、身份、权钱等因素也对教育公平造成了一定的干扰和妨碍。

1. 教育公平的内涵

不同学者从不同角度对教育公平进行了不同的解读。有学者认为教育公平是指“每个社会成员享有同等的受教育的权利和机会，享有同等的公共教育资源服务，享有同等的教育对待，享有同等的取得学业成就和就业前景的机会，同时受教育机会与社会资源应向社会弱势群体倾斜”①。石中英从其他视角解读教育公平的内涵，认为教育公平在法律上，是指人人享受平等的教育权利；在教育政策领域，是指人人平等地享有公共教育资源；在教育活动中，是指人人受到平等的教育对待，人人具有同等地取得学业成就和就业前景的机会。同时，在实践中，还必须使公共教育资源配置向社会弱势群体倾斜，反对和遏制旨在破坏教育权利平等和机会均等的教育特权。②杨东平认为教育公平包括“教育权利平等与教育机会均等两个基本方面”③。也有学者使用教育平等的概念，认为教育平等是指“受教育权利的平等和受教育机会的平等”，应遵循人即目

① 周洪宇. 教育公平论. 北京：人民教育出版社，2010：11.

② 石中英. 教育公平的主要内涵与社会意义. 中国教育学刊，2008（3）：1-6，27.

③ 杨东平. 从权利平等到机会均等——新中国教育公平的轨迹. 北京大学教育评论，2006（2）：2-11，189.

的、教育权利平等原则、教育机会均等原则和差别性原则。[①]此外，还有学者从教育公平社会说、教育公平差异说等不同观念入手解释教育公平问题。[②]

概览不同学者持有的教育公平的观点，尽管表述和内容有所区别，但综合起来大致反映了教育公平的全部内容。一是强调接受教育的权利与机会均等，即所有人都享有均等地接受教育的权利和机会。二是强调人人对公共教育资源享有均等的权利与机会。三是保护弱势群体接受教育的权利和机会，认为教育资源应向他们倾斜。四是承认个体差异，认为在教育实践中应有区别的对待，让不同的人都得到充分发展。五是在教育实践中防止地位、身份、特权等对教育公平的破坏。这五项内容几乎囊括了国内对教育公平的所有认识，这些认识的提出基本是按照罗尔斯的平等自由原则、机会公平原则、差别原则和补偿原则等展开的。

2. 教育公平的问题表现

教育公平是重要的社会公平，关系着人民群众的切身利益，关系着国家发展与社会和谐，而其存在的问题表现在教育资源配置失衡、地区间教育发展差距呈扩大趋势、教育发展中公平与效率的矛盾、特权等因素对教育公平的破坏等方面。

首先，长期以来，我国存在着教育资源配置失衡的问题，地区间教育发展差距呈现出扩大趋势。东部与西部、城镇与农村、中心城市与边远地区以及不同类型和阶段的教育，在人力、物力和财力的投入上相差较大，优质教育资源的分布仍不均衡。有研究表明，我国的教育发展存在城乡差距，表现为城市的教育经费多于乡村，师资配备水平高于乡村，升学率高于乡村而辍学率低于乡村；地区间的教育差距表现为教育经费与投入、办学条件、不同层次教育的发展的差距上；教育的阶层差距表现为强势群体占有优质教育资源，特权因素破坏教育公平；教育的类别差距表现在重点校与非重点校、重点班与非重点班、普通教育与职业教育、研究型大学与一般大学、公办学校与民办学校之间的差距上。[③]

其次，教育发展中存在公平与效率的矛盾。对于公平与效率的关系，主要

① 袁振国. 当代教育学. 北京：教育科学出版社，2004：341.
② 袁敏. 教育公平研究综述. 现代教育科学，2010（3）：38-43.
③ 袁振国. 教育均衡发展：构建和谐社会的基础. 教育发展研究，2005（4）：7-13.

存在三种观点：一是“效率优先，兼顾公平”；二是“公平优先，兼顾效率”；三是“公平与效率并重”。教育公平与效率的关系存在四种理论可能，即高公平、高效率；高公平、低效率；低公平、高效率；低公平、低效率。改革开放40多年来，我国教育的公平和效率之间的关系得到了很大改善，但与某些发达国家相比，仍处于低公平、低效率的教育发展阶段，与我们追求的高公平、高效率的教育相差较远。[①]因此，在教育的公平与效率这对关系的理论把握与实践处理上，我国仍有很长的路要走，特别是在素质教育、教育质量和教育贡献率等问题上。

最后，诸种特权因素对教育公平的干扰和破坏，使教育公平面临着巨大的社会舆论压力。特权是从传统社会中人们对身份差别和阶级不平等的崇尚中诞生的，其实质是崇尚特殊待遇，要求按照权力大小、财富多少或关系远近，违背公平正义原则进行公共教育资源分配，以满足个别人的特殊教育需求，实现自身教育利益的最大化。[②]要实现教育公平，就要阻断这些来自身份、特权等因素的挑战和破坏。

（二）高考评价与教育公平

高考评价作为全国性的测评和选拔人才的途径，仍是一种考试评价活动。能否公平且公正地选拔考生，是此制度富含生命力与否的关键所在，因此，建立一套兼顾公平性与科学性的考试评价体系十分重要，但公平性与科学性在一定程度上是矛盾的，过分重视科学性对部分教育资源欠缺地区的考生是不公平的，而过分保护弱势群体的利益，又是对评价体系科学性的破坏。[③]高考评价是在科学性与公平性的不断博弈中摸索前行的。鉴于高考评价的特殊性，对高考评价中公平性问题的研究、分析与化解，不仅有利于发挥高考的评价功能，也有利于加快教育公平乃至社会公平的改革步伐。

1. 高考评价中公平性问题的表现

高考评价的公平性正遭遇社会各界的质疑，主要体现在统一考试之外的其

---

① 褚宏启. 关于教育公平的几个基本理论问题. 中国教育学刊，2006（12）：1-4.

② 石中英. 教育公平的主要内涵与社会意义. 中国教育学刊，2008（3）：1-6，27.

③ 李雄鹰. 论大学自主招生中的考试评价制度改革. 山东高等教育，2016（3）：16-22.

他选拔形式的地区差异上。以曾经的自主招生和目前的强基计划为代表的其他选拔形式在考试内容和形式上没有充分考虑教育资源稀缺的农村偏远地区考生，而是更倾向于教育资源丰富的城市考生。[①]首先表现在考试资格的限定中，即考试机会均等问题。根据教育公平的基本内涵，机会均等是公平问题的首要内容，享有同等的参加考试的机会是最基本的权利、最基本的公平。但一些大学将获奖、参加各类学科竞赛等作为报名要求，显然对很少或几乎没有机会参加竞赛的农村偏远地区学生造成了一定的不公。这些招生要求并未单独制定适切于农村学生的指标和内容，未能体现公平的差异原则，相对影响了农村学生的考试机会。此外，看似机会公平的笔试与面试，实际上暗藏着对农村考生的不利因素，例如，在面试中，面对五花八门的考题，农村学生由于相对信息闭塞、交流与表达机会少而无法从容面对。这同时说明，考试的命题素材、内容和试题呈现形式等也是影响高考评价公平的因素。

迫于社会各界的舆论压力，统一考试之外的其他选拔形式也在不断进行调整。以自主招生为例，各试点大学对自主招生不断进行改革，积极主动地调整和完善各自的自主招生政策，如北京大学的“中学校长实名推荐制”、清华大学的“自强计划”以及中国人民大学推出的“圆梦计划”等。这些制度不再简单地通过获奖情况进行资格筛查，而是基于教育公平的视角，尽量照顾农村地区、偏远地区以及少数民族等教育资源相对落后地区的孩子。[②]同时，国家在自主招生的公平性问题上也进行了一系列改革举措，如针对自主招生类考生要在高考前赴报考学校考试的问题，自 2015 年起，国家要求各大学将自主招生考试安排在高考之后，以解决这一问题。同时，教育部于 2018 年针对自主招生作假问题发文，要求高校进一步严格自主招生资格审查和考核工作，提出严格报名条件、严格材料审查、严格学校考核、严格监督制约、严格惩处造假等“五严格”工作要求，进一步净化大学考试招生环境，维护教育公平。[③]

2020 年，“强基计划”取代高校自主招生，跳出了自主招生的狭隘范畴，取消简单的降分录取，转而实施综合考核评价，赋予学校自主权的同时，又把

① 李雄鹰．论大学自主招生中的考试评价制度改革．山东高等教育，2016（3）：16-22.

② 李雄鹰．基于公平的自主招生考试评价体系建构．厦门大学学报（哲学社会科学版），2017（3）：18-26.

③ 教育部：打击防范自主招生作假 严肃追责问责．(2018-03-23)．http://www.cnr.cn/shanghai/tt/20180323/t20180323_524174744. shtml.

这种权利透明化[①]，更好地保障了公平公正。这一系列措施与改革都说明我国对高考评价公平性问题的重视程度在逐渐上升，也充分体现了教育公平理论的内涵。

2. 教育公平理论对高考评价公平性的启发

科学性与公平性的矛盾在高考改革中根深蒂固。根据教育公平理论，教育公平的实现要遵循平等自由原则、机会公平原则、差别原则和补偿原则等多项公平原则。高考改革的目的在于更好地发挥考试的评价功能，全面、综合、科学、合理地评价考生，所以，从考试本身而言，高考评价改革是旨在提高考试科学性的改革。但由于科学性与公平性具有天然的联系，不可分割，在新的高考评价制度的设计中，必然要遵循教育公平的基本原则：遵循自由平等原则，为所有考生提供均等机会；遵循差别原则，承认考生的发展差异，使处于不同能力发展水平的学生都能通过考试充分展现其才能；遵循补偿原则，为那些社会经济发展落后地区的学生予以政策倾斜。另外，高考评价改革还需要良好的社会公平环境和氛围作支撑。高考评价体系的改革方向就是要为考生创造科学而公平的考试机遇和平台。

① 陈志文. “强基计划”不是自主招生的升级版. 中国民族教育，2020（2）：8.

第五章　高考评价中科学性与公平性的推进

“高考是适应中国国情的国家教育考试制度，高考制度必须坚持，高考改革势在必行。”[①]1952年我国建立普通高等学校招生全国统一考试制度起，高考作为一项涉及范围广、参与人数多、高风险及高利害的教育考试，在国家建设与社会发展中扮演着重要角色，发挥着重大作用。虽然高考制度随着时间的变化在不断发展完善，但由于各方面因素的影响，高考主要侧重于发挥其测量与选拔功能，而相对忽略了其评价功能的存在。近年来，高考评价改革逐渐为人们所重视，因此如何推进高考评价制度向科学性与公平性转变，成为我们需要解决的首要问题。继《国家中长期教育改革和发展规划纲要（2010—2020年）》提出“综合评价”的改革导向后，2013年1月9日，教育部部长袁贵仁在全国教育工作会议上的讲话中指出：“在考试招生制度改革方面，今年要研究提出高考改革的总体目标和基本框架，各地要落实进城务工人员随迁子女接受义务教育后在当地参加升学考试的方案，推进普通本科与高等职业教育分类考试，开展高中学业水平考试及综合素质评价改革试点和高校招生考试综合评价改革试点。”[②]2014年，《国务院关于深化考试招生制度改革的实施意见》提出“改进招生计划分配方式”“改革考试形式和内容”“改革招生录取机制”“改革监督管理机制”“启动高考综合改革试点”等五项主要任务和措施。

2018年，习近平总书记在全国教育大会上指出，“要深化教育体制改革，

---

① 刘海峰. 文化国情决定高考模式. 中国教育报，2013-03-22（6）.

② 袁贵仁. 在2013年全国教育工作会议上的讲话.（2013-01-24）. http://www.moe.gov.cn/jyb_xwfb/moe_176/201301/t20130124_147151.html.

健全立德树人落实机制，扭转不科学的教育评价导向，坚决克服唯分数、唯升学、唯文凭、唯论文、唯帽子的顽瘴痼疾，从根本上解决教育评价指挥棒问题”[①]。可见，高考评价向科学性和公平性的转变已经得到重视，成为教育行政部门的工作重点，且越来越被国家领导人所重视，成为高考改革中的核心议题。由于高考评价改革是一项系统而又复杂的工程，本章将首先分析高考评价向科学性与公平性转变的基础，再分析高考评价改革的核心内容与实现路径。

第一节　高考评价向科学性与公平性转变的基础

高考作为一项全国性、高风险、高竞争的教育考试，其影响之深远、意义之重大，不言而喻，而旨在增强其评价功能的高考评价改革自然也涉及甚广，影响巨大。高考评价改革是一项系统而又复杂的工程，涉及与高考相关的多个方面，那么如何促进高考评价稳定、有效地向科学性与公平性转变？我们既要从考试本身入手，重组高考评价的诸多构成要素，使其发挥新的功能，也要从外部创造条件入手，奠定改革基础，确保改革稳步前进。针对高考评价改革，我们应当树立新的评价理念，顺应人才评价多元化发展趋势，构建兼顾科学性与公平性的评价体系，以助力高校选拔更加优秀、发展全面的人才，从而全面提升国民素质的要求。

一、高考评价改革的理念基础

高考评价改革要推行，理念需先行。考试评价理念反映了考试与人及社会的关系，决定着考试评价的内容和方法等。过去，我们的高考制度侧重于发挥测量与选拔功能，简单地以分数来评价基础教育的效果，导致部分甚至大部分学生、学生家长乃至学校过分追求高考分数，出现了高考考什么、学校教什么、学生学什么的现象，既背离了教育培养全面发展的人的初心，又背离了高考替国家选拔优秀人才服务社会的目的。因此，在当前新的背景条件下，需要重新

---

① 习近平出席全国教育大会并发表重要讲话.（2018-09-10）. http://www.gov.cn/xinwen/2018-09/10/content_5320835.htm.

认识高考评价活动及其本质，明确高考评价的基本内容和问题，树立以生为本、综合多元、科学公平评价等新的高考评价理念，指导改革实践。

（一）注重以生为本的评价理念

回顾改革开放40多年来的历程，我国的经济发展迅猛，人们的物质生活也日渐富足，与此同时，人们的精神文化需求也极大增加，各种思想理念也发生了翻天覆地的变化，尤其是我国的教育理念发生了重大转变，逐步树立起了以生为本的评价理念，日益关注学生的个人发展。“以生为本”是“以人为本”理念在教育活动中的具体体现，实质是要将“一切为了学生、为了学生的一切、为了一切学生”的理念贯彻于学校教育活动中，为学生创造和提供一切可能的条件，把培养学生成长成才作为学校的根本任务和一切工作的出发点和归宿；促进学生全面发展，将学生发展视为教育活动的核心，将学生视为教育活动的主体。[①]落实“以生为本”的教育理念，就是学校在开展教育教学活动时，要以学生为根本出发点和落脚点，坚持一切从学生的实际发展水平出发，遵循学生成长发展规律和教育规律，以有利于学生的人格培养、有利于学生的成长成才和有利于学生幸福能力的提升为根本目标。[②]过去，高考评价维度过于单一，出现了以分数论高下的畸形现象，导致“以生为本”的评价理念没有得到应有的重视，全面发展的教育目标未能得到实现；现在，在高考评价改革中，我们提出“以生为本”的评价理念，就是要改变高考评价过于重视分数、过于强调发挥测量和选拔功能的现状，转而重视学生发展，通过综合评价、科学评价，充分展现学生个性，为拥有不同能力的学生创造发展机遇。“以生为本”和“以分为本”的高考评价理念的区别在于，前者的着眼点在于提高学生素质，促进学生全面发展、个性化和多样化发展，表现在考试目标的树立、内容与形式的选择、高考命题、分数报告等皆以学生为出发点，充分考虑学生的实际发展需要，注重考查学生的基本素质和能力；而后者的着眼点在于强调考试的测量和选拔功能，忽略了考试评价促进学生发展的功能；评价主体单一，评价维度单

① 翁琴雅. 新时期我国学生评价的价值观——从“以分为本”向“以生为本”的转变. 当代教育科学，2009（21）：35-38.

② 高翠欣，姜伟，喻芒清，侯金波. “以生为本”教育理念的现实困境与对策研究. 学校党建与思想教育，2018（14）：73-74，77.

一，忽略多元评价；考试内容倾向于对智力的评价，忽视了学生发展的其他方面；评价方式以纸笔考试为主，忽略了其他评价方式；重视考试评价的结果——分数，静态而非动态、片面而非全面地评价学生。更为重要的是由于高考的强大作用力，还形成了高考“指挥棒”的负面效应，即高考考什么，学校就教什么，学生就学什么。“以分为本”的高考评价理念不适应创新型人才的选拔和培养。全面素质化教育的发展、高中新课改的推行、学生个性化发展的需要以及高校选拔人才的新要求和新趋势都要求树立“以生为本”的高考评价理念，并在高考评价目标、评价体系、评价内容与形式、评价方法、评价结果报告及应用中充分体现对学生发展的关注，以促进学生发展为目标。[①]

（二）逐步树立综合多元的评价理念

“综合评价”是《国家中长期教育改革和发展规划纲要（2010—2020年）》《国务院关于深化考试招生制度改革的实施意见》中提出并强调的高考改革新导向，是扭转高考“以分数论英雄”的重要举措，是改革完善高考制度的重要内容。[②]综合多元的评价理念与单一的评价理念相对应，是针对高考评价中的目标、体系、内容及方法等过于片面、单一而提出的。自明确提出“综合评价”的高考改革方向之后，浙江、上海、广东、江苏等多个省份先后出台了新课改后的高考综合评价方案，“三位一体”“绿色评价”等方案纷纷出台，旨在推进高考综合评价改革。高考综合评价要求健全和完善对学生的综合评价机制，不再仅仅依据一次考试成绩来评价学生；要求健全和完善学生综合能力评价制度，综合考查学生的多方面才能和在日常学习中所反映出的素质。[③]高考综合评价改革需要树立起综合多元的评价理念，改变单一评价理念支配下的考试内容偏向于知识考查、考试方式以统一的纸笔测验为主、考试评价体系只包含考试成绩等的现状，转而综合、多元地评价学生。树立综合多元的高考评价理念是高考评价改革实践的需要。一是高中实施新课改之后，培养学生的目标趋于综合多元，正确的世界观、人生观和价值观，爱国精神，民主与法治意识，社

① 李雄鹰．高考评价研究．武汉：华中师范大学出版社，2014：331-332.
② 李雄鹰，冷文君，孙燕超．综合评价：高考改革的新导向．高校教育管理，2016，10（3）：47-53.
③ 《教育规划纲要》工作小组办公室．教育规划纲要辅导读本．北京：教育科学出版社，2010：133.

会责任感，学习能力，科学与人文素养，创新精神与实践能力，强健的体魄，顽强的意志，独立生活的能力与职业意识，创业精神和人生规划能力，交流与合作能力等都成为学生培养目标。高中课程结构与内容趋于综合多元，增设了选修课程模块，课程内容涉猎广泛等。学生评价也趋于综合多元，表现为评价目标、评价体系、评价内容、评价方法、评价主体、评价结果及应用的综合多元。高中教育教学中的综合多元改革趋势反拨于高考，要求高考也建立起综合多元的评价体系。二是学生的多样化和个性化发展需求。随着素质教育的深入实施和“以生为本”的评价理念的深入人心，学生的自我发展需求和个性化、多样化发展需求日渐强烈，表现在高考评价中，就是如今的学生不仅希望能够考取大学，而且希望考取符合个人兴趣的大学和专业学习。学生的多样化发展趋势日渐明显，具有不同兴趣、不同学识、不同能力的学生同时存在，但现有的高考制度简单地以考试分数这个单一维度对学生进行评价，甚至造成了“一考定终身”的现象。根据考试基本原理，多样化的人才需要综合多样的方法和内容去评价，这就要求高考必须建立综合化和多样性的评价制度，以适应学生多样化、个性化的发展需求。三是我国的高等教育已经进入普及化发展阶段，高等教育的发展模式不断分化，形态多样，不同类型和层次的高校的人才培养目标不同，选拔人才的标准和要求也不同。因此，如何制定出既能够全面综合评价学生的素质和能力，又能够满足不同类型高校选拔人才需求的灵活多样的高考评价体系就成为对高考评价改革的考验。

如上所述，学校需要重新认识高考评价的现状，认识到高考评价综合多元化改革的必然性和重要性，树立起综合多元的高考评价理念。综合多元的高考评价理念就是要以综合多元的理念重新认识高考评价的方方面面，认识到在新的人才培养、人才成长以及人才选拔的格局下，高考评价目标、评价体系、评价内容与形式、评价方法、评价主体、评价结果的报告与应用等都应呈现出综合多样的特征，以促进高考综合评价改革。[①]

（三）追求兼顾科学性与公平性的评价理念

科学性是考试的首要原则，科学评价理念与经验式评价理念相对应，是针

---

① 李雄鹰. 高考评价研究. 武汉：华中师范大学出版社，2014：332-333.

对以经验为指导开展高考评价的不足而提出的。自统一高考制度形成以来，高考评价先后经历了“文化大革命”之前的经验评价阶段、1985 年开始的标准化考试评价改革阶段和 21 世纪以来的科学综合评价改革阶段。经验评价阶段的高考评价以经验为参照开展相关工作，尤其是对考试评价具有决定意义的考试内容与形式、命题、阅卷与评分等皆以经验为基础，导致试题难易不定，考生分数忽高忽低，考试质量受到严重影响。标准化考试评价改革是以现代教育测量与评价理论为基础和指导、旨在提高考试评价的科学性和考试质量的改革，是将教育测量与评价理论和方法引入高考评价，以指导高考评价目标的确立、考试内容与形式的选择、命题以及分数报告等。标准化考试评价改革在一定程度上提高了高考的客观性、科学性和考试质量，对推进高考功能的发挥起到了积极作用，但是，由于人们对标准化考试改革的认识不一、科学评价的理念尚未完全树立、考试标准化改革所需要的教育测量与评价理论、技术研究滞后，以及全国各地教育发展不均衡等原因，标准化考试改革的预期目标和内容并未完全实现，标准分制度等昙花一现，未能持久实施。如今，高考评价仍然存在评价目标不够明确、评价体系较为单一、考试内容偏重知识考查、考试形式与方法不够多样、命题倚重经验和试题质量高低不一、分数报告不够细化等不足。

公平性是考试的基本原则。中国从古至今的考试选才中，都存在着一定的公平性与科学性问题。中国对考试公平有着不懈的追求，并出现了“至公”的理念。现代高考也在努力追求考试公平，但是世界上并不存在绝对的公平。一般来说，公平性和科学性问题在根本上是统一的，即科学性的提高有助于考试公平的实现，而公平性的提高也有助于科学选拔人才，但这更趋于一种理想的状态。在现实中，由于复杂多样的实际情况，人们往往无法做到公平性与科学性相统一，而是在一定的阶段侧重于公平性或科学性的某一方面。[①]例如，考试公平和区域公平的两难问题，教育资源不发达的地区与教育资源发达的地区的录取人数、录取分数的差异，以及农村贫困地区、少数民族的高考优惠政策等给予了教育资源落后地区学生一定的公平性，但是这样的选拔制度可能不具有科学性，因为存在某些发达地区的学生自身素质可能更高，却由于政策的倾

① 万光侠. 效率与公平. 北京：人民出版社，2000：1-5.

斜而没有被选拔出来的可能，这正是高考改革中公平性与科学性问题博弈的结果。高考科目的公平性与科学性的问题同样突出，一般来说，高考数门科目成绩的简单相加并不能十分科学、公平地比较学生成绩的好坏，因为每一门科目的难度、分数分布、考查的能力均不相同，我们无法判断一个学生的数学成绩是否比另一个学生的语文成绩好，因为比较的标准不同。最好的方法就是进行科目内部排名，将原始分数转化为标准分，再将几门科目的成绩相加，用标准分进行排名。在高考改革的历史中，并不是没有过这样的排名，但是由于大部分人无法理解如此换算的原理，引起了人们对高考公平性的争议，导致科学性不得不为公平性让步。高考内容改革也无法逃脱科学性与公平性问题的桎梏，高考作为一项全国性的选拔性考试，选取优秀人才进入大学接受高等教育是其不可缺少的功能，但是现在高考的考试内容更多考查的是课本知识，缺乏灵活性和拓展性，以及对考生创造性的考查；考试题型中客观题占比相对较多，能够让学生表达个人观点的主观题占比较小，当然主观题的评分确实无法做到和客观题一样公平，因此，高考内容改革中的公平性与科学性的权衡就显得极为重要。高考录取方面的公平性与科学性问题也引人深思，体现高校招生权的自主招生模式在追求选拔具有突出特长的人才的同时，也存在公平性问题，从其被“强基计划”取代的情况便可窥见一斑。总的看来，高考改革的发展趋势已经逐渐走向公平性与科学性的兼顾与平衡。[①]但是要真正在高考改革中完全兼顾公平性与科学性，任重而道远。

以上问题涉及高考评价的核心内容和环节。高考评价的改革与发展历史以及国外高校入学考试评价的先进经验表明，在教育测量与评价理论和技术较为发达的背景下，树立科学、公平的评价理念，有利于借助科学的理论和方法来解决高考评价中存在的问题，从而促进高考公平的实现。科学、公平的评价理念包括科学、公平的态度，科学的研究和科学的设计与实施等方面，具体指以科学、公平的态度认识高考评价中存在的问题，引入教育测量与评价的理论、技术和方法，科学研究和分析高考评价目标、评价体系、评价内容与形式、考试命题、评价方法、考试分数报告等考试评价的核心内容和环节，平衡高考的科学性和公平性，科学合理地设计和实施新的高考评价制度。既科学又公平的

① 刘海峰. 高考改革中的公平与效率问题. 教育研究，2002（12）：80-84.

评价理念对提高高考评价的科学性具有重要的指导意义，是提高高考评价科学性的重要理念基础，对促进高考公平的实现也具有重大的现实意义。[①]

二、高考评价改革的现实基础

在中国，高考综合评价改革是在基础教育新课改提出改革学生评价与考试评价命题、高等教育高质量发展背景下高校对人才选拔提出的新要求、人才成长的个性化发展趋势、考试评价理论技术的发展与研究，以及国际性学生评价项目的推行等多维因素的综合作用下而催生的教育考试领域新的理论与实践问题。高考综合评价改革必须以这些因素作为现实基础，科学、稳妥、深入、有效地推进改革。高考向来是我国教育改革发展中的一个带有全局性的重大问题，高考综合评价改革也必然关系到千家万户的利益，涉及学生、家长、教师、中学、大学等各个方面，必须以基础教育和高等教育改革、考试理论与技术的新发展、高考评价研究以及教育评价的新趋势为基础。[②]

（一）基础教育改革重视学生综合评价改革

高考上接高等教育，下接基础教育，是中国教育体系的核心。一方面，高考改革促进了基础教育的改革和发展；另一方面，基础教育改革也反作用于高考改革，成为高考改革的基础与动力。2001 年，为全面提升国民素质，培养创新型人才，应对日益激烈的国际竞争，迎接知识经济时代的到来，国家开启了新一轮的基础教育课程改革。此次改革的主要内容是学生评价、课程评价和考试评价改革，此次课程改革的纲领性文件《国务院关于基础教育改革与发展的决定》要求改革考试评价制度和招生选拔制度，探索科学的评价方法，发现和发展学生的潜能，帮助学生树立信心，按照“有助于高等学校选拔人才、有助于中学实施素质教育、有助于扩大高等学校办学自主权”的原则实施。《教育部关于积极推进中小学评价与考试制度改革的通知》也指出，“现行中小学评价与考试制度与全面推进素质教育的要求还不相适应，突出反映在强调甄别与

① 李雄鹰. 高考评价研究. 武汉：华中师范大学出版社，2014：333-334.
② 李雄鹰. 高考综合评价改革的基础条件与实现路径. 上海：上海交通大学出版社，2015：2.

选拔功能，忽视改进与激励的功能；注重学习成绩，忽视学生全面发展和个体差异；关注结果而忽视过程，评价方法单一；尚未形成健全的教师、学校评价制度等”。

伴随新课改的实施，各省区市积极推进高中考试与评价改革，探索综合、科学、有效的高中生考试评价制度，先后实施了学生成长档案袋、综合素质评价、学生互评、家长评价等措施，有效弥补了高中考试评价内容、评价主体、评价形式等过于单一的不足。近年来，为响应国家重视综合评价的政策导向，中学开始重视学生综合素质评价和学业水平考试，积极完善相关制度，为高考综合评价的实现提供了素材。例如，浙江、上海等地积极探索“三位一体”的综合评价体系，并将评价结果纳入高考综合评价。[①]

（二）高校招生自主权的实践与对全面发展人才的诉求

招生权是高校依法享有的办学权利。1998 年，我国颁布了《中华人民共和国高等教育法》，其中明确规定“高级中等教育毕业或者具有同等学力的，经考试合格，由实施相应学历教育的高等学校录取，取得专科生或者本科生入学资格”，“高等学校根据社会需求、办学条件和国家核定的办学规模，制定招生方案，自主调节系科招生比例”。由此可见，国家以法律形式赋予了高校比较充分的招生自主权。

在计划经济时期，高考由国家教育行政主管部门统一组织，全权负责，该模式与当时的计划经济相适应，促进了经济、教育的双向发展。但在改革开放之后，随着我国市场经济体制的建立与日趋完善，经济发展对教育提出了更高的要求，全国统一计划招生的高考模式不再符合高校选拔人才和人才个性化成长的需要，且国内不同地区教育发展不均衡的矛盾依然存在。同时，高校招生几乎都以高考分数这一刚性要求为标准，基于这样的刚性要求，高校无法充分发挥其应该享有的招生自主权，在一定程度上影响了高校招生的积极性。2001 年，东南大学等三所高校开始实行自主招生试点，打破了高考制度建立以来沿袭的“大一统”局面，扩大了高校招生自主权，探索了新的招生模式。这一举

① 李雄鹰，冷文君，孙燕超. 综合评价：高考改革的新导向. 高校教育管理，2016，1（3）：47-53.

措顺应了时代发展的潮流，适应了社会培养创新人才的需求，是高考评价改革迈出的重要一步。[①]

然而，随着自主招生改革的发展和深入，改革的部分弊端也逐渐暴露出来。例如，在统一高考制度的大前提下，部分享有自主招生权限的高校积极推动自主招生制度，但也有部分高校推动自主招生制度的积极性不高，具体表现为这些高校自主招生的选拔目标、考试内容与形式、考试选拔过程、考试监管中的科学性与公平性问题长期没有得到较好的解决，由此引发了考生、家长、中学、高校等对自主招生制度的普遍不满。虽然自主招生在一定程度上提高了选拔人才的科学性，为一些具有独特才能的人开放了上升通道，但是在自主招生的过程中也不可避免地存在一些问题，如自主招生考试评价内容与形式在一定程度上存在有利于教育资源丰富的城市学生而不利于教育资源欠缺的农村学生的倾向，产生了考试的公平性问题；部分高校在自主招生中出现“掐尖”现象。由于自主招生的各种弊端，教育部于 2020 年取消了自主招生制度。但是关于高校招生自主权的探索并未停止，如何使得高考评价制度更具科学性与公平性也是一个亟待解决的问题。

高考是一项面向全社会的大规模选拔性考试，作为衔接基础教育和高等教育的关键一环，其重要性不言而喻。高校在人才选拔中也扮演着重要角色，但人们往往忽视了高校的这一重要性，作为学生接受高等教育的场所以及为国家和社会培养高等人才的摇篮，高校对招收的学生也是有一定要求的。高校在高考中的作为会随着高校内外部环境的改变而改变。随着我国进入高等教育普及化阶段，社会逐渐对高等教育和高校提出了更高的要求，如提高高等教育质量、培养创新人才、建设创新型国家等，而高考作为高校人才选拔的入口，与人才培养质量息息相关，必将为高校所重视。高校应该通过多种选拔方式吸纳优质生源，为具有不同个性与潜质的学生提供进入大学学习的机会。同时，高等教育发展的国际化趋势使得生源竞争也日趋国际化。2012 年，悉尼大学发表了研究报告并且宣布认可中国高考成绩，这一举措使生源竞争的国际化趋势愈演愈烈。[②]国外大学对国内生源竞争的加剧，加之国内高考人数的下降，必然会对

---

① 李雄鹰. 自主招生改革的社会期待与大学应对. 考试研究，2012（2）：20-26.

② 悉尼大学认可中国高考成绩.（2012-02-22）. http://edu.sina.com.cn/a/2012-02-22/1433212594.shtml.

国内的高校招生产生实质性的威胁，因此，竞争优秀生源必然会成为高校发展的重点议题而受到重视，这是高校发展与应对竞争必须面对的现实。[①]

（三）高考评价研究推动高考评价改革

高考评价改革是一项以科学的教育测量与评价理论、考试技术与方法为基础和指导的综合性、系统性改革，目的在于提升高考评价的科学性。加强高考评价相关研究是高考评价改革顺利实施的根本保障。我国是考试古国、考试大国，有着悠久的考试历史，积淀了深厚的考试文化。但面对现代考试改革，“我国对考试的研究却显得相对薄弱，许多考试研究方法，尤其是量化的研究方法，还远远落后于世界先进水平。我国的大规模考试（包括高考等）更多的还是采用经验式的考试命题模式，缺少系统的测量理论与技术的指导，考试质量得不到显著的提升”，所以，“如何改造我们的考试，使我们的考试更加科学，成为当前教育测量学界、教育考试机构、命题工作人员思考、研究和努力解决的重大问题”[②]。目前，媒体关于高考的报道可谓铺天盖地，覆盖高考的整个过程。报名时，关注高考“移民”，呼吁考试公平；自主招生启动后，从报名、考试联盟、考试时间到考试内容与形式等全部成为媒体关注的焦点内容；考试过程中，则围绕考题（尤其是作文题目）、考试作弊、高考绿色通道等展开报道和论述；考试结果揭晓后，“高考状元”自然而然地成为报道热点，尽管教育部一再强调切勿炒作“高考状元”，但受从科举制度时期延承至今的状元文化的影响，人们集体将关注的目光投向每年从约千万考生中产生的不足百名的“状元学生”身上。如此看来，媒体对高考的关注和报道已经非常全面和深入，报道内容涉及报名、考试、录取等每一个环节。但是，媒体的关注和报道不能代替学者对高考的研究。细数我国高考研究的成果，表现出的特点是，一般性的论述和报道居多，深入的分析研究较少；零散的研究居多，系统的研究较少；思辨性的定性研究居多，实证性的定量研究较少；宏观论述居多，操作易行、能够支撑改革付诸实践的研究较少。

高考评价改革不是简单的考试技术和方法的改革，不是修补式的改革，而

① 李雄鹰. 高考综合评价改革的基础条件与实现路径. 上海：上海交通大学出版社，2015：2.

② 李金波. 让考试更科学——基于命题视角的研究. 武汉：武汉大学出版社，2012：1-2.

是一项对考试评价目标、评价体系、考试内容与形式、分数报告及结果应用的系统改革，以上每项内容都需要从理论和实践两个层面进行研究和探索，需要多个研究主体参与。

从研究主体视角来看，应实现国家级、省级和校级考试招生机构的职能转变，增强考试招生管理机构的研究能力。在基本成型的“国家级—省级—校级”三级考试机构体系中，不同层级的考试机构承担着不同的考试任务，相应的考试任务也都需要通过研究进一步科学化、合理化。[①]目前，就考试研究能力而言，不同层级考试机构对高考的研究能力不一，各省区市和高校的研究能力普遍较低，且发展不够均衡，这与省级和高校考试招生机构所要承担的高考评价任务极为不符。在“分类考试、综合评价、多元录取”的高考评价改革的导向下，省级和高校考试招生机构将承担更多的考试评价任务，如综合评价体系的探索、高考命题改革、考试内容与形式改革、自主招生改革等；应承担起考试研究职能，将高考评价的理论研究和改革实践相结合，将学生需求与各省区市各高校实际相结合，探索和创新高考评价制度。

从研究内容视角来看，首先需要重视和加强教育测量与评价理论、考试理论与技术研究，这些理论与技术是高考评价改革的理论基础，对高考评价具有指导意义。但目前我国对相关理论和技术的研究与应用还较为有限，多数理论和技术只为少数高校教师所掌握，对于广大高考改革的实践者来说，高深的理论、晦涩的术语、复杂的公式、望而生畏的数学统计等往往令他们望而却步。例如，认知诊断理论等代表教育测量新发展的理论符合新时期对学生测量与评价的要求，有助于深入、全面以及个性化地测评学生。这些理论在某些发达国家的高校入学考试中有着广泛的应用，但在我国仍处于尝试性探索阶段。由此，对与高考评价改革相关的理论与技术的研究、普及和应用推广是奠定高考评价改革理论基础的首要之举。高考评价研究的具体内容比较广泛，应以考试评价目标研制、评价体系构建、考试内容与形式优化、考试分数报告与应用改革为重点内容。以上研究内容与目标的实现能够为高考评价改革奠定扎实的理论基础。

① 李雄鹰. 自主招生改革的难点与突破. 国家教育行政学院学报，2012（5）：56-60.

（四）从教育测量走向教育评价的新趋势

高考不仅是一项教育考试，也是为高校选拔人才的教育活动。考试是指为便于交换而对劳动者的能力进行的一个科学的测量和评价。[①]“考试是一种测量工具，就像体能测试可以测出一个人的体能和体质强弱一样，高考让所有应试者接受相同的挑战，将个人的才学和能力放在首位，因而历来被视为可以客观公正地选取优秀人才的公平尺度，或称‘量才尺’。”而且考试具有一定的规律，表现为一方面考试必须遵循考生的身心发展规律，另一方面考试必须根据教育与心理测量、教育评价和教育统计等理论来设计[②]，科学的考试模式也应该以此为基础进行组织和实施。

高考的标准化和科学性并不是一蹴而就的，而是经历了漫长的发展过程。国家教育委员会于 1985 年第一次在广东进行了英语和数学两科的高考标准化考试，开创了高考标准化的先河。标准化考试也称标准化测验，“严格说来它是指测验全过程的标准化，要求在确定考试目的，进行考试设计，编制试题，评价试题质量，通过试测以决定试题的难度，建立题库，确立常模或标准，筛选试题搭配试卷，对试题试卷的管理、出版发行，直到评分和对测验分数的解释都必须严格地按照教育测量学的原理进行，都要达到一定的指标要求”[③]。

标准化考试具有较高的可靠性、有效性和实用性，以及较高的效度、信度、难度和区分度。“标准化考试的主要优点是：解答方式简单，因而题量较大，考查面广，有利于全面了解考生掌握知识的情况；答案明确，因而评分比较客观；试题经过预测，因而考查比较准确、有效；由于计分的标准化，使得考生的成绩易于区分和比较，有利于择优；有利于实现考试手段的现代化，使用电子计算机进行评分、计分和统计分析，可以大量节省人力、物力和时间。”[④]此后，有关高考评价的一系列改革措施相继出台并落地实施，如标准分制度的实施、高考科目与形式的改革、命题与阅卷（网上阅卷）改革、成绩报告方式改

---

① 刘海峰. 中国考试发展史总序. 武汉：华中师范大学出版社，2002：3.

② 漆书青. 现代测量理论在考试中的应用前言. 武汉：华中师范大学出版社，2003：1.

③ 王伦信. 我国标准化考试的引入和初步发展. 华东师范大学学报（教育科学版），1997（2）：89-96.

④ 赵亮宏. 标准化考试与高考形式的改革. 高教战线，1985（3）：35-36.

革（“云海工程”）等，逐步提高了高考的标准化和科学性。[①]高考标准化改革作为一项具有里程碑意义的改革举措，将教育测量的相关理论引入高考，促进了高考的科学性。但是随着高考标准化的发展，命题、阅卷、考试分数应用等方面却出现了一些问题。标准化考试虽然是比较科学、公平的教育测量模式，给教育评价带来了一定的科学依据，但其本质仍然是教育测量手段。现在大部分老师和学校都过度重视教育测量结果，把教育测量结果即高考分数等同于教育评价，以分数论成败，使得整个社会展开了对高考高分的狂热追求，“一分压倒千人”“高考如同千军万马过独木桥”等都体现了高考作为教育测量手段的异化，而忽略了科学合理的教育评价该有的地位，甚至倒逼基础教育为应试而培养学生，只注重分数，而不注重构建德智体美劳全面发展的人才培养体系。由此恶性循环，使得高考改革举步维艰。

所谓教育测量，指的是根据教育法则与程序用数字对教育现象的量的规定性予以确定和描述的过程。任何事物都是质与量的统一体，而测量仅仅涉及事物的量的规定性。测量的结果仅仅是我们评价事物的依据，而并非评价本身。当我们满足于用数字对事物直接进行价值判断的时候，其结果往往是片面的或是不准确的。所谓教育评价，是指按照一定的价值标准和教育目标，利用定性与定量的方法系统地收集资料、信息，以对学生在教育活动中的发展变化进行价值分析和价值判断，并为教育决策提供依据的过程。因此，真正有意义的评价应该包括测量的手段和非测量的手段。测量的手段主要是对考生实行量化的评价，而非测量的手段主要是对考生实行质性的评价。[②]近年来，我国的教育工作者越来越重视教育评价的改革，重视非测量手段的教育评价。如高中新课程方案要求实行学生学业成绩与成长记录相结合的综合评价方式，全面、动态、立体地评价学生，要求学校根据目标多元、方式多样、注重过程的评价原则，综合运用观察、交流、测验、实际操作、作品展示、自评与互评等多种方式，为学生建立综合、动态的成长记录手册，全面反映学生的成长历程。这一举措为改革和完善高考评价体系，将高中学业发展及综合素质评价结果纳入统一高

① 李雄鹰. 高考综合评价改革的基础条件与实现路径. 上海：上海交通大学出版社，2015：2.

② 黄牧航. 从教育测量走向教育评价——论新课程改革后高考考试评价制度改革的趋向. 中国考试（研究版），2009（5）：3-10.

考评价奠定了基础。[①]教育测量与评价理论的新发展既为高考评价改革打牢了基础，也促进了高考评价的改革。当前，高考亟须发展与改革，因此我们应该把现代教育测量理论作为突破口，用与时俱进的、新的测量理论制定兼具科学性和专业性的高考评价改革目标及综合多元、科学公正的改革内容。

2011 年，教育部考试中心在云南和海南两省实施的“云海工程”，使高考评价改革问题浮出水面，揭开了高考评价改革的序幕，成为改革的“试金石”。浙江等省份也提出“三位一体”的高考评价体系，试行将高中综合素质评价、高中学业水平考试纳入高考评价指标体系，探索高考评价新思路。2013 年，北京大学在“中学校长实名推荐制”中启动了“元培综合评价系统”，试图改变高考“以分取人”的模式，建立起由“初步审核评价、学科基础面试、综合面试、随机抽查笔试、体质测试”五个环节构成的综合评价体系，对学生进行全方位系统深入的考查，从而促进拔尖创新人才的产生。[②]2019 年 4 月，我国第三批高考综合改革试点省份同时公布工作方案，确定了“3+1+2”的科目模式，与浙江、上海的“3+3”模式相比，该模式下，高考科目除语文、数学、英语必考外，还对三门选择性考试科目进行了细分，即考生需要根据自己的特长和兴趣在历史和物理科目中首选一门，再在政治、化学、生物和地理四个次选科目中任选两门。[③]由此可见，高考评价改革已不仅仅停留于学者、教育行政部门及考试管理者的呼吁和理论探讨中，而是正在逐步付诸实践，进行探索。

第二节　高考评价向科学性与公平性转变的推进

高考改革的历程，一直以来就是科学性与公平性相博弈的过程。新中国成立初期，我国各行各业百废待兴，自然教育也无法全方位、大面积地顾及所有人，只能以效率为先，优选一部分人先接受高等教育。但随着经济的发展、国力的强盛，我们开始以公平性为重，追求国民素质的全面发展，振兴中西部教育，促进落后地区的教育发展，保证经济落后地区的学生也可以有平等接受高

① 李雄鹰. 高考评价研究. 武汉：华中师范大学出版社，2014：331-332.
② 李雄鹰. 高考综合评价改革的基础条件与实现路径. 上海：上海交通大学出版社，2015：2.
③ 彭文波，李祚山. 新高考选择性考试科目分数转换的分析与展望. 中国教育学刊，2020（9）：26-31.

等教育的机会，这有利于社会主义现代化的稳步推进。因此，一些高考优惠政策也就应运而生，但这又导致了高考选拔人才的复杂性，削弱了高考选拔人才的科学性，由此带来的“高考移民”或徇私舞弊的现象更是被专家学者诟病已久。目前，随着我国高等教育进入普及化阶段，单纯侧重某一方面的高考评价改革已经不能满足人们越发强烈的接受高等教育的需求，我们需要进一步进行高考评价改革，向兼顾科学性与公平性的高考改革之路迈进。

一、明确高考评价向科学性与公平性转变的内容与目标

要构建兼顾科学性与公平性的高考评价体系，首先要明确高考评价改革的内容和目标。2020 年 1 月，教育部考试中心发布了《中国高考评价体系》，具体、翔实地阐述了中国高考评价体系的含义、功能，有利于更好地指导高考改革实践。“中国高考评价体系通过解决‘为什么考、考什么、怎么考’的问题，从高考层面对‘培养什么人、怎样培养人、为谁培养人’这一教育根本问题给出了回答。”① “中国高考评价体系是深化新时代高考内容改革的基础工程、理论支撑和实践指南，对发展素质教育、推进教育公平、实现教育现代化、建设教育强国、办好人民满意的教育具有重要意义。全面把握高考评价体系的总体特征，深入理解高考的核心功能，准确把握高考的考查内容和考查要求，灵活运用不同类型的试题情境，恰当使用高考评价体系，有利于通过高考落实立德树人的根本任务，发挥高考对素质教育的促进作用。”②

2018 年 9 月，习近平总书记在全国教育大会上对教育改革发展做出战略部署，提出“努力构建德智体美劳全面培养的教育体系，形成更高水平的人才培养体系”③的要求。为全面贯彻落实全国教育大会精神，2019 年，教育部明确提出要立足全面发展育人目标，构建包括“核心价值、学科素养、关键能力、必备知识”在内的高考考查内容体系④，这为科学构建中国高考评价体系指出

① 教育部考试中心. 中国高考评价体系. 北京：人民教育出版社，2020：1-2.

② 教育部考试中心. 中国高考评价体系说明. 北京：人民教育出版社，2020：1.

③ 习近平：坚持中国特色社会主义教育发展道路 培养德智体美劳全面发展的社会主义建设者和接班人.（2018-09-10）. http://www.xinhuanet.com/politics/leaders/2018-09/10/c_1123408400.htm.

④ 任敏. 中国高考评价体系：高考考查强调基础扎实注重创新.（2020-01-08）. http://news.eastday.com/eastday/13news/auto/news/china/20200108/u7ai9015156.html.

了明确目标，提供了基本遵循。2019 年，教育部提出了新的高考评价体系大纲，同时，新的高考评价体系大纲规定了高考的考查载体——情境，以此承载考查内容，实现考查要求。[①]高考评价体系的提出，说明我国越来越重视高考的评价功能，由此可以看出，高考评价功能对于高考改革的重要性，以及建立一套兼顾科学性与公平性的高考评价体系的重要性。

随着中国特色社会主义进入新时代，我国社会主要矛盾已经转变成人民日益增长的美好生活需要和不平衡不充分的发展之间的矛盾。我国已经进入高等教育普及化阶段，人民越来越追求高质量的教育，尤其是对高质量的高等教育的需求大增，那么如何更加科学公平地选拔出合适的人才进入大学接受高等教育呢？这对当前的高考制度提出了新的要求。面对新时代、新要求，高考必须坚持以习近平新时代中国特色社会主义思想为指导，全面贯彻党的教育方针，落实立德树人的根本任务，紧紧围绕“培养什么人、怎样培养人、为谁培养人”这一教育根本问题，全面地回答“为什么考”的问题，明确“立德树人、服务选才、引导教学”的核心功能，做好顶层设计，整体提升高考为国选才育人的水平。

高考制度实行至今，形成了相对完备的考试招生制度，但也存在一些无法忽视的问题，如“唯分数论”、考试舞弊现象时有发生，学校逐渐变成为考试而教，学生变成为考试而学，与教育促进人的全面发展的目的逐渐背离。如何转变高考评价体系，从而使教育回归其基本的育人功能？2020 年 1 月，教育部提出了新的高考评价体系，该体系以习近平新时代中国特色社会主义思想为指导，创造性地将立德树人根本任务融入考试评价全过程，充分发挥考试的引导作用，切实体现高考的育人功能，形成人才选拔、考试评价、教育引导和教学反拨的一体化新格局。高考“立德树人、服务选才、引导教学”的核心功能，既是对素质教育中高考核心功能的高度概括，又是使高考内容改革始终坚持正确方向、不断巩固和提升高考为国选才育人水平的前提和根本保障。[②]

① 教育部. 将立德树人融入考试评价全过程 联通“招—考—教—学”全流程.（2020-01-07）. http://www.moe.gov.cn/jyb_xwfb/gzdt_gzdt/s5987/202001/t20200107_414611.html.

② 教育部. 将立德树人融入考试评价全过程 联通“招—考—教—学”全流程.（2020-01-07）. http://www.moe.gov.cn/jyb_xwfb/gzdt_gzdt/s5987/202001/t20200107_414611.html.

（一）立德树人

立德树人是高考的根本任务，要扭转高考“唯分数”的现象，改变学生为了获得高分而学习的目的，高考必须坚持立德树人。习近平总书记在全国教育大会上指出，要把立德树人融入思想道德教育、文化知识教育、社会实践教育各环节，贯穿基础教育、职业教育、高等教育各领域，学科体系、教学体系、教材体系、管理体系要围绕这个目标来设计。[①]高考作为连接基础教育和高等教育的关键环节，必须加强对理想信念、爱国主义情怀、品德修养、知识见识、奋斗精神、综合素质等方面的考查，努力构建德智体美劳全面覆盖的评价体系，引导学生形成高尚的品德、创新的思维、健康的体魄、良好的审美情趣以及崇尚劳动的品质，促进学生全面发展；要充分发掘各学科育人资源，发挥各学科育人优势，共同形成育人合力，全面系统地、创新性地将立德树人的根本任务落到实处。

（二）服务选才

服务选才是高考的基本功能。当前，我国正处在加快世界一流大学和一流学科建设、全面提升高等教育人才培养质量的关键时期。追本溯源，提升高等教育人才培养质量的根本在于完善高考选拔人才机制。高考的基本功能就是为不同类型的高校选拔出符合其要求的新生，其选拔水平关系到高等教育质量乃至国家创新人才的培养质量。高考是高等教育的起点，高考的科目内容与价值观念对大学新生的知识结构和价值观塑造产生直接且深远的影响。高考的人才选拔必须与新时代高等教育人才培养方向相一致、与培养要求相契合，高考考试科目的设置、考试内容的选取也必须与高等教育对大学新生知识结构的要求相适应。因此，高考要遵循科学选才、提高质量、促进公平的目标，进一步探索和完善人才评价方法，使人才选拔标准更全面、选拔方式更科学，以此来满足新时代下经济社会发展对多元化高素质人才的要求，注重对实践能力、创新能力等综合素养的培养，从而实现对创新型、复合型、应用型人才的培养。

---

① 习近平：坚持中国特色社会主义教育发展道路 培养德智体美劳全面发展的社会主义建设者和接班人.（2018-09-10）. http://www.xinhuanet.com/politics/leaders/2018-09/10/c_1123408400.htm.

（三）引导教学

引导教学是高考对基础教育的现实功能。高考对基础教育具有客观存在的反拨作用，既能通过“考什么教什么”“怎么考怎么教”来引导基础教育发展，又会因为“不考什么就不教什么”以及固化的考查方式而引来诟病。[①]高考作为一项全国性、高利害、高风险的考试，客观上对高中教学起到至关重要的引导作用，其影响可分为积极和消极两方面：引导得当，可发挥其正向积极的导向作用，提高学生素质，选拔出优秀的人才服务社会；引导不当，则会导致片面追求升学率、“唯分数论”、文理偏科等后果。高考结果也直接决定了学生是否能够进入大学接受更高一级的教育，从而影响学生的发展，甚至会影响政府对地方教育发展的成效评价和资源投入。因此，高考对基础教育教学的引导作用具有较强的现实动能和深厚的社会根基。[②]

高考评价体系将“引导教学”纳入核心功能，有利于理顺教考关系，增强教师“以考促学”的主动意识。高考评价改革与高中课程改革同携手，共进退，有利于实现选拔人才和培育人才的衔接。如果不改革高考评价制度，不从根源上构建多元化选拔人才的制度，而只单纯从高中新课改入手，是无法改变当前高中教育“唯分数论”的弊病的，反而会出现“劣币驱逐良币”的现象，甚至影响素质教育在基础教育阶段的推行。

高考改革应发挥关键的、积极的导向作用，构建全面多元的人才评价制度，进而推动素质教育在基础教育阶段的落实和扎根。通过考试改革，带动高中育人方式的改革，进一步健全立德树人落实机制，完善德智体美劳全面培养的育人体系，着力扭转教育的功利化倾向，提升教育评价水平并发挥正向积极的导向作用；通过高考改革与基础教育、高等教育改革的协调推进，充分考虑国家课程标准内容、教学实际情况，实现科学引导，重点关注教考关系，教师要灵活调整引导学生的方法和手段，实现有效引导。[③]

① 于涵. 新时代的高考定位与内容改革实施路径. 中国考试，2019（1）：1-9.

② 教育部. 将立德树人融入考试评价全过程 联通“招—考—教—学”全流程.（2020-01-07）. http://www.moe.gov.cn/jyb_xwfb/gzdt_gzdt/s5987/202001/t20200107_414611.html.

③ 教育部. 将立德树人融入考试评价全过程 联通“招—考—教—学”全流程.（2020-01-07）. http://www.moe.gov.cn/jyb_xwfb/gzdt_gzdt/s5987/202001/t20200107_414611.html.

二、高考评价向科学性与公平性转变过程中的原则

为切实落实高考评价改革内容，确保如期、有效地实现评价改革目标，高考评价改革必须遵循系统性、科学性、渐进性和公平性的原则，以规范和引导改革实践。

（一）系统性原则

高考评价改革之所以需要遵循系统性改革原则，主要原因在于两方面。首先，高考评价改革涉及内容广泛，既包括高考评价制度本身的改革，如完善评价体系、优化考试内容与形式等；也包括考试评价之外的因素，如需要教育行政部门、高中和高校共同参与，鼓励高中继续完善和优化学生的综合素质评价体系，为高考选拔德智体美劳全面发展的人才提供充分、科学和可用的评价信息；鼓励高校积极发挥招生自主权利，主动参与高考评价，建立科学公平的人才选拔机制等。另外，全国各省区市的教育事业发展不均衡，高考评价改革面临的环境、条件和基础也不尽相同，因此，在推进高考评价改革的过程中，既要鼓励部分相对发达省区市先行先试，发挥改革的龙头作用，也要关照教育发展相对落后地区，全面推进高考评价改革。针对以上情况，唯有遵循系统性原则，做到系统设计，统筹规划，有条不紊，步调一致，方可为高考评价改革奠定基本基础和支撑。其次，高考评价改革的总体内容和目标是切实发挥高考的评价功能，实现由教育测量向教育评价的转变。但要实现以上改革内容和目标，必须将总体内容和目标层层分解，细化至可操作的一项项改革内容和任务，以支撑总体改革内容和目标的推行和实施。总体改革内容和目标虽然对改革具有导向作用，但过于宏观和庞大，只有系统分解之后的每一项改革内容和目标才具有切实的可操作性和可实现性。只有实现了系统分解后的每项高考评价改革内容和目标，如研制新的考试评价目标体系、完善考试评价指标、优化考试内容与形式、推进分数报告改革等，高考评价改革的总体目标和任务才能实现。因此，也必须遵循系统性的改革原则。

（二）科学性原则

高考评价是以考试为基本方法来测量和评价学生的知识和能力的活动，高

考评价改革的目标是通过引入现代教育测量与评价理论和技术，来改变高考单一的“唯分数论”的评价模式，充分发挥高考的评价功能。高考评价本身就是一项以科学理论和方法为基础的实践活动，因此，高考评价改革也必然要遵循科学性原则。科学性原则的表现之一是科学决策，做好顶层设计。高考是一项大规模、高利害、高风险、社会关注度高、影响巨大的社会活动，无论高考评价改革成与败都会产生极为广泛的影响，乃至波及社会稳定。因此，必须树立科学、先进的改革理念，以科学的教育测量与评价理论为指导，加强研究，科学决策，做好顶层设计，确保实现高考评价改革目标。科学性原则的表现之二是高考评价改革必须遵循社会发展规律、人的身心发展规律和考试基本规律，满足社会发展需要，促进人才健康成长，优化考试制度。[①]高考评价改革必须符合社会发展需要，满足社会发展对各类人才的选拔和培养要求，高考评价观念的建立、评价目标的研制、评价体系的完善、考试内容与形式的优化、分数报告制度的改革等都应服务于社会人才选拔、培养以及应用的需要。适应社会发展现状，不冒进也不局限于现有生产力与科学技术发展条件，积极稳妥地推进考试评价改革。高考评价改革必须适应于学生身心发展规律及促进学生全面健康成长的需要，教育之本是学生，高考评价改革的一切举措均应指向学生，基于对学生认知结构、兴趣、情感、态度等的研究和掌握，来设定高考评价目标、选择评价指标和考试内容形式，“以考促教”，通过全面多元的评价体系促进学生德智体美劳全面发展，使高考真正促进学生成长发展，选拔出合格的社会主义建设者和接班人。高考评价改革还必须遵循考试的基本规律，除了应满足社会发展与人才成长及选拔的需要之外，还应基于教育测量与评价理论和考试理论，科学设定高考评价目标、构建评价体系、选择评价内容与形式等，并使相互之间的关系协调一致，浑然一体，共同支撑改革目标的实现。

（三）渐进性原则

高考评价改革是一项系统而又复杂的工程，高考改革的历史经验表明，“渐

① 廖平胜. 考试学原理. 武汉：华中师范大学出版社，2003：211.

进性的改革优于突发式的革命”[①]，只有遵循渐进性的改革原则，才能实现预期改革内容和目标。激进突发式的改革容易吸引眼球，引发关注，也容易在短期内获取显著的改革成效，但也极容易顾此失彼，引起其他社会问题，最终只是昙花一现。“文化大革命”期间停止统一考试、标准分数制度的推行、“三南方案”的实施等改革经历足以表明，高考评价改革必须循序渐进，稳步推行。首先，高考在我国具有特殊地位和非常大的影响力，可谓牵一发而动全身。高考制度自身的改革往往受到制度之外因素的牵制，必须考虑政治、经济、文化、教育等诸多要素，权衡多方利益主体需求。高考评价改革也需要基于一定的外部社会条件，方可进行，而一些条件的成熟并非一蹴而就，而是需要时日。例如，异地高考问题已是受争议多年的难题，但它的化解需要综合考虑城市发展、既得利益群体、户口制度等复杂要素，需要等待相关条件因素的成熟完备。其次，改革意味着新理念的推广和新方法的应用，而人们对新事物的接受、理解、认知和同化需要一定时间，因此也必须经历从问题提出、理念形成、方案制订、改革试点到付诸实践和全面推广的过程。例如，高考标准分制度原本是符合考试规律、旨在提高考试科学性的改革举措，但由于人们对其功能作用的认识不足，加之人们已经习惯按照卷面原始分数简单相加模式等原因，不得不在试行后搁浅。由此可以看出，高考评价改革必须具备一定的群众基础和社会舆论基础。再次，高考评价改革涉及内容广泛，需要以教育测量与评价理论、考试理论为指导，需要重新树立科学的高考评价观念、研制考试评价目标、构建考试评价体系、优化考试内容与方法、改革分数报告制度等。这些改革内容一方面需要学校具备坚实的理论和技术基础，需要开展大量的研究工作，以奠定改革基础；另一方面需要将改革内容层层分解，分步骤有序展开。最后，高考评价改革需要教育行政部门、高中和高校全面参与，需要全国各省区市协调一致，共同推进。但迫于各地教育发展水平的差异和高考评价改革对考试技术、专业人员的要求，只能先在具备条件的省区市展开，试点成功之后再推广至全国。

（四）公平性原则

公平性是高考评价改革绕不开的话题，必须将公平性贯穿于高考评价改革

---

① 刘海峰. 高校招生考试制度改革研究. 北京：经济科学出版社，2009：386.

的始终。公平性原则在高考评价改革中主要包括以下几个方面：首先是改革政策制定的公平性。在制定高考评价改革政策时，应充分考虑全国各地教育发展不均衡不平衡的实际情况，照顾教育发展欠发达地区和教育资源相对落后地区的学校、考生及家长的利益，通过宏观政策倾斜以及一些优惠政策进一步促进以上地区的教育发展，确保全国各地考生都有机会参加高考，有平等的机会进入大学，从而保证教育公平和考试公平。其次是高考评价内容改革的公平性。高考评价内容改革包括评价目标的确定、评价体系的构建、考试内容与形式的优化、分数报告制度的改进等。在高考评价内容改革过程中，最重要的就是要确保考试评价内容与形式、评价方法、评价结果的公平公正。由于各地教育事业发展不均衡不平衡，之前的高考没有很好地兼顾教育发达地区考生和教育落后地区考生的利益，带来了一系列考试公平性问题，但农村考生高考优惠政策在一定程度上造成高考制度有漏洞可钻，同时形成对城市学生的反向歧视和考试不公平等问题。因此，我们应当协调不同考生的利益，做到公平性与科学性并举。最后是高考评价实施过程的公平性。“不患寡而患不均”，高考制度建立至今，公平性问题一直是人们关注的焦点问题，也是高考最为关键的问题。关于高考的公平性问题，一方面，要探究其自身的原因，因为一些公平性问题源自高考制度本身的局限性，因此，我们需要不断地完善高考制度，推进考试公平；另一方面，部分的高考公平问题来自外在的不良社会因素，如权、钱、地位等的介入破坏了高考评价的公平公正。因此，我们既要从根本上改良高考评价制度，还要杜绝外部社会不良因素的影响。双管齐下，尽可能将公平性融入高考的方方面面，切实保证高考的公平公正。①

三、高考评价体系向科学性与公平性转变的意义

高考评价体系是深化新时代高考内容改革的基础工程、理论支撑和实践指南，对发展素质教育、推进教育公平、实现教育现代化、建设教育强国、办好人民满意的教育具有重要意义，对实现学生健康成长、国家科学选才、社会公平公正以及协调推进教育领域综合改革，都将发挥重要作用。

① 李雄鹰．高考评价研究．武汉：华中师范大学出版社，2014：335-338.

第一，高考评价体系是落实立德树人根本任务、发展素质教育的科学系统。它依托现代测评理论和技术，科学设定考试评价的核心功能，精心设计考查内容、考查要求和考查载体，创造性地将立德树人根本任务融入考试评价过程，实现了高考评价目标与素质教育目标的内在统一，切实将高考打造成为立德树人的重要载体和素质教育的关键环节，成为德智体美劳全面培育的教育体系的有机组成部分。

第二，高考评价体系是发挥高考正向积极导向作用的坚实基础。它将国家和高校的选才需求与素质教育育人目标有机联通，是实现“招—考—教—学”全流程各个环节无缝衔接、良性互动的关键。高考评价体系通过创新评价方式、优化评价手段、深化命题实践改革，全面、客观、准确地测量和评价学生的综合素质，为打破“唯分数论”的单一评价模式、构建多元评价体系创造了条件。

第三，高考评价体系是教育公平的强力助推器。它奠定了坚实的命题理论基础，构建了科学严谨的学科命题指南，为确保高考的考试质量提供了充分的技术保障与体系支撑，有利于发挥考试对教育公平的促进作用。同时，高考评价体系提供的大量科学评价数据，还能为基础教育资源的公平配置和高等教育入学机会的公平分配提供科学依据，从而进一步促进教育公平的实现。

第四，高考评价体系是高考内容改革持续深化和教育领域综合改革纵深推进的重要保障。通过构建具有中国特色的高考评价体系，建立深化高考内容改革、持续指导命题实践的长效机制，能够更好地发挥高考评价在科学区分学生综合素质及选拔人才等方面的功能，为推进高考综合改革、优化高校招生综合评价机制奠定坚实基础。此外，高考评价体系高度契合高中课程改革理念，可以积极促进素质教育正向导向作用的发挥，为高中育人方式改革提供有力支撑。[①]

第三节　高考评价向科学性与公平性转变的内容与路径

随着我国经济和教育事业的快速发展，高等教育已经进入普及化阶段，但

① 教育部. 将立德树人融入考试评价全过程 联通“招—考—教—学”全流程.（2020-01-07）. http://www.moe.gov.cn/jyb_xwfb/gzdt_gzdt/s5987/202001/t20200107_414611.html.

教育领域的矛盾依然较尖锐，人们对教育质量和教育公平的诉求日增，而教育发展不充分带来的质量问题和发展不平衡带来的公平问题依然突出。[①]高考评价内容涵盖了高考的方方面面，可谓包罗万象，要充分发挥高考的评价功能，构建兼顾科学性与公平性的高考评价体系，必然会牵一发而动全身，引起高考评价的系统性变革。根据对高考评价发展历史的回顾、国际比较、实证研究以及理论分析等，本书认为，为突出高考的评价功能，最先改革的内容应包括高考评价目标体系、高考评价指标体系、考试内容与形式、高考分数报告制度。对以上四项改革内容的研究分析，将有助于较为全面地认识高考评价改革的本质和内容，探索可行的改革路径。

一、构建高考评价目标体系，以促进学生发展为主要目的

高考评价目标是高考评价理念的具体化，指明了高考究竟应评价学生的哪些方面、哪些素质。当前的高考评价目标体系缺乏明晰的层次性，与高中人才培养目标和高校人才培养目标之间缺乏有效的衔接，不同考试科目的评价目标基本各不相同，没有形成有机整体，属首要改革内容。高考评价目标对高考评价活动具有导航塔的作用，即指导考试评价指标体系的完善、考试内容与形式的优化、考试分数报告的改进等。在“国家级—省级—校级”三级考试机构体系中，评价目标也应以体系化的方式存在，从国家级到校级逐层分解和细化，形成国家级评价目标、省级评价目标和校级评价目标，且不同层级的评价目标与其在高考评价中扮演的角色和承担的考试评价任务相对应。高考评价目标是时代发展的产物，反映社会发展对人才的要求，反映学生成长的要求，反映高校选拔和培养人才的要求，伴随时代发展不断改革和完善。高考评价目标体系的构建是一项重大、复杂、系统的改革任务，深入系统的研究是高考评价体系改革的核心，因此应在国家的统一领导下有序开展。

构建高考评价目标体系的关键在于确定评价目标内容，即高考究竟评价学生的哪些方面和哪些素质。高考是衔接高中与高校的枢纽，是教育活动的关键环节，社会对教育的要求随着时代的发展变迁而不断变化，要求高考评价目标

① 于涵. 新时代的高考定位与内容改革实施路径. 中国考试，2019（1）：1-9.

和内容也相应地做出回应。回顾高考发展历史，新中国成立初期，国家将干部和各行各业高级人才的培养视作政治任务，确立了“政治、学业、健康”的评价三标准，并尤为重视对政治素质的考查。“文化大革命”期间，在“自愿报名，群众推荐，领导批准，学校复审”的招生模式下，政治素质几乎成为唯一的评价目标和标准。统一高考制度恢复后，又恢复了“文化大革命”前的评价目标，即从德智体三个方面评价学生。1999 年，国家决定实施素质教育之后，对高考评价目标提出了相应要求，要求高考应侧重对学生能力和素质的评价，从德智体美等方面综合评价学生。《国家中长期教育改革和发展规划纲要（2010—2020年）》指出，教育改革发展的战略主题是全面实施素质教育，加快我国从教育大国向教育强国、从人力资源大国向人力资源强国迈进的步伐。对考试招生制度改革的要求是“完善高等学校考试招生制度。深化考试内容和形式改革，着重考查综合素质和能力”。2020 年 1 月，教育部考试中心发布的新高考评价体系主要由“一核”“四层”“四翼”三部分内容组成。其中，“一核”为核心功能，包括“立德树人、服务选才、引导教学”，回答“为什么考”的问题；“四层”为考查内容，包括“核心价值、学科素养、关键能力、必备知识”，回答“考什么”的问题；“四翼”为考查要求，包括“基础性、综合性、应用性、创新性”，回答“怎么考”的问题。[①]由此可以看出，高考评价目标与时代发展相呼应，充分体现了国家培养德智体美劳全面发展的人才的要求，且高考评价目标的内涵更加丰富，朝丰富多元、综合全面评价学生的方向发展。

二、完善高考评价指标体系，加强对创新能力与实践能力的考查

高考评价目标体系是对高考评价学生的哪些方面和哪些素质的表述，高考评价指标体系则是评价目标的具体承载。目前，我国高考制度的明显不足是几乎以考试成绩作为评价学生的唯一指标，与国外多元化的高校入学考试评价指标体系形成鲜明反差，与国内社会发展、人才选拔与培养要求格格不入，成为社会诟病高考制度的把柄，急需改革。根据教育测量与评价理论，评价目标要通过评价指标来实现，评价指标具有可测量性，不同指标承担不同的测评功能，

① 教育部. 将立德树人融入考试评价全过程 联通“招一考一教一学”全流程.（2020-01-07）. http://www.moe.gov.cn/jyb_xwfb/gzdt_gzdt/s5987/202001/t20200107_414611.html.

能够量化的内容需要通过量化指标测评，无法量化的内容则需要通过定性化指标测评。根据评价内容的重要性，赋予不同评价指标以不同权重，重要的评价指标所占权重较高，反之亦然。简单的评价目标需要用简单的评价指标测评，综合多元的评价目标则需要多个评价指标测评。

基于前文对高考评价目标的分析，新的高考评价目标具有综合多样性，而评价目标的综合多样性决定了评价指标的多元性。高考评价指标体系的完善同样是一项系统而又复杂的工程，需要科学地将高考评价目标和内容分解成不同模块，再根据不同模块的内容和性质选择恰切的评价指标。由于高考在我国的特殊地位和特殊影响力，高考评价指标体系的完善不仅应遵循教育测量与评价理论，还应符合实际，因为符合测评理论的指标不一定符合实际，也就不一定具有可操作性。从测评内容视角来看，高考评价指标体系应该全面反映和承载高考评价目标和内容，根据人才选拔和培养要求，从德智体等方面全面测评学生的综合能力。

在高考评价实践中，考试成绩几乎是唯一具有决定性意义的学生评价指标，加之考试内容偏重对知识的考查，而无法对难以被量化的综合素质予以评价。“只用书面笔试来测量人的才干存在很大的片面性和局限性，因为很多能力是无法用笔试来测量的。一个人能否在逆境中获取成功，这种品质不是写一篇励志作文就能够检验出来的，还需要事实来证明。”①完善高考评价指标体系，即在现有评价指标（高考分数）的基础上，增加新的测评学生成绩以外的综合素质能力的新指标，这也是完善高考评价指标体系的关键和核心内容。对此，《国家中长期教育改革和发展规划纲要（2010—2020年）》给出的策略是“以统一入学考试为基本方式，结合学业水平考试和综合素质评价，择优录取”。

在国家政策的导引下，多个省区市纷纷公布了基于统一考试、学业水平考试和综合素质评价的“三位一体”的高考综合评价模式。也就是说，学业水平考试和综合素质评价将成为新的高考评价指标。对于以上两个评价指标，人们并不陌生，学业水平考试几乎是原有高中会考的翻版，而综合素质评价是新课改的产物。把它们作为高考评价的新指标毫无疑问是有正面意义的。首先，

① 郑若玲. 苦旅何以得纾解——高考改革困境与突破. 南京：江苏教育出版社，2011：184.

纳入新的评价指标打破了高考沿袭至今的单维度评价指标模式，有利于多维度评价学生，增强评价结果的多元性和科学性。其次，基础教育改革推行已久，学业水平考试和综合素质评价可以很好地体现高中新课改的效果，并且有利于高中、高考与高校三者相衔接，让学生所学既是高考所考查的，也是高校所需求的，增强人才选拔与培养的衔接性。再次，注重学生整体素质的培养有利于全面推进素质教育，改变过分追求高分的应试导向。最后，节省改革成本，以上两项指标都已经存在，采纳现成的指标总比另起炉灶重新设立指标更加切实可行。

然而，纳入新的评价指标必将面临各种挑战和困难。其一，“三位一体”的高考综合评价模式中各指标的测评功能的分配不尽合理。高考成绩体现的是对学生知识的掌握程度，承担的是智育的评价功能。学业水平考试是对学生高中阶段文化科目学习所达水平的测试，也属于对智育的评价。由此可以看出，目前“三位一体”的高考综合评价模式仍然侧重对学生智育的考查，但作为可以被量化的指标，其客观公正性要优于主观性更强的综合素质评价。不过需要深思的是，我们应该如何协调两者之间的关系。其二，三个指标间的关系界定及权重分配是改革成败的关键，即学业水平考试和综合素质评价是以“硬挂钩”方式按照一定权重换算成分数计入高考总分，还是以“软挂钩”方式仅仅作为评价和录取的参照，不发挥决定性作用。如果为“硬挂钩”关系，必然会引起高中的高度重视和连锁反应，甚至出现优评所有学生的倾向，导致“你好我好大家好”的结果，使学业水平考试和综合素质评价指标失去意义；如果为“软挂钩”关系，也会因不发挥实质性作用而难以引起高中的重视，逐渐成为“鸡肋”。其三，学业水平考试和综合素质评价的科学性和公平性颇受质疑。作为学业水平测试的前身，会考曾作为高考评价的指标之一，但很快就因为测试的区分度低而被剔除。如今又把学业水平测试作为新的高考评价指标和主观性较强且不好被量化的综合素质评价一起纳入高考评价指标体系，让人不免对其可信度和公平性产生质疑。尤其是新高考评价指标体系的实行可能会带来一定的公平性问题：一方面，各地区的教育资源差距较大，落后地区学生的综合素质可能会处于弱势地位；另一方面，综合素质评价难以被量化且主观性较强，有可能被社会不良因素影响，损害考试的公平性。

另外，考虑到近年来学生体质普遍下降的事实，2012 年 10 月，国务院办公厅转发了教育部等部门《关于进一步加强学校体育工作的若干意见》，该意见指出，要把学生体质健康水平作为学生综合素质评价的重要指标，积极探索在高中学业水平考试中增加体育科目的做法，以推进高考综合评价体系建设，有效发挥其对增强学生体质的引导作用。2018 年 9 月，习近平总书记在全国教育大会上明确强调“要树立健康第一的教育理念，开齐开足体育课，帮助学生在体育锻炼中享受乐趣、增强体质、健全人格、锤炼意志”①。在学习习近平总书记在全国教育大会上的讲话精神之后，有研究者指出，“要把强化学校体育和提升学生的体质健康贯彻到教育的各项工作之中，不断认识到体育工作尤其是学校体育工作对促进人的全面发展，在推进社会进步和民族振兴方面的积极作用”②。全国各省区市针对中考体育均有不同程度的加分倾向。2020 年，云南省把中考体育成绩由 50 分直接提升到 100 分③，由此可见国家对体育越发重视。将体育纳入高考综合评价体系的改革意向，引发了各方议论和各种反响，说明要实现这一改革意向的舆论条件还不成熟，尚需时日，但体育教育的未来足以预见。

由此可见，完善高考评价指标体系面临重重考验，是一项重要而又复杂的任务。吸取历史教训，借鉴国际经验，权衡种种利弊，以“三位一体”的高考综合评价模式为基本原型构建高考评价指标体系更具有现实性。但必须具备一定的基础，以及相应的保障条件。首先，“三位一体”的评价模式提供了一种改革思路，即将高中阶段的学业水平考试和综合素质评价作为指标纳入高考评价，这既是国外高校的普遍做法，也符合我国新课改后高中学生评价的改革趋势和多元化评价理念。但中学需要进一步优化学生学业水平考试和综合素质评价的内容和形式，为高校招生提供丰富多元的评价依据。我国高校也可借鉴美国的 AP 课程的经验，由高校和高中合作开设部分先修课程，从而增强高中与高校的联系，为高考评价提供更加丰富的评价指标，为高校选拔更加优秀的人才。“为高等教育作准备并不等于为高考作准备。普通高中教育应在保留其培

① 习近平：坚持中国特色社会主义教育发展道路 培养德智体美劳全面发展的社会主义建设者和接班人.（2018-09-10）. http://www.xinhuanet.com/politics/leaders/2018-09/10/c_1123408400.htm.

② 许弘，李先雄. 改革开放 40 年学校体育发展的回顾与新时代改革发展的新定位和新视角. 北京体育大学学报，2019（5）：34-43.

③ 冯琪. 云南中考体育从 50 分提升到 100 分　音乐美术分数从 10 分提高到 40 分.（2020-10-30）. http://news.china. com/socialgd/10000169/20201030/38906870.html.

养学生综合素养的基础上，增加自主性、选择性和学术性，以便与高等教育衔接。”[①]评价指标体系的完善应以有助于综合多元、科学合理、公平公正地反映学生多方面素质和能力为原则，改革之后的高考评价指标体系或许不再是“三位一体”的，而是多项评价指标并存，供高校选择。

其次，“三位一体”的高考综合评价模式改革的关键是提高学业水平考试和综合素质评价的科学性和公平性，这既是社会关注的焦点，也是这一评价模式改革成功的关键所在。只有以上两个指标的科学性和公平性得到保障，它们在高考评价中的功能、角色定位才能清楚，所占权重才能科学，也才能在高校录取中充分发挥评价作用。所幸的是，在高中新课改及国家综合评价政策的倡导下，高中日益重视对学生综合素质的评价，各省区市也纷纷出台政策来规范学业水平考试和综合素质评价，这为“三位一体”的高考综合评价模式的逐步推行奠定了基础，也为高考评价指标体系的完善奠定了基础。学业水平考试和综合素质评价的科学性与公平性的提高，有利于逐步实现其与高考成绩关系的“硬挂钩”，能够量化的部分按照一定权重计入高考总分，不能量化的部分则作为评价录取的依据发挥相应作用。[②]

三、优化考试内容与形式，构建引导学生德智体美劳全面发展的考试评价体系

如果说完善高考评价指标体系属于宏观层面的改革内容，那么优化考试内容与形式则属于微观层面的改革内容，目的在于提高考试本身的科学性，发挥考试的评价功能。优化考试内容与形式是高考改革老生常谈的话题，新时代，德智体美劳全面发展的人才培养要求对高考内容与形式提出了新要求。推动高考评价改革、实现发挥高考评价功能的改革目标有赖于多项内容的改革，而增强考试本身的科学性是其中的重中之重，具体包含考试内容与考试形式两个方面。针对此项改革内容，教育部于 2020 年 1 月提出，根据高校选拔人才的要求、国家课程标准及考试评价规律，高考评价体系应考察学生的素质内容为“核心

---

① 杨桂青. 2012 普通高中定位之辩.（2013-01-02）. http://theory.people.com.cn/n/2013/0102/c107503-20071269.html.

② 李雄鹰. 高考评价研究. 武汉：华中师范大学出版社，2014：348-352.

价值、学科素养、关键能力、必备知识”这“四层”。[①]

在这“四层”考察内容的构建中，“核心价值”起到方向引领作用；“学科素养”承接核心价值的方向引领，统摄关键能力与必备知识；“关键能力”是支撑和体现学科素养要求的能力表征；“必备知识”是培养能力、达成素养的基础。这“四层”紧密关联，构成有机整体，使素质教育目标在高考评价中得到系统体现。“四层”考查内容的构建要坚持 3 个原则：适切而充分，明确且连贯，承前亦启后。

同时，根据国家需要的人才特征和素质教育的培养目标，高考评价体系确定了 4 个方面的考查要求，即“四翼”，分别为基础性、综合性、应用性、创新性。[②]

基础性：高考强调基础扎实。素质教育的各个阶段是连贯的，这种连贯性体现在前一阶段的学习成果是后一阶段学习的基础。高中教育必须要为学生进入大学接受高等教育打下牢固的基础，因此，高考试卷中应包含一定比例的基础性试题，来引导学生打牢知识基础，使其进入大学后能够在广阔的学科领域中准确理解并熟练掌握主干内容，培养应对生活实践或学习探索问题情境的基本能力与素养。

综合性：高考强调融会贯通。素质教育是内涵丰富的全面发展教育。高考要求学生能够触类旁通、举一反三，这既包括同一层面横向的交互融合，也包括不同层面之间纵向的融会贯通，因此，在命制试题时，不仅要在学科内容之间进行融合，凸显对复合型能力的要求，也要丰富试题的呈现形式，实现对学生素质的全面考查。

应用性：高考强调学以致用。素质教育的目的在于培养德智体美劳全面发展的社会主义建设者和接班人。因此，在基本知识、个人能力和综合素养的培养中，应该注重与国家经济社会发展、科学技术进步、人民生产生活等密切相连的内容，避免考试和生活学习脱节，坚持应用导向，鼓励学生运用知识、能力和素养去解决实际问题。

创新性：高考强调创新意识和创新思维。对创新性的强调是素质教育中的

① 曹建. 教育部考试中心发布《中国高考评价体系》.（2020-01-07）. http://www.moe.gov.cn/jyb_xwfb/gzdt_gzdt/s5987/202001/t20200107_414611.html.

② 于涵. 新时代的高考定位与内容改革实施路径. 中国考试，2019（1）：1-9.

智育区别于以往教育理念中的智育的关键。高考关注与创新密切相关的能力和素养，如独立思考能力、发散思维、逆向思维等。考查学生发现新事物的能力，考查学生进行大胆推测和设想并周密论证的能力，考查学生探索新方法、大胆进行创新行为的能力。因此，高考试题应合理呈现情境，设置新颖的试题呈现方式和设问方式，促使学生主动思考，善于发现新问题、找到新规律、得出新结论。[1]

四、改革考试分数报告制度，加快高考招生模式改革

高考分数报告是考试结果的载体和呈现方式，分数报告的形式与内容决定着学生可以获得哪些方面的评价，高校从中可以获得学生哪些方面的信息。我国传统的高考分数报告形式比较单一，评价信息只有考试分数，考试分数也只有科目分数和总分，单纯的分数只能呈现学生的智育结果，对学生综合素质的评价极为模糊。这样的考试分数报告侧重于统一，有利于彰显公平，但是极不利于学生开展自我认知，不利于高校区分选拔学生，也不利于以此为依据评价高中教育教学，而且容易导致高校选拔人才以高考分数为唯一的录取标准，进而使高中学校狂热地追求考试高分，而丧失基础教育培养全面发展的人的功能，形成恶性循环。因此，高考评价改革的一系列内容与举措要求改革分数报告方式，丰富、详细、多维度、个性化地呈现考试评价结果。如果高考评价目标、指标体系、内容与形式、命题等都发生了变化，而分数报告仍沿用传统模式，那指标体系、内容与形式等的改革也将付之东流。因此，在高考评价改革背景下，高考分数报告制度不得不改。

“云海工程”开启了我国高考分数报告改革的先河，成为改革样板。“云海工程”在学生评价信息输入和信息深加工方面做出了重要变革。在学生评价信息输入方面，不仅采集学生的高考文化科目分数，还通过升学指导测验和问卷调查采集学生发展的纵向信息和个人基本信息，丰富了单一的考试成绩信息。在信息深加工方面，则引进多种统计分析方法，按照能力结构分项呈现学生的高考分数，不仅呈现科目分数，而且基于学生的各科分数进行各项能力结构评

① 于涵. 新时代的高考定位与内容改革实施路径. 中国考试，2019（1）：1-9.

分，从而不仅可以为学生填报志愿提供参照，还可以根据能力结构得分为学生进入大学选择合适的专业提供建议。通过对考试分数的等值处理来全面评估高中教育教学情况，有利于发挥高考分数对高中教育的积极“指挥棒”作用。“云海工程”对全面评价学生具有重要意义，对改进传统分数报告方式具有创新价值。但是，“物之初生，其形必丑”，加之全国各省份的教育发展程度参差不齐，面临的改革情况也不尽相同，所以要使“云海工程”的设计理念和基本措施逐一得以落实，必须奠定扎实的改革基础，创造必要的实施条件，等待改革时机成熟再进行全面推广。

在确保分数报告结果科学性的基础上，鼓励学生、高校和高中充分应用分数报告结果，因为再精美的设计也只有付诸实施才能体现出其价值所在。长期以来，高考以文化科目考试成绩为唯一评价指标和按照总分录取招生的模式使学生与高校形成了固定的思维模式，即只重视考试总分数。综合多样、科学合理、公平公正的高考评价改革要求深入细致、灵活多样、多维度、个性化地评价学生，这是适应高中新课改、人才个性化发展需求以及高校选拔适切性人才的需要。因此，在高考提供了丰富多样、科学合理的分数报告之后，还要加快高校招生模式的改革。唯有改变高校招生模式，构建多项评价指标，而不是单单以高考成绩作为录取的唯一标准，才能从多个方面评价学生，才能为高校选拔优秀人才。我们要实现教育测量向教育评价的转变，就要认清高考分数作为教育测量结果，虽然可以作为高校选拔人才的有效依据，但不能作为唯一的评价指标。增加多项评价指标，可以多元化、多方面、全方位、科学、公平地评价学生，也可以给高校选拔更加优秀、更加具有创新能力的人才提供科学根据。高校不应简单地以文化科目考试总分为依据评价录取学生，而是要充分发挥高考分数报告的功能，参照其中包含的丰富的学生能力信息，并与自身人才选拔理念和要求相结合，选拔符合自身人才培养目标的学生。高校也可以报告中的信息数据为依据，尤其是报告中学生在各科目的能力结构及分项数据，利用增值评价方法来评估高中教育促进学生发展的实际效用，比较不同学校、不同地区教育发展的差异，诊断高中教育发展中存在的问题，为改进高中教育提供科学依据。[①]

① 李雄鹰．高考评价研究．武汉：华中师范大学出版社，2014：358-359.

五、合理调整高校招生自主权，做到科学性与公平性相结合

在计划经济时代，高考由国家教育行政主管部门统一组织，全权负责，该招生模式和计划经济相适应，促进了经济、教育的双向发展。改革开放之后，随着市场经济体制的建立与日趋完善，经济发展对教育提出了更高的要求，全国统一、计划招生的高考模式不再符合高校选拔人才、基础教育改革和人才个性化成长的需要。此外，高校将高考分数作为选拔人才的唯一指标，过于僵化，无法根据自身的特点、培养模式选拔合适的人才，丧失了自身选拔人才的自主性，因此扩大高校招生自主权，推进素质教育，探索一种以统一考试为主、多元考试评价、多样选拔录取相结合的高校招生制度，成为教育改革的迫切需要。[①]

在此背景下，高校自主招生模式应运而生。2001 年，代表我国高校招生自主权放开的自主招生试点开始，这一举措改变了全国统一考试唯分数录取的僵化局面，顺应了高等教育普及化、培养创新人才和市场经济发展对人才的新需求，是高考改革的重要突破口和最终走向。[②]不可否认，高校自主招生模式在选拔人才、引导素质教育、促进高考改革等方面产生了一定的正面影响，但是其选拔方式不够严格、主观性过强，公平性问题较突出等，导致本意为“有学科特长的学生开辟一条特别通道”[③]，选拔出在某一方面具有突出特长的学生，打破分数的束缚的自主招生模式沦为尖子生进入名校的捷径，甚至是徇私舞弊的场所。2020 年 1 月，《教育部关于在部分高校开展基础学科招生改革试点工作的意见》发布，标志着“强基计划”的开始，从而取代了自主招生模式。

如果说统一高考具有“唯分数论”、选拔人才不够科学的弊端，而自主招生在“不拘一格降人才”方面有所突破但又影响了人才选拔的公平性的话，那么“强基计划”则兼顾了科学性与公平性，既通过突出高考分数的重要性来保障公平，又力求通过高校考核、综合素质评价等来避免“高分低能”的现象。[④]将高考成绩作为评价选拔人才的重要指标，但不是唯一指标，同时加入综合素

① 郑若玲. 自主招生改革何去何从. 华中师范大学学报（人文社会科学版），2010（4）：135-142.

② 李雄鹰. 自主招生改革的社会期待与大学应对. 考试研究，2012（2）：20-26.

③ 陈志文.“强基计划”不是自主招生的升级版.（2020-01-16）. http://www.moe.gov.cn/jyb_xwfb/moe_2082/zl_2020n/2020_zl04/202001/t20200116_415742.html.

④ 周序，杨琦蕙，王玉梅. 人才选拔的关键在于选拔理念与技术的统一——“强基计划”面临的技术困境及破解思路. 湖南师范大学教育科学学报，2020（6）：44-49.

质评价、高校考核、学业水平测试等多重评价指标，实现多样化选拔人才的高考招生模式，与当前提倡的综合评价模式不谋而合。高考制度诞生至今，虽然得到了不断的发展和完善，但是我国对高校自主招生模式和全国统一考试招生模式之间的协调与平衡的探索并未停止，构建一套兼顾科学性与公平性的高考评价体系，既是当下要务，也是未来趋势。